Peggy Parnass
Unter
die Haut

Konkret Literatur Verlag

4. Auflage
© 1983 Konkret Literatur Verlag
Umschlaggestaltung: Max Batholl, Christoph Krämer
Umschlagfoto: Hans-Günter Kiesel
Innenfoto (beim Anti-Kriegs-Gelöbnis in Hamburg 1983):
Robert Ewald
Satz und Druck: Fuldaer Verlagsanstalt, Fulda
ISBN 3-922144-26-8

Für meine Verwandten.
Die Bluts-Verwandten,
die ich liebe
und die Wahl-Verwandten,
die ich auch liebe.

Was wäre ich schon ohne Euch!

Vorwort

*I*m Grunde ist ja alles, was ich schreib, ein Vorwort. Zu dem, was ich eigentlich will. In der Hoffnung, Seh- und Denkgewohnheiten zu verändern. Gegen Zeitströmungen, die mir weh tun. Aus Sehnsucht nach einer Gesellschaft, die etwas weicher ist, offener. So daß man das dicke Fell, das ich nicht hab, nicht braucht.

Die Auswahl der Artikel zu diesem Buch fiel mir viel schwerer als bei meinem ersten. In »Prozesse 1970 bis 1978« hab ich ganz einfach chronologisch meine Gerichtsreportagen reingebracht, um Entwicklungen aufzuzeigen.

Diesmal ist es schwieriger. Wenn man über andere schreibt, kann man sich auch ziemlich gut hinter deren Schicksal verstecken. Egal wie beteiligt man ist. Wer mitfühlt, gilt als nobel.

In diesem Buch aber gebe ich auch ganz intime Dinge meines eigenen Lebens preis. Hab das Gefühl, mich ausgeliefert zu haben. Hab Angst vor meiner eigenen Courage. Hab auch Angst, aus dem Zusammenhang gerissen zitiert und mißverstanden zu werden.

Warum tu ichs trotzdem? Weil ich begreife, daß private Entwicklungen, Gefühle, Gedanken, Reaktionen von der Politik außerhalb der eigenen Stube nicht zu trennen sind.

Bin gelegentlich verzweifelt beim Gedanken an wunderbare Vorgänger. Die sich kaputtgeschrieben haben. Ohne jemals was aufhalten zu können.

Trotzdem — aufhören werde ich auf keinen Fall. Ich will mittendrin sein, genau hinsehen, Partei ergreifen. Nicht in der Distanz erfrieren. Bild mir nicht ein, objektiv sein zu können.

Allerdings: Für die und über die ich schreibe — Schwule,

Schwangere und alle anderen Benachteiligten aller Parteien und Karteien —, müssen auch selbst aufstehen, sich grad machen. Offenheit ist unsere einzige Chance.

Sonst können wir uns die Finger plattschreiben, ohne daß es was nützt.

März 1983   Peggy Parnass

Kindheit

*N*atürlich hab ich gleich ja gesagt, als es um Kindheitserlebnisse ging. Sowie ich immer viel zu schnell ja sag, wenn ein Thema mich reizt. Erst hinterher fiel mir ein, daß ich nie Kind war. Vielleicht jetzt inzwischen bin ichs. Gelegentlich.

Also bleibt mir nur zu überlegen, bis wann man offiziell Kind ist. Solange die Mutter lebt? Bis man zur Schule kommt? Bis man das erste Mal mit jemandem schläft? Bis man die Verantwortung für sich selbst und andere trägt?

Seitdem ich 14 bin, hab ich mich selbst ernährt. Damals zum Teil auch meinen Bruder mit. Sagen wir mal, daß ich bis dahin Kind war, obwohl das natürlich Quatsch ist.

Meine Erinnerungen wechseln von Tag zu Tag, ganz nach Verfassung. Entweder nur eine Aneinanderreihung von Alpträumen. Oder so, daß es mir vor Sehnsucht und Verlangen das Herz zerquetscht und mir Tränen in die Augen treibt. Egal wie, jede Erinnerung hängt mit Mutti zusammen. Mit ihrer Anwesenheit oder Abwesenheit. Daran hat sich leider nichts geändert. Komisch — einerseits nie Kind, andererseits nie erwachsen.

Sie war klein. Mit wuschelig krausem schwarzen Haar. Sehr viel Haar. Meistens einen Knoten, um erwachsener und ordentlicher auszusehen. Riesige graue Augen. Ne große Nase. Und jede Menge Mund. Sie hat eine ganz duftende Haut gehabt, weil sie sich immer wusch. Wir waren sehr arm, so daß sie sich an so einem eiskalten Handstein in der Küche waschen mußte. Steinfliesen. Da stand sie jeden Tag und wusch sich von Kopf bis Fuß.

Und obwohl sie so abgearbeitet war, hatte sie Hände wie Lilien, weil sie sich immer mit Vaseline einschmierte. Nicht ein Riß an den Fingern, obwohl sie auch als Putzfrau arbeitete. Ihre ganze Haut war weich, der ganze Körper. Auch die Brüste, weil da Fleisch dran war. Ganz rund. Wenn ich besonders brav war, durfte ich bei ihr schlafen, mich zwischen ihren schönen duftenden Brüsten verstecken. An eine andere Geborgenheit kann ich mich nicht erinnern.

Mutti dachte immer, sie ist nicht hübsch. Dabei ist sie wunderschön. Das sagt jeder, der sie kennt. Nur auf Fotos sieht man das nicht so. Weil man sie nicht hört und nicht riecht dabei. Sie sagt: »Ich hab Beine wie Ofenrohre.« Und sie fand ihre Nase zu groß. Ich sollte hübscher werden. Mutti sagte: »Drück die Nase nach oben, damit sie nicht krumm wird.« Hab ich gemacht, hat aber auch nichts geholfen. Und meine Hühnerbrust, wegen Rachitis, kriegte sie auch nicht weg.

Ihr Lachen und ihre Stimme. Wir wohnten Parterre. Schon von weiten konnte man unser Fenstersims erkennen. Das einzige in der Straße, das hell geschrubbt war. Von wegen dreckige Juden. Und ihr Lachen war bis auf die Straße zu hören. Wie ansteckendes Leben. So wie aus anderen Wohnungen oft Musik dringt. Wenn ich ihr Lachen draußen hörte, wußte ich wie sie aussah. Mit dem Mund ganz groß von Ohr zu Ohr und die großen Augen klein. So laut wie sie gelacht hat, hat sie auch geweint. Nur nicht so oft. Vielleicht hab ich auch bloß die Male mitgekriegt, wo es so laut war. Sie wollte kein Mitleid.

Wenn Pudl nicht nach Hause kam, sagte sie immer, er kommt gleich. Und am nächsten Morgen, daß er ganz früh aufstehen mußte und schon wieder weg wäre. Obwohl er gar nicht zu Hause war.

Sie war so weich und nachgiebig. Nur einmal, als er gleich drei Tage und Nächte wegblieb, um zu spielen, kriegte sie einen Nervenzusammenbruch. Lag stundenlang auf dem Bauch auf der Couch schreiweinend und schlug mit Füßen und Fäusten auf das Polster ein. Ich wußte, daß ich ihr nicht helfen konnte, weil sie *ihn* wollte. Seitdem habe ich ihn gehaßt, für das, was er ihr antat. Als sie ihn endlich irgendwo erwischte, war ich dabei. Er schämte sich wie immer, und ich sagte: »Pudl, du bist ein Schwein.« Das tut mir heut noch leid. Auch weil ich dadurch ihre Liebe beleidigt hab.

Pudl war Zocker. Poker war seine Hauptleidenschaft. Einmal gewann er eine große Gans und brachte sie strahlend nach Hause. Das war ein Fest! Nur das machte seine Verluste natürlich nicht wett. Er ruinierte mühelos sich selbst und alle, die er kannte. Wie jeder Spieler.

Pudl war Pole. Noch bevor er als Jude hier unerwünscht war, war er als Spieler zum unerwünschten Ausländer gestempelt. Er war klein, schlank, mit vielen schwarzen Locken. Und einem eleganten Schnurrbart. Nicht wie Hitler, sondern die ganze Mundlänge. Ein schönes schmales Gesicht mit hoher Stirn und lachenden Augen. Fast dreißig Jahre älter als Mutti. Ein Junge mit immer neuen Albereien im Kopf. Bunt und abenteuerlich. Immer zu Faxen aufgelegt. Die Hände so schlank und sensibel, daß sie auf ganz andere Instrumente als Karten schließen ließen. Aber er war total unmusikalisch. Sang herzzerreißend falsch.

Elegante Figur, gerade, tänzerisch.

Er war sehr stolz auf mich. Machte mich zu seinem Komplizen, um mit mir angeben zu können. Z. B. beim Zaubern. Auf allen Kinderfesten war ich seine Assistentin. Aber immer so, als wäre es nicht geplant, sondern wie ein Wunder Gottes. Auch legte er die ganze Verwandtschaft und Bekanntschaft mit meiner Hilfe rein. Er brachte mir vom Schriftbild her bei, was auf allen Dosen in der Küche stand. Wenn das Haus voll Besuch war, sagte er dann beiläufig: »Was hast du heute denn gelesen?« Wenn die anderen dann sagten: »Das Kind kann doch nicht lesen!« sagte er: »Doch, natürlich.« Und bewies es ausgiebig in der Küche.

Wir hatten einen ganz kleinen Vor- und einen etwas größeren Hintergarten. Mit eigenen schönen Blumen und einer Schaukel. Blöderweise hatte Pudl einen kleinen Zementweg gebastelt unter der Schaukel durch. An einem Sommertag, als er wieder schaukelte, flog er hinten runter auf den Kopf. Mutti warf sich weinend über ihn, als er wie tot dalag. Als er wieder aufwachte, mußten wir ihm schwören, nicht zu verraten, wie der Unfall passiert ist. »Ich bin doch ein Mann. Sagt, ich bin vom Geräteschuppen gefallen.«

Am liebsten hatte ich ihn, wenn er nach Hause kam. Mutti wartete immer wie im Fieber. Auch wenn er nur zwei Stunden weg war oder eine, riß sie die Tür auf, wenn er kam, und sprang mit einem Juchzer auf ihn rauf. Umarmte ihn mit Armen und Beinen, und dann küßten und küßten sie sich, bis sie keine Luft mehr kriegten. Das fand ich schön.

Nachts schlief ich einmal bei Mutti im breiten Bett. Ich kuschelte mich an sie. Wir unterhielten uns. Wir haben uns immer unterhalten. Aus irgendeinem Grund frage ich sie, woher die Kinder kommen. Sie erzählt mir, daß alles sehr glücklich eingerichtet ist. Daß, wenn zwei Menschen sich lieben, sie sich so nah sein wollen, wie es überhaupt nur geht. Und daß es ganz toll ist, weil der Mann in die Frau reinpaßt wie ein Puzzle, das aufgeht. Sie erklärt mir, wie der Samen da rauskommt und ein Kind werden kann, aber nicht werden muß. Ich fand das ganz herrlich. Und sah einen Zusammenhang zwischen dem, was sie mir erklärte, und den heftigen Küssen zwischen Pudl und ihr. Am nächsten Tag beim Spaziergang sagte Onkel Heinerle zu mir: »Störche!« Ich guckte. »Das sind die, die die kleinen Babies bringen.« Mutti und ich grinsten uns an. Wir wußtens ja besser. Nach einer Weile konnte ich den Mund nicht mehr halten, wie immer, wenn ich mal was weiß. Und sagte: »Ach weißt du, Onkel Heinerle, du bist eben doch ein bißchen dumm und kindisch. Ich kann dir erklären, wie es wirklich ist. Es sind gar nicht die Störche.« Ich fühlte mich stolz und glücklich.

So fühle ich mich jedes Mal, wenn ich besserwisserisch zum Schlag gegen angeblich überlegene Erwachsene ausholen kann. Schon als ich ganz klein war, erschreckte ich die

Leute. Sehr zart, zu klein, mit langen goldblonden Wellen und verträumten Augen. Eine Zeitlang so niedlich, daß Leute auf der Straße stehenblieben, sich bückten und in Variationen Dinger sagten wie: Oh wie süß! Wie heißt denn das kleine Engelchen? Um zusammenzuzucken, wenn ich mit tiefer Baßstimme, die sich bis zur Pubertät hielt, drohend meinen Namen sagte. Oder wenn ich hamburgernde Mitbewohner in Eimsbüttel sprachlich korrigierte. Später in Schweden, als ich, die vorher noch nie Schwedisch gehört hatte, schon im ersten Schuljahr Klassenbeste in Schwedisch war. Und dann noch später, als ich im Englischunterricht hohnvoll die Lehrerin vor der ganzen Klasse blamierte, indem ich ihr Englisch verbesserte. Was muß die mich gehaßt haben, daß ich im Recht war. Im Recht war ich auch, als ich, klein wie ich war, den Schweden erzählte, was mit Juden in Deutschland passiert. Nur das wollte mir keiner glauben. Wie in einem Traum, in dem man schreien will und keinen Ton rausbringt. Genauso wenig drang ich durch. Seitdem weiß ich, daß Wissen allein nicht genügt, sondern Beweise da sein müssen, wenn man will, daß einem geglaubt wird.

Ich war auch immer meiner Cousine Ursel einen Schritt voraus. Ich deckte den Schwindel mit Osterhase, Weihnachtsmann und Klapperstorch auf. Ich konnte die Verlogenheit der Erwachsenen beweisen. Da ich sie lieb hatte wie eine Zwillingsschwester, hatte ich es immer sehr eilig, ihr eine Illusion zu rauben. Seitdem ich weiß, was ich damit bei ihr angerichtet hab, ich habs erst als Erwachsene erfahren, hüte ich mich davor, Leuten ihren Glauben ausreden zu wollen.

Als ich klein war und selbst noch an Gott glaubte, war mein Abendgebet: »Lieber Gott, mach mich dumm, Denken tut so weh.« Auch jetzt wünsch ich mir immer häufiger, vorübergehend nicht denken zu müssen.

Ich bin sicher, daß meine Eltern mich vor allem möglichen bewahren wollten, wie andere Eltern ihre Kinder auch. Beide liebten mich. Und wollten mein Bestes. Beide haben aber auch versagt. Pudl hat mich jeden Tag gesegnet mit den Händen auf meinem Kopf. Und mir jeden Tag erzählt, daß ein jüdisches Mädchen sauber sein muß, brav und ehrlich und klüger und besser als alle anderen. Wenn ich erwachsen wäre, müßte ich einen Juden heiraten, nur keinen Goj. Als dann raus kam, daß ein »Sittlichkeitsverbrecher« mit meiner Genehmigung ne Zeitlang an mir rumgegrabscht hatte (der Preis, den ich dafür verlangte, war, daß er mir all seine sexuellen Erlebnisse mit Frauen erzählt), wollte Pudl mich erschlagen. Mutti schmiß sich dazwischen, und Pudl zerriß ersatzweise ein Porträtfoto in Pudelmütze von mir, von dem er vorher gesagt hatte »wie das lebt«! Zu meinem Bruder Bübchen, der mich küssen wollte, sagte er: »Laß das, die ist giftig.«

Mutti hatte immer ganz weiche Kleider an. Fließende Stoffe, wie man sie jetzt in Trödelläden wieder kriegt, mit weiten sanften Ärmeln. Darüber war fast immer eine gestärkte weiße Schürze. Ich trieb Mutti jeden Tag zur Verzweiflung, wenn ich nicht essen wollte. Nicht essen konnte. Schon ne Stunde bevor es Zeit war zu essen, kriegte ich Krämpfe vor Angst. Jede Mahlzeit dauerte ewig, weil ich nicht fertig wurde. Danach mußte ich immer kotzen. Je magerer ich wurde, desto mehr Butter tat sie rein. Sie saß neben mir über Eck am Tisch und seufzte: »Die armen Chinesenkinder würden sich freuen, wenn sie nur ein Viertel deiner schönen Mahlzeit hätten.« Da sagte ich genauso traurig: »Ich auch, Mutti, ich auch.«

Ich wurde immer wieder in Erholungsheime geschickt. In einem hatte ich furchtbar Heimweh. Dort hab ich mittags, weil ich den Tisch nicht verlassen durfte, in den Teller gekotzt. Die Kinderschwester zwang mich, das Erbrochene aufzuessen. Wie ein perpetuum mobile — gegessen — gekotzt — gegesssen — gekotzt. Bis auch die Pädagogin die

Prozedur satt hatte. Ein andres Mal war ich sechs Wochen mit Keuchhusten im Krankenhaus. Da wurde mir gleichzeitig das Kotzen abgewöhnt. Bevor das ganz klappte, versteckte ich voll wahnsinniger Angst den Nachttopf mit dem Erbrochenen weit unterm Bett. Ich weiß nicht, wie die meinen Kotzzwang beseitigten. Nur daß ich bis heute, egal wie übel mir ist, mich nicht mehr übergeben kann. Nicht mal mit nem Finger im Hals.

Dann kam ich, um kräftiger zu werden, in eine Art Kinderkrankenheim. So eine Art Zauberberg für Kinder. Da waren alle lieb. Auf dünn geschnittene Scheibchen Butterbrot wurden Schokoladenplätzchen als Köder gelegt. Ich durchschaute den Trick, hatte aber nichts dagegen, weil ich Süßigkeiten mag. Auch bis heute. Die Schwester war ganz stolz, als sie mich auf der Veranda vor Mutti und Pudl ein halbes Scheibchen Brot mit Schokolade schauessen ließ.

Mutti arbeitete auch als Köchin in jüdischen Sommerferienlagern. Da machte fast alles Spaß. Außer wenn gegessen werden sollte. An langen Tischen. Wenn alle Kinder fertig waren und längst weg, saß ich noch immer da und heulte in mein Essen rein. Eines Tages sperrte mich wieder eine begnadete Pädagogin zu Erziehungszwecken mit meinem vollen Teller Eintopfgericht in die Umkleidekabine. Mutti war schwach und unterlegen. Sie schloß nicht auf. Sie trat die Tür nicht ein, um mich zu befreien. Sie weinte nur lauthals draußen und ich drinnen. Sie schluchzte: »Mein Kätzchen, iß auf, ich bitte dich, iß auf, damit sie dich wieder rauslassen.«

Ich wünschte, sie wäre stärker gewesen. Aber wär sie stärker gewesen, wär sie vielleicht nicht so lieb und weich gewesen. Später, als sie erwachsener war, hat sie sich auch aktiv für andere eingesetzt. Das weiß ich von ein paar Leuten, die Warschau überlebten. Übrigens esse ich sehr gern. Seit ein paar Jahren schon. Aber vorher war ich immer stolz darauf, ohne Essen, Schlaf und Klo auszukommen. Fühlte mich dadurch unabhängig. In Pleitezeiten kam es mir auch zugute. Es ist schön, wenn man nicht vermißt, was man nicht hat.

Meine Eifersucht hat sich gehalten. Wegen Bübchen bin ich fast durchgedreht. Der lag glatzköpfig, häßlich da und strampelte. »Wie süß, wie süß!« riefen die Verwandten. Obwohl jeder wußte, daß er Muttis Brust so versaut hatte, daß sie entzündet war und Mutti vor Schmerzen schrie wie am Spieß. Da hab ich mich neben die Wiege gelegt und auch gestrampelt. »Steh auf, was soll der Unsinn«, sagten die Tanten da. Ich hätte meinen Bruder gern an die Wand geklatscht.

Als Pudl und wir alle verhaftet waren, durfte meine hübsche Tante Bertie nochmal rein. Ich denk, ich seh nicht recht. Da verabschiedet sie sich doch mit einem richtigen Kuß von Pudl. Ganz lange und mitten auf den Mund. Und die Augen zu und sich an ihn rangequetscht. Das nehm ich ihr heut noch übel. Neulich hab ich sie mal gefragt, ob sie ineinander verknallt waren. Sie sagt nein. Aber der Kuß war zu lang!

Mutti wurde angeblich auch mal geküßt. Als sie fünfzehn oder sechzehn war und in der Jugendgruppe. Von Onkel Heinerle, dem Schwein. Der gab damit an. War schon achtzehn und hatte ne andre Freundin. Das hat man gerne!

Später hat sie noch einer geküßt. Als sie achtzehn war. Der war verheiratet und ward nicht mehr gesehen. Da steckte Mutti den Kopf in den Backofen, um zu sterben. Wurde gerettet, ließ sich von Pudl verführen und kriegte mich. Und mit ihm ist sie dann ja auch gestorben. Sie war gar nicht richtig mit verhaftet, weil sie nicht angemeldet war. Sie hat richtig drauf gepocht, mitzudürfen. Das finde ich auch korrekt. Obwohl — noch besser wär gewesen, sie hätten sich gewehrt.

Mutti, die gegen ihren Willen nochmal freikam, las mir Briefe von Pudl vor. Da stand viel von einem dreizehnjährigen Mädchen auf dem langen Transport nach Polen. Und daß Pudl sich mit ihr die ganze Zeit viel unterhalten hat. Und daß sie ein so liebes schönes Mädchen ist. Sehr klug.

Ich hab dem Mädchen nicht verziehn, daß sie sich dauernd mit Pudl unterhalten durfte. Ausgerechnet als Mutti nach ihm weinte. Auch nicht, als Mutti mir vorlas, daß sie nicht lebend in Polen ankam. Sie wurde, wie viele andere im Transport, schon an der Grenze umgebracht.

Die Nazis waren um uns rum. Ich weiß nicht, wie Kiesinger und andere sie übersehen konnten. Ich sah jeden Tag was, und die Angst saß uns in den Knochen. Onkel Leo kam zurück aus dem Knast. Den ganzen Kopf weiß verbunden, wie ne Mumie. Es war gruselig, aber ich hätt gern gewußt, was sie ihm alles drunter kaputtgehauen haben. Wir sollten nichts fragen, weil er nichts erzählen durfte. Dann fiel der Unterricht aus, weil ne Lehrerin, die wir alle nicht mochten, verhaftet war. Wir waren doof und haben uns nur gefreut, weil wir sie nicht mehr hatten. Als Bübchen zwei war, schmissen die anderen Kinder ihn auf die Straße und sprangen auf ihm rum. Zur Strafe, weil er Jude ist. Damals hatte er ganz, ganz viele weißblonde Locken und war hundertmal hübscher als alle anderen Kinder in der Stadt. Einmal brachten die ihm ein Gedicht gegen Juden bei. Das hat er ganz stolz vor Mutti aufgesagt. Mich zerrten die Kinder in ein fremdes Treppenhaus rein. Schubsten mich gegen die Wand und schrien dauernd im Chor was vom Judenblut, das vom Messer spritzt. Bis Opa mich befreite.

Im Sommer war jeder Tag eine Angstpartie. Überall stand auf Schildern, was wir nicht durften, und wir habens trotzdem getan. Auf ne Bank gesetzt im Park, obwohl »Für Juden verboten« drauf stand. Und dann dagesessen, als ob der Po festgebacken wäre. Vor Angst nicht wieder aufstehen können. Mit Mutti Eis holen in ner Doppelwaffel. Auch verboten. Vor Angst nicht lecken können. Mit Mutti, Bübchen, Ursel und Günter in Fuhlsbüttel ins Schwimmbad, weil ne

Hitzewelle war. Rein ging gut, weil so viele drängelten. Ursel und Günter waren sowieso rothaarig. Und Bübchen und ich blond. Und dann gegen Schluß wurde es immer leerer und leerer. Da haben wir alle nur noch an Muttis schwarze Locken gedacht, und daß jeder sieht, daß wir Juden sind. Mutti war ganz ganz blaß und hat sich nicht zum Ausgang getraut. Die Angst wurde immer schlimmer, weil wir ja irgendwann raus mußten, an dem Verbotsschild vorbei. Uns ist nichts passiert, aber wir waren den ganzen Abend krank und wünschten, wir wären gar nicht erst baden gegangen.

Einige Wochen war ich wieder verschickt. Die Kindergärtnerinnen gingen mit uns im Wald spazieren. Da sahen wir durch die Büsche eine Gruppe HJ-Jungens. Solche kannten wir aus der Stadt, wo sie öfter mit Steinen nach uns warfen. Die Erwachsenen und wir schmissen uns auf die Erde und robbten wie im Dschungelkrieg. Ich bin fast erstickt, weil ich mich nicht traute zu atmen.

Als es wie verrückt bei uns an die Tür klopfte, das war bei Dunkelheit im Spätherbst, morgens gegen fünf, wußte auch ich, obwohl es mich aus dem Schlaf riß, daß das die Polizei war. Ich mochte nicht sehen, wie Pudl versuchte, den Idioten seine Orden aus dem Ersten Weltkrieg zu zeigen. Das waren ganz viele Orden. Er hatte sie in einem Holzkästchen. Das hielt er denen geöffnet hin. Er konnte nicht begreifen, daß das nichts änderte. Es tat mir weh, wie sie ihn behandelten. Aber meine Angst war komischerweise weg.

Es tat mir noch viel mehr weh, als die Milchfrau Mutti ohrfeigte. Nur weil sie für uns was zu essen holen wollte. Ich kriegte auch welche geklebt. Dann hoben sie und ihr Mann Mutti hoch und schmissen sie die Treppe hoch raus. Ich fühlte mich für sie verantwortlich und schämte mich, weil ich ihr nicht helfen konnte.

Ich schäme mich auch, daß sie tot ist.

Ich kann mich nicht daran erinnern, viel gespielt zu haben. Außer Murmeln, das konnte ich ganz gut. Und Rollschuhlaufen. In der Hocke ein Bein vorgestreckt. Kanone fahren nannte sich das. Aber mein Lieblingsspiel war Geschichtenball. Geschi genannt. Da steht man an der Mauer und schmeißt den Ball dagegen. Mit dem Kopf, mit der Brust, hinterm Rücken, übern Kopf, unterm Bein. Es gab welche, die konnten das viele Male mit dem Kopf, ohne den Ball anzufassen. Man war so lange dran, bis der Ball runterfiel. Die ganze Zeit erzählte man ne Geschichte, die man erfand. Ich durfte den Ball ganz oft fallenlassen, weil ich ganz spannende Geschichten erzählte. Meistens über Liebe. Ich wollte ja auch immer Schriftstellerin und Schauspielerin werden. Am liebsten Chaplina, weil ich Chaplin doch so liebte.

Pudl versprach mir immer ein Klavier und ein Pony, »sobald ich gewonnen hab«. Daraus wurde natürlich nichts. Aber ich fand auch so schön, daß ers mir schenken wollte. Obwohl — wo hätten wir das Pony in der kleinen feuchten Wohnung untergebracht?

Verlaufen hab ich auch gern gespielt. Mit Bübchen und meiner Cousine Ursel abgehauen, ohne zu wissen wohin. Und ganz lange bis auf eine Wiese. Und da lagen wir dann in den Blumen und malten uns Scheußlichkeiten aus. Das heißt, ich malte die aus, und die anderen fingen an zu heulen vor Angst. Als Bübchen und ich neu in Stockholm waren, haben wir uns richtig verlaufen, ohne es zu wollen. Von morgens an, den ganzen Tag. Wir konnten kein Wort Schwedisch. Erst abends brachten uns Leute zurück zu den Pflegeeltern, deren Adresse wir nicht mal hatten. Nur den Namen. Das waren dänische Juden. Ein lauter Mann, der mich aus Spaß kniff bis ich blau war, und eine große Frau mit leuchtend rotem Haar. Opernsängerin. Sie spielte dauernd »Für Elise«: dada-dada-dada-dada-dam... Ich dachte, die hätten sicher die Polizei geholt und uns überall suchen lassen. Daß sie dann schimpfen und schreien würden, vielleicht uns sogar schlagen. Aber es war viel schlimmer. Sie hatten nicht mal gemerkt, daß wir weg waren. Von da an wußte ich, daß wir allein sind. Ein für allemal.

Meine Angst vor Trennungen macht mich auch fast verrückt. Da gibt es eine Reihe Erinnerungen, alle nicht wegzudrücken. Erstens. Damals im Krankenhaus. Da durften Mutti und Pudl nicht rein, wenn sie mich besuchten. Drückten nur die Nasen platt an einer Trennscheibe. Wegen der Ansteckungsgefahr. Wenn die gingen, konnt ich nicht hinterher. Und anfassen konnten wir uns auch nicht.

Zweitens. Die Trennung von Pudl. Nach unserer Verhaftung wurden wir mit anderen Juden auf einen Viehwagen geladen. Ganz langsam durch die Straßen gefahren. Leute guckten aus den Fenstern. Leute guckten weg. Leute gingen lachend hinterher. Pudl sagt: »Stell dich mal ganz nach außen. Die sollen sehen, was hier mit Kindern geschieht.« Es ist mir gar nicht peinlich, es ist mir gar nicht peinlich, sagte ich zu mir. Von Wache zu Wache. Ein Polizist weinte, Kopf auf'm Tisch. Mit ner Banane neben sich. Dann wurden wir in einer Turnhalle abgeladen, wo die meisten Juden auf den Knien rumrutschten und zu Gott beteten. Da fand ich die Erwachsenen schon wieder reichlich dumm. Denn mir war klar, daß ein lieber Gott so was nicht zulassen würde. Wünschte mir erwachsen zu sein. Dachte, dann würde ich mich wehren. Denn wir waren ja viel mehr als die Bewacher. Irgendwann sagte Pudl, daß ich zu einem fremden Mann Papa sagen sollte, mit dem ganz natürlich rausgehen, fröhlich aussehen und mich nicht wieder umdrehen. Hätt ich mich bloß noch mal umgedreht. Ich hab Pudl nie mehr gesehen. Die SS-Leute am Ausgang waren wohl kinderlieb. Sie hoben mich hoch und wollten wissen, wie das süße kleine Mädchen heißt. Da hatte ich tatsächlich doch noch mal Angst zu kotzen. Mitten auf die runter. Und mich dadurch zu verraten. Der fremde Mann gab mir Straßenbahngeld, setzte mich in die Bahn und sagte: »Fahr zum jüdischen Waisenhaus.«

Es gab auch ein Wiedersehen. Meine Cousine Ursel, die ja mein unschuldiger Zwilling war, lag wie ein Stein im Bett, als ich zwei Tage später zu ihr kroch. Sie sagte dauernd: »Ich weiß, du bist nicht da, du bist tot.«

Drittens. Als Pudl verhaftet blieb und wir wieder zu Hause waren. Wir wußten ja, der ist in Polen. Trotzdem, jedesmal wenn ein Fahrrad auf der Straße klingelte, fiel Mutti fast vom Stuhl. Pudl fuhr ja immer Fahrrad und klingelte, wenn er kam.

Viertens. Wie wir mit anderen Kindern nach Schweden geschickt wurden. Mutti hat uns zur Bahn gebracht, Hamburger Hauptbahnhof. Seitdem hasse ich den Bahnhof noch mehr als andere Bahnhöfe. Ich kann auch keine Züge sehen, ohne daß mir schlecht wird. Mutti sagte, sie kommt in einem halben Jahr nach, aber das war natürlich Quatsch. Obwohl sie wußte, daß sie uns nie wieder sieht, stand sie da und hat gelacht, ihr herrliches Lachen mit weit aufgerissenem Mund, und gewunken, solange wir sie sehen konnten. Damit uns der Abschied nicht so schwerfällt. Hat auch nichts genützt. Ist nicht wahr. Hat es doch.

Fünftens. Als Bübchen und ich nach den ersten gemeinsamen Pflegefamilien in Schweden getrennt wurden. Bübchen hörte ganz auf zu essen. Wäre er nicht erst vier gewesen, hätte man das Hungerstreik genannt. Als wir uns nach vier Monaten wiedersahen, hatte er auch seine Sprache verloren. Da wo er war, sprach keiner Deutsch, und es brachte ihm auch keiner Schwedisch bei.

Sechstens. Ich war in zwölf verschiedenen Pflegefamilien. Bübchen erst bei vier Familien und dann fünf Jahre in einem katholischen Waisenhaus. Das war vielleicht ne Scheiße. Ich durfte ihn nur jeden zweiten Sonntag zwei Stunden besuchen und liebte ihn bis zum Wahnsinn. Ich bekam zwanzig Öre die Woche Taschengeld, das waren vielleicht zwanzig Pfennig. Dafür kaufte ich meistens Cremehütchen. Die habe ich geviertelt, damit es dann viele waren, und ihm mitgebracht. Ich war immer fast am Explodieren, wenn ich da hinrannte. Die Treppen raufraste bis in den vierten Stock. Ich wußte nie, ob ich reingelassen würde. Da stand sie, groß wie ein Haus, dieses Satansweib und breitete die Arme aus. Also die hat beide Türpfosten festgehalten, so daß sie den Weg versperrte, und glotzte auf mich, die dann immer kleiner wurde, runter. Ich war sowieso sehr klein. Das hielt die immer an die fünf Minuten durch, diese Folter. Erst dann öffnete sie den Mund. Sagte eisig: »Was willst du?« Dann mußte ich immer sagen: »Ich will meinen Bruder besuchen.« Bübchen war dann schon im Korridor und fing an zu weinen und meinen Namen zu schreien. Entweder trat sie dann endlich langsam beiseite, oder sie sagte gedehnt: »Es geht nicht.« »Ja, warum nicht?« Triumphierend: »Er ist krank.« »Wieso, da steht er doch.« »Du hörst, was ich sage, er ist krank!«

Siebtens. Als Bübchen und ich ganz neu in London waren. Ich konnte schon Englisch. Aber er kein Wort. Ich nahm ihn mit in den Orkus der Underground. Wir genossen jede Sekunde, die wir jetzt zusammensein konnten. Wir wohnten auch hier, die erste Zeit, nicht zusammen, sondern getrennt in jüdischen Waisenheimen. Erst später zusammen, weil Unclès Wohnung noch zerbombt war. Wir hielten uns immer aneinander fest, wenn wir zusammen waren. Aber in dem Wahnsinnsgedränge vor der Underground wurde er reingedrückt und ich raus. Die Türen schlossen sich. Ich sah Bübchen, winzig klein, mit vor Angst aufgerissenen Augen unter den blonden Locken und offenem Mund. Ich geriet in Panik. Rannte schreiend von einem Aufsichtsbeamten zum andern. Die telefonierten rum, und ich konnte ihn an einer anderen Station wieder umarmen. Wir haben vielleicht geweint! Was für ein Glück, daß er nicht aus dem Zug gefallen ist. Oder in der Millionenstadt verlorengegangen war! Diese Scheiben, die einen trennen! Wie im Gericht. Ich hab später noch öfter mit unzerbrechlichem Glas zu tun gehabt.

Achtens. Ich hatte in Stockholm, als Heiligstes, alle Briefe und Fotos von Mutti in einem Schuhkarton. Auch die fünf Postkarten aus dem Warschauer Getto. Alle am gleichen Tag geschrieben. Als sie nach Auschwitz mußten. Es war wie Noch-einmal-aus-dem-Fenster-Rufen bei Brand. Mit Riesenbuchstaben: »Auf Wiedersehen! Schalom! Wir lieben Euch! Wir denken immer an Euch! Seid brav und nicht traurig!« Alles im Karton hab ich oft am Tag gestreichelt und abgeküßt. Da sagte unser Vormund, Farbror Sigge: »Du wirst trübsinnig«, und verbrannte den ganzen Karton mit Inhalt.

Durch diesen Verlust gewarnt trug ich jahrelang von morgens bis abends, erst in großen Taschen, später in Koffern, alle meine Fotos mit mir rum.

Ich hab Mutti auch mehrere Male Schande bereitet. Das erste Mal, weil Urselchen mich wütend machte. Es war gar nicht ihr Fehler, sie hatte gar nichts getan. Sie machte mich nur wütend, weil alle sie so lieb fanden. Kein Wunder, sie war ja auch lieb. Und meine beste Freundin dazu. Ich nahm ihr übel, daß sie die Dinge nicht so erkannte wie ich und darum immer fröhlicher war als ich. Richtig pausbäckig. Sie fand ihre wunderschönen roten Haare schrecklich. Um sie und Gott reinzulegen, bat ich mit Schmeichelstimme: »Lieber Gott, das arme Urselchen ist so traurig wegen ihrer häßlichen roten Haare. Weil sie meine allerliebste Cousine ist, will ich sie ihr abnehmen. Lieber Gott, gib mir ihre häßlichen roten Haare für immer und ihr meine schönen goldblonden.« Das war eine Heuchelei, von der nur ich wußte. Aber als ich nie und nie ihre roten Haare kriegte, wuchs meine Wut auf das unschuldige Urselchen. Die Erwachsenen lachten und unterhielten sich in einem Zimmer. Urselchen und ich spielten in der Dämmerung im Kinderzimmer. Da keimte mein böser Plan. Ich machte so viel Pipi in den Nachttopf wie ich nur konnte. Nahm den schönen neuen Ball und sagte: »Urselchen, wirf den Ball mal in die Luft, nein nicht da hinten, hier, nein hier!« Und Urselchen sagte: »Dann fällt er doch in den Pott.«

»Das ist doch nicht schlimm, Urselchen, vielleicht fällt er ja auch nicht rein, nun wirf doch endlich.« Als ich das brave Urselchen nicht dazu bringen konnte, riß ich ihr wütend den Ball aus den Händen, tunkte ihn bis zum Boden des Topfes, schrie: «Iiiih, Mutti!« und ging mit ausgestreckten Armen, den Ball angewidert nur mit den Fingerspitzen haltend, zu den Großen: »Iii, Iii, wie eklig, was Urselchen gemacht hat.« Da sie leugnete, fielen alle über sie her, sie wurde ausgeschimpft, auf den Po gehauen und aus dem Zimmer geschickt. Nur Mutti glaubte mir nicht. »Sag mir die Wahrheit, mein Kätzchen! Wenn du lügst, leuchtet ein Licht auf deiner Stirn auf und scheint durch die verschlossene Tür durchs Schlüsselloch.« Ins dunkle Zimmer, Tür zu. Mutti weiter wie eine Teufelsbeschwörerin: »Sag die Wahrheit, und dir passiert nichts!« Da hab ich ein Geständnis abgelegt, ohne Umschweife, weil ich an das magische Leuchten glaubte, und auch weil ich sonst immer die Wahrheit wollte. Mutti hielt Wort, aber Pudl hat mich da zum ersten Mal verprügelt. Wegen meiner Gemeinheit hab ich mich die ganze Kindheit und auch später geschämt und versucht, das wieder auszubügeln.

Dann war der erste Schultag eine Schande für Mutti. Sie hatte mir zum Geburtstag ein blaues Samtkleid mit weißem Pelz dran geschenkt. Das hing zur Überraschung an einer Leine im Zimmer, als ich reinkam. Das hatte ich an. Aus meinen langen Haaren hatte sie Hängezöpfe gemacht. Und ne Brille hatte ich auf. Weil ich plötzlich schielte. Hat sie damit weggekriegt. Ich hab ein Foto davon. Da seh ich wirklich aus wie ein vierjähriger Professor.

In der Klasse waren alle Eltern und Kinder. Die Lehrerin fragt bald: »Kann denn eins von euch Kindern was Schönes singen?« Schon war ich vorne und sang gut gelaunt mit Baßstimme: »Ein Pups der fiel vom Dache und brach sich das

Genick. Da kamen viele Pupse und nahm'n den Stinker mit.« Die Lehrerin sagt: »Du kannst doch sicher noch andre Lieder, mein Kind.« Da sang ich: »Das is die Liebe der Matroooosen! Auf die Dauer, lieber Schatz, ist die Hose mir geplatzt.« Als sie wieder bremst, noch: »Faaahr nich-in die Ferne, du blonder Matrooose« und »Eine Seefahrt, die ist lustig.« Die Lieder kannte ich alle von meinem Halbbruder Herli, der Seemann war, sogar Offizier, und grade noch nach Palästina abgehauen ist. Mutti hat sich so geschämt, daß sie aus dem Klassenzimmer lief. Ich wünschte, ich hätte sie nicht so enttäuscht. Ich konnte ja auch viele Lieder, die sie mir beigebracht hat, und die hätte ich ja auch singen können. »Hast du da droooben vergessen auch mich, mein Herz, das seheheheent nach Liiebe sich.« Und: »Oh, Donna Klara, ich hab dich tanzen gesehn, und deine Schönheit hat mich toll gemacht.« Und: »Ich tanze mit diiir-in den Himmel-hinein, in den siebenten-Himmel-der Liebe.« Und: »Vater, Mutter, Bruder, Schwester hab ich auf der Welt nicht mehr.« Mutti konnt ja so schön singen. Und nun das.

Sie konnt auch so schöne Gedichte schreiben. Besonders an Geburtstagen. Sie konnte überhaupt sehr viel. Auch Zeitungen austragen nachts. Und da durft ich manchmal mit. Daß sie anderen Leuten beim Saubermachen half, hab ich schon gesagt. Das waren wohl ganz reiche Leute und sehr nett. Ich lernte einige kennen. In Schweden wurde ich zu einem Geburtstagsfest eingeladen zu einer lieben Frau, die dahin ausgewandert war. Sie hatte eine wunderschöne große Wohnung und die schönsten Sachen zu essen. Da sagte ein Gast: »Na, mein Kind, wie bist du denn hierher gekommen?« Gerade als ich ganz glücklich antwortete: »Ich bin eingeladen worden. Das ist die Freundin meiner Mutter«, stand die Gastgeberin neben uns. Und sie sagte lächelnd-zurechtweisend: »Deine Mutter war nicht meine Freundin. Deine Mutter war meine Putzfrau.«

Als ob das eine das andere ausschließt. Das Fest war verdorben von da an. Weil sie Mutti verstoßen hatte vor den andern.

Ich hab auch reichlich gehaßt. Erst die Täter. Dann auch die Opfer, die sich nicht wehrten. In Schweden alle zwölf Pflegeeltern-Paare. Ihre Kinder. Ihre unterschiedlichen Gewohnheiten und Intimitäten. Ihre Verwandten und Freunde. Ich weiß bis heute nicht, was schlimmer war: ihre Gleichgültigkeit oder ihre gelegentlichen Versuche, mich für sich zu erwärmen. Sie waren absolut unterschiedlich — Russen, Dänen, Schweden, Juden, Nazis, egal. Ich haßte sie alle. Weil sie nicht Mutti waren. Und so taten, als könnten sie ihren Platz einnehmen. Am intensivsten haßte ich die Leiterin von Bübchens Waisenhaus. Und ich krieg ne Gänsehaut, wenn ich nur an sie denk. Tant Lisa hieß sie. Ein so weicher Name für eine so harte Frau. Wenn ich ins Heim reingelassen wurde, haben wir immer versucht, uns zu verkriechen. Dann wollten wir uns immer alles anvertrauen, was inzwischen gewesen war. Dafür, daß er mir alles erzählte, kriegte er meistens von ihr Prügel. Dreimal hab ich ihn richtig entführt. Frech gesagt, daß wir zu unserm Vormund kommen müssen. Einmal haben wir Schneewittchen gesehen. In der Kindervorstellung. Von Walt Disney. Einmal hat ein Mann uns beide in ein Café eingeladen. Mit richtigem Kuchen. Und einmal waren wir auf dem Rummelplatz. Einer lud uns zum Karussellfahren ein.

Und da war eine dansbana, ein Boden aus Holz gezimmert, auf dem zu einer Band, auch am Tag, im Freien getanzt wurde. Da haben wir so wild miteinander getanzt, daß uns schwindlig wurde. Jedesmal wurden wir erwischt, und jedesmal wurde nur Bübchen dafür verprügelt. Obwohl ich der Anstifter war. Und jedesmal schwor ich mir, diese Drecksau zu ermorden, sobald ich groß genug wäre.

Ich hab ganz lange gespart, um Bübchen zu seinem Geburtstag eine rote Feuerwehr zu kaufen. So was Schönes hatte er in seinem Leben noch nicht gesehen. Mit einer ganz langen Leiter und groß und irrsinnig rot. Die hab ich ihm gebracht. Er konnt es nicht fassen. Ich konnt es auch nicht fassen. Wir waren fast ohnmächtig vor Wonne. Und da kam diese Drecksau und hat die Feuerwehr genommen und hat gesagt: »Die ist zu schön für dich.« Dann hat sie sie oben auf den Kleiderschrank gestellt. Sichtbar. Er hat sie zwei Jahre lang jeden Tag sehen können, und nie durfte er ran. Eines Tages kam er aus der Schule. Tagsüber war im Heim Kindergarten, da hat sie die Feuerwehr runtergenommen und den Kindergartenkindern zum Spielen gegeben. Und die hatten sie gleich kaputtgemacht. Ah, war das schrecklich! Ich hab immer, die ganzen Jahre, darauf gewartet, erwachsen zu werden, um mich an dieser Frau zu rächen. Dann kam ich zurück, erwachsen, beeindruckend, inzwischen weltgewandt, London-Hamburg-Paris-erfahren, hatte mich chic gemacht. Mir konnte keiner was. Ich war hart wie Stahl. Sah die Alte — schrumplig, verbittert. Erkannte ihre Einsamkeit. Dachte, sie muß ja damals schon in den Wechseljahren gewesen sein. Aus guten Gründen nie geliebt. Und konnte ihr nichts tun, nur angewidert gehen. Mit weichen Knien und unausgelebtem Haß.

Genauso ging es mir mit der Milchfrau, die in Eimsbüttel meine Mutter und mich geschlagen hatte. Die ich auch haßte, an der ich mich auch rächen wollte. Ich gab mir einen Ruck und ging in ihren Laden. Da stand die Frau. Die hatte früher leuchtend rote Haare. Das war das einzig Schöne an ihr gewesen. Ich hab mich nur hingestellt, an die Wand gelehnt, damit ich nicht umfalle. Hab keinen Ton gesagt. Hab die Frau nur angeguckt. Unentwegt. Und sie bediente einen nach dem anderen. Zum Schluß fielen ihr die Sachen aus der Hand. Dann sagte sie, grau im Gesicht, sie sehe Gespenster. Sie hielt mich für Mutti. Als sie sich so weit erholte, daß sie begriff, daß ich das Kind bin, also kein Spuk: »Und wie oft, wie oft hab ich an deine liebe Mutter gedacht. Aach, ach Gott, hab ich gedacht, diese liebe Frau...«

Ja, auch da bin ich rausgegangen. Mir war durch und durch elend. Stimmt, nicht mal die beiden Male konnt ich kotzen.

1979

Dialog

*g*espräch, das die Schriftstellerin, Filmemacherin und
Journalistin Erika Runge im Frühjahr 1980 mit Peggy
Parnass geführt hat.

R: Wenn eine Fee käme, eine gute Fee, und würde sagen,
Peggy, du hast drei Wünsche frei, was immer du willst wird
geschehen, was würdest du dir wünschen?

P: Eine wahnsinnige, ewig anhaltende Liebe, blühende
Gesundheit, Durchsetzungsvermögen, Gelächter, sehr viel
Gelächter, Anlaß zum Lachen und die Fähigkeit zu lachen.

R: Kannst du dazu noch ein bißchen was Genaueres sagen? Was gibt es für Anlässe, wo du nicht lachen kannst?

P: Ich glaube, ich lach sehr viel, sehr gern, ich nehm jede
Gelegenheit wahr, ich glaub eigentlich, daß ich häufiger
lach als andere, weil ich Sinn für Situationskomik hab, und
weil ich keine Angst hab zu lachen.

R: Aber wenn man sich deine Geschichte anschaut, ich
würde gern mal aus einem Buch vorlesen, wo du über deine
Herkunft, über deine Kindheit was erzählt hast. Du hast mir
erzählt, was du als Kind gedacht hast: »Ich fand ständig,
daß ich ins KZ gehöre, fand es ungerecht, daß ich in Schweden lebte. Als ich erfuhr, daß meine Eltern tot sind, hab ich
mich sehr gefreut. Ich wußte, was sie durchmachen. Ich war
froh, daß sie es nicht mehr durchzumachen brauchen.
Gleichzeitig war ich ständig halbwahnsinnig, weil ich meine
Mutter nicht mehr hatte. Ich bekam einen Brief, in dem
drinstand, heute wäre sie soundso alt geworden. Und da
wußte ich, wenn sie so alt geworden wäre, ist sie tot. Da
fragte dieser Idiot am Tisch noch, dieser S., Direktor S.,
was guckst du so blöde? Da hab ich gesagt, ich hab grad erfahren, daß meine Eltern tot sind, und da sagt er, na sei

froh, zwei Juden weniger. Ich war wie versteinert. Ich hab zwölf Jahre nicht weinen können, keine Träne.« Kannst du heute weinen?

P: Leider wieder kaum, zwischendurch hatte ich weinen gelernt. Jetzt weine ich sehr selten, viel zu selten, d. h. wenn ich jedesmal weinen würde, wenn ich verzweifelt bin oder traurig, hätte ich viel zu tun. Es klappt nicht. Ich befürchte, daß diese Art von Versteinerung wieder einsetzt, aber ohne daß ich schmerzfrei würde.

R: Du hast durch deine Entwicklung schon sehr verschiedene Berufe gehabt, du warst Gerichtsdolmetscherin, du warst Sprachlehrerin, du bist im Film als Schauspielerin aufgetreten.

P: Ich merk grade, wie mich das stört, was du aufzählst.

R: Erzähl mal warum.

P: Ich hab immer Sprachunterricht gegeben, um überhaupt alles finanzieren zu können, um lernen zu können. Ich bin ja berufstätig, seitdem ich vierzehn war.

R: Warum?

P: Weil niemand mich ernährt hat, und erst so als Dienstmädchen oder..., das konnte ich sehr schlecht. Sprachen hab ich ja immer gekonnt. Das war Mittel zum Zweck, aber nicht Beruf. Und als das das erste Mal auf einer Steuerkarte stand, Sprachlehrerin, da hab ich sofort damit aufhören wollen, ich hab mich so gekränkt gefühlt durch dieses Abgestempeltsein. Und Schauspielerin, das war mir wichtig in einer ganz anderen Art, das war wie Schreiben. Und das würde ich auch jetzt gern weitermachen, wenn es nicht das Drumherum gäbe, also daß Passivität verlangt wird von einem Schauspieler. Andere haben über ihn zu bestimmen, andere setzen ihn ein oder setzen ihn ab, und das ist nicht die Art, in der ich leben kann oder will. Geschrieben hab ich schon als Halbwüchsige Filmkritiken.

R: Wo und in welchem Zusammenhang?

P: Das war in Stockholm, ne kommunistische Tageszeitung. Und später, als ich hier Schwarzhörerin war an der Uni, hab ich auch für Stockholmer Zeitungen geschrieben über das, was ich hier sah und was mir völlig idiotisch vorkam. Es gibt eine ganze Reihe von Dingen, die man hier irgendwann als neu und modern empfunden hat, die ich in Schweden immer kannte. Das Duzen, das jetzt hier ganz normal ist, war für mich normal, als ich herkam, und da dachten die Leute, ich geh mit jedem ins Bett, den ich duze. Dann Abtreibung zum Beispiel. Ich hab mich schon stark dafür gemacht, daß niemand Kinder austrägt, der keine haben will, als ich zwölf war und selbst noch nicht mal meine Tage hatte. Aber hier haben 1971 manche Frauen so getan, als hätten sie eine neue Idee, nachdem Frauen schon 50 Jahre lang um das Recht auf sich selbst gekämpft haben. Und mit Homosexualität ist es das gleiche. Daß das plötzlich eine Geschichte war für die Gesamtpresse. Nicht weil Homosexualität neu war oder die Homosexuellen benachteiligt waren, sondern weil irgend jemand es aufgegriffen hat und die anderen wieder nicht außen vor bleiben wollten. Und was gibts da noch? Im Moment sinds die Zigeuner. Verstehst du, da wartet man bis 1979, bis einem auffällt, daß den Zigeunern eigentlich Wiedergutmachung zustünde, weil sie im KZ waren, oder daß ihnen überhaupt ein anständiges Leben zusteht. Du denkst doch, du spinnst. Es sind keine eigenen Reaktionen. Ich vermisse, daß jeder selber in der Lage ist zu reagieren auf das, was er mitkriegt.

R: Du hast einen sehr bedeutenden Journalistenpreis bekommen, den Joseph-Drexel-Preis für hervorragende Leistungen im Journalismus. Was bedeutet es, so hervorgehoben zu werden durch einen Preis.

P: Die Folgen machen mein Leben leichter, d. h. daß ein Preis eine Anerkennung bedeutet, die bürgerliche Medien »mutig genug« sein läßt, mich zu zitieren. Vom Preis selber hab ich kaum was mitgekriegt, weil ich so überanstrengt war, daß ich kaum in der Lage war, ihn entgegenzunehmen in Nürnberg. Daß es DM 15 000,— waren, die ich bekam als Preis, war wichtig, weil das genau das ist, was ich ausgegeben hab das Jahr vorher, um das Buch machen zu können. Und es stimmt mich natürlich auch bedenklich. Ich halt es für eine Katastrophe, daß eine Anerkennung immer an Geld gebunden sein muß, weil ein freier Autor immer am Rande des Existenzminimums dahinvegetiert. Es müßte selbstverständlich sein, daß man ökonomisch so abgedeckt und abgesichert ist, wenn man so hart arbeitet, daß man nicht drauf angewiesen ist, irgendwann wie im Lottogewinn auch mal einen Preis zu kriegen. Es ist ja auch kein Zufall, daß bestimmte freie Autoren gar nicht reingelassen werden in die Sender, aus Angst davor, daß sie sich äußern könnten, d. h. wir dürfen im Grunde nur schreiben, solange wir nichts sagen.

R: Dieses Buch »Prozesse«, der Titel ist ja doppeldeutig, das sind Prozesse, die vor Gericht stattfinden, das sind Prozesse, die jemand durchmacht, aber auch Prozesse, die du durchmachst, so hab ich das verstanden.

P: Prozesse heißt Gerichtsverhandlungen, Prozesse heißt Entwicklungen. Damit meine ich nicht meine Entwicklung, sondern das, was sich in diesem Land entwickelt. Also jede Woche bekommt ein Gerichtsreporter die Justizpresseliste und kann dann aussuchen. Nur ist es so, daß die Justizpresseliste auch schon von Leuten gemacht ist, die ausgesucht haben. Es werden also nur die Fälle bekanntgegeben, die man öffentlich machen will, wo nicht allzu viel dagegen spricht. Und ich bekomme meine Fälle darüber hinaus noch von Strafverteidigern, die ein sehr dringendes Interesse an Öffentlichkeit haben und die wissen, daß ihre Arbeit verlorengeht und daß ihre Mandanten verlorengehen, wenn Öffentlichkeit nicht da ist, um zu stützen.

R: Meinst du, daß die Zeiten schlechter geworden sind?

P: Ja, ich glaube, daß das, was vor zehn Jahren vielleicht noch aussah wie ein Frühlingserwachen sich jetzt in eine Eiszeit gewandelt hat. Ich seh es innerhalb der Justiz z. B., daß wir zwar Erfolg gehabt haben, was Kleinstkriminalität anbelangt, da geht es ein bißchen lockerer zu, bei Sitten und Unsitten, ich glaub aber auch nur, wenn man jetzt die Normalkriminalität mißt an der Großbedrohung des Landes, dem Terrorismus. D. h. daß die politischen Prozesse ja da beginnen, wo jemand ein Flugbatt gedruckt hat oder verteilt hat oder demonstriert hat, dafür verprügelt worden ist und als Angeklagter dasteht, anstatt sich wehren zu können gegen staatliche Schläger. Daß man da schon beginnt, von Terroristen zu sprechen, das ist unfaßbar. D. h., daß jeder, der sich stark macht innerhalb einer Bürgerinitiative, der das tut, was Bürgerpflicht sein muß, nämlich für eigenes und anderer Leute Recht sorgen, daß der schon sich als kriminell bezeichnet sehen muß und häufig auch bestraft wird. Also AKW-Gegner z. B., die bis zu einem Jahr oder mehr sogar Knast kriegen als Ersttäter. Als Ersttäter, die nichts getan haben.

R: Du meinst also, die Zeiten werden schlimmer, schwieriger, politisch?

P: Ich bin überzeugt davon, weil Gewöhnung einsetzt. D.h., daß die Empörung nachläßt. Wenn man zum Beispiel schwerbewaffnete Polizisten sieht, empört man sich nicht, sondern hat sich darauf geeinigt, daß die zu unserem Schutz da sind, und wissend, wie viele Leute die abknallen im Laufe eines Jahres ohne Grund. Angeblich um sich zu schützen. In Wirklichkeit, weil das selber verängstigte Jungs sind, die sich permanent bedroht fühlen oder vielleicht auch nur, weil Waffen dazu verführen, daß man sie in Gang setzt.

R: Ich erinnere mich, vor zehn Jahren gab es einen Slogan, Bild hat mitgeschossen, d.h. derjenige, der versucht hat, Rudi Dutschke zu erschießen, war von Bild so stark beeinflußt, daß er eigentlich zum Werkzeug geworden ist. Was ist nun eigentlich Wahrheit?

P: Na das z. B. ist Wahrheit. Die Wahrheit weiß ich daher, daß der Junge, der damals auf Dutschke schoß, selber gesagt hat, immer wieder, daß er Dutschke nicht kannte, aber ja wußte, daß man Dutschke beseitigen muß, da er immer die Bildzeitung las, und da stand das drin. Also hätte er begriffen als Bürger, daß er mithelfen müßte, Dutschke als Gefahr zu beseitigen. Und wenn du sagst, da steht ein Mann, springt aus dem Fenster oder jagt sein Haus in die Luft, weil das dritte Kind ne Tochter ist, ist das auch ne Wahrheit.

R: Was ist für dich besonders dringlich jetzt bei uns in der Bundesrepublik? Worüber sollte man, wenn man die Macht hätte, darüber zu berichten, kritisch oder überhaupt informativ, worüber sollte man berichten?

P: Ich finds wichtig, für Verständigung zu sorgen, nicht zu mauern.

R: Zwischen wem?

P: Zwischen jedem und jedem.

R: Kannst du dich mit einem Nazi verständigen? Einem KZ-Wächter?

P: Der hats ja schon hinter sich, das ist ja zu spät.

R: Wieso, ich versteh dich nicht, es gibt ja welche, die leben fröhlich, erfolgreich.

P: Worüber soll man sich da jetzt noch verständigen, darüber, daß er jetzt Gicht hat und ne Herzschwäche, obwohl auch da — vielleicht bin ich nicht ganz normal, ich hab eine Geschichte, die ein Knüller geworden wär, überall, die wäre ich nun wirklich losgeworden und nicht nur bei Konkret, über einen Nazi, den ich zusammen mit dem Serge Klarsfeld und seinem Freund Julien ausbuddelte. Die riefen mich aus Paris an und fragten, ob ich mitmachen würde, kamen nach Hamburg, und zusammen haben wir dann diesen Mann an dessen 60. Geburtstag gefunden, die hatten die Adresse. Ne spannende Geschichte.

R: Sag mal, was war das für ein Mann?

P: Was weiß ich, ein..., der hatte Todesangst. Ich hab

plötzlich seine Angst, seinen Angstschweiß gespürt und die Angst seiner Frau. Der war gestraft. Angst ist so eine Strafe, daß wenn jemand jahrelang Tag und Nacht angstbesetzt war, kann ich mir nicht vorstellen, daß irgend jemand anderes ihn darüber hinaus noch strafen müßte. Ich habs nicht mal schreiben können.

R: Und was hat der für Verbrechen begangen in der Nazizeit?

P: Er war in Frankreich zum Tode verurteilt, wegen Mord in Frankreich. Er war ein hoher Gestapomann.

R: Wir sprechen über Verständigung, Verständigung zwischen wem?

P: Ich krieg mit, wie leicht man hier die Grenzen zieht, also der eine zum anderen und nicht nur von links nach rechts. Wie war das noch, daß man sagt, mit Staatsanwälten spricht man nicht, auf die schießt man. Ich würde mit denen immer sprechen wollen, ich tus ja auch. Und seh dann sehr oft, daß es gar nichts bringt. Verstehst du, man kann mit denen reden, absolut ohne Erfolg. Genauso gut könnte der eine von uns chinesisch sprechen und der andere arabisch. Wir sprechen nicht die gleiche Sprache. Aber auf jeden Fall darf das nicht unversucht bleiben. Und unter Linken seh ich es ständig, daß Leute, die sehr viel gemeinsam haben und einiges, das sie trennt, nicht bereit sind, miteinander mehr freundlich zu sprechen. Ich krieg mit, daß sie sich gegenseitig Verräter nennen, sich abtun als Verräter. Oder daß jemand, der eine andere Entwicklung durchmacht und umdenkt, abgetan wird, daß Leute hier, hab ich den Eindruck, Angst haben müssen vor einer eigenen Entwicklung, weil dann die jeweiligen Genossen, die Leute, die bis dahin Genossen waren, sich abkehren.

R: Aber ist das nicht nur ein Reflex auf die große Politik, z. B. die Beschlüsse der Nato zur Raketennachrüstung, die ein irrwitziges Geld verschlucken werden. Diese Natobeschlüsse haben als Reaktion, daß die Sowjetunion und die

Länder des Warschauer Pakts sagen, wir müssen rüsten, was bleibt uns übrig. Diese Schwierigkeit, sich vernünftig zu verständigen, das sind ja Probleme, die mit einer bestimmten Wertung von gesellschaftlichen Systemen zusammenhängen. Spielt das bei deinen Überlegungen eine Rolle, daß da bestimmte Ideologien eine Funktion haben, oder reagierst du ganz spontan und sagst, verständigen um jeden Preis?

P: Ich reagiere spontan, ich möchte, daß Leute sich einander erklären. Wenn jemand größere Zusammenhänge kennt und erkennt, kann er sich vielleicht ja auch so ausdrücken, daß er das weiterreichen kann, was er erkannt hat. Und dann ist es ja möglich, daß jemand anderes, der intelligent ist und sich auch informiert hat, zu anderen Schlüssen kommt. Das ist ja aber was ganz anderes als sich gegenseitig als Verräter zu bezeichnen, als abtrünnig. Ganz davon abgesehen, mir ist keine Regierung der Welt bekannt, die mir gefällt, ich kenne keine. Ich kenne auch niemanden, von dem ich regiert werden möchte. Auch von meinen eigenen Freunden nicht. Wenn ich mir vorstelle, wie die wären, wenn sie an der Macht wären, komm ich auf die Idee, daß sie nicht so sehr viel angenehmer wären als die Leute, die jetzt an der Macht sind. Ich glaube, daß Macht ganz einfach Leute versaut.

R: Was wäre für dich die ideale Lebensform?

P: Leben und leben lassen, helfen, ganz einfach füreinander gegenseitig da sein.

R: Aber wenn der Bäcker nun grade keine Lust hat zu backen, und du willst nun grade aber Brot essen, oder wenn du grade Hilfe brauchst, und derjenige oder diejenige, von der du diese Hilfe möchtest, ist grade mit schrecklichen Problemen selber sehr beschäftigt, was machst du denn dann?

P: Dem anderen, der so viel Probleme hat, daß er keine Zeit mehr hat, anderen zu helfen, helfen aus seinen Problemen rauszukommen. Helfen, das muß auf Gegenseitigkeit laufen. Mir gefällt es, so würde ich es auch gern haben wollen, wie ich es im Kibbuz gesehen hab. Mein Bruder, der Engländer ist, lebt seit ein paar Jahren erst in Israel. In einem linken Kibbuz, das seine Schwiegereltern mitgegründet haben. Die kamen aus Polen und Rußland hin. Und ich hab gesehen, auch an meinem Bruder, der nie ein Selbstbewußtsein hatte, keinen Selbstrespekt, der schwerstgeschädigt ist durch das, was wir als kleine Kinder erlebt haben, daß er zum erstenmal sich achtet, andere achtet und jede Arbeit achtet. Ich hab mitgekriegt, daß er stolz ist darauf, Karpfen zu züchten, das durfte er ne Zeitlang, und da man sieht, daß er sich nicht unterordnen kann, darf er sowas immer eigenverantwortlich. Jetzt ist er verantwortlich dafür, daß der Mist verschwindet, ich weiß nicht, wie nennt man das, Straßenfeger, nein Reiniger des Kibbuzes. Wenn er Orangen pflückt, ist er stolz darauf, wenn er die Eier aus dem Hühnerstall holt, fühlt er sich verantwortlich, wenn er Küchendienst hat auch. So gehts den anderen da auch. So möchte ich es haben. Ich möchte, daß Arbeit so empfunden wird, daß jeder stolz ist auf das, was er macht. Begreift, daß er Anlaß dazu hat und daß er nötig ist. Das fand ich auch gut im Kibbuz, daß jeder alles machen konnte und nicht nur durfte. Das war selbstverständlich, daß keiner sich nur spezialisierte auf eine Angelegenheit. Das würde ich auch wollen, daß wir mehrere Berufe haben und daß jeder für den anderen einspringen kann. Das Selbstbewußtsein würde ich gern gefördert sehen, nicht Überheblichkeiten. Die sind ja sehr ausgeprägt hier im Land, finde ich. Daß Leute überheblich sind und stolz sind auf Dinge, für die ich mich schämen würde. Das würde ich weghaben wollen und dann ein gesundes Selbstbewußtsein.

R: Aber wenn du von Selbstverantwortlichkeit, Selbstbewußtsein sprichst, wie geht das zusammen damit, daß du eine Astrologin hattest, der du offenbar großes Vertrauen entgegengebracht hast.

P: Das geht zusammen mit Aberglauben und mit Zeiten der totalen Depression und Verzweiflung, d. h. Zeiten der absoluten Lähmung und Unfähigkeit. Wo ich zu jedem Strohhalm greifen würde, bevor ich mich umbring. Das ist so der Schritt vorm Selbstmord. Ich hab z. B. angefangen Schauspieler zu sein, als ich dachte, naja, umbringen kann ich mich auch gleich danach, mal sehen, ob das noch klappt. Und bei Astrologen war ich, ich glaube, bei vier oder fünf im Leben, immer in solchen Situationen, und das war dann auch gut und richtig. Das heißt ja nichts anderes, als daß jemand, der im Grunde nichts anderes ist als ein anständiger Psychologe, einem so weit wieder auf die Beine hilft durch ein paar gute Prognosen, daß man beschwingt nach Hause geht.

R: Kannst du das mal an einem Beispiel sagen, ich hab die Erfahrung nicht gemacht bisher.

P: Die, die auch der Springer hatte, die Ina Hetzel, und alle andern haben mir das gleiche vorausgesagt: Schreiben und Schauspiel. Auch, als ich beides beruflich noch nicht machte, das stimmt. Und eine hat gesagt, daß ich sehr viele Kinder haben würde. Weil ich ja gleichzeitig einerseits abergläubisch und andererseits eine totale Skeptikerin bin, dachte ich: »Na denkste«, und die guckte weiter in ihren Berechnungen nach und sagte, »es sind aber nicht Kinder aus Fleisch und Blut, sondern geistige Kinder«.

R: Aber das mußte ja nicht unbedingt heißen, daß du lebensfroh oder sogar glücklich bist, wenn sie dir vorhersagen, du wirst schreiben. Wieso hat es dir dann Halt gegeben? Du wirst das und das machen, heißt ja noch nicht, du kommst mit dem Leben klar.

P: Meine Arbeit ist mir unglaublich wichtig, die ist so wichtig, daß sie das meiste übertönt. Ich glaube, daß, wenn mein Name ausradiert würde, würde ich ihn selber nicht mehr kennen. Ich muß ihn dauernd lesen, um überhaupt zu wissen, daß ich existiere.

R: Es sieht so aus, als ob du bei der Arbeit überhaupt keine Schwierigkeiten hättest, als ob du mit einer Leichtigkeit deine Artikel schreibst, mit einem lockeren Gefühl, mit einer Präzision der Pointen, ist das so?

P: Nein, im Gegenteil, ich hasse Schreiben. Es fällt mir so schwer, daß ich bei jeder Reportage fast zugrundegehe, so schwer, daß ich noch nichts geschrieben hab, wobei ich mir nicht sagte, daß, wenn ich das lebend übersteh, dann war das aber das endgültig Letzte, nie wieder, das nicht, jede andere Arbeit oder gar keine Arbeit, aber bloß das nicht mehr.

R: Was passiert da, sag das mal genauer.

P: Es zehrt mich auf, ich verbrenn. Im Grunde passiert das gleiche wie in einer Leidenschaft, es höhlt mich aus. Ich weiß es nicht, das ist, als ob Salzsäure mich zerfrißt vor lauter Eintauchen, vor Anstrengung, das ist ja keine kalte Arbeit. Das ist mein Leben. Irgend jemand sagte neulich, »du bist jetzt ja gut im Geschäft, Peggy«. Den hätt ich wirklich schlagen mögen. Das hat mit Geschäft nichts zu tun, das kann niemand bezahlen. Ich krieg mit, daß ich jetzt Geld verdien. Aber es ist lächerlich. Meine Arbeit ist nicht bezahlbar.

R: Eintauchen hast du gesagt, eintauchen in wen oder was?

P: In andere, in die Leute, über die ich schreibe. Und ich fühl mich immer, als ob ich die wäre.

R: Aber wenn du dich so stark reinversetzt, z. B. in diejenigen, die einen Prozeß am Gericht haben, und das sind ja nach unseren landläufigen Vorstellungen Verbrecher, kleinere oder größere, dann heißt das ja, du bist ein Verbrecher, immer wieder, jeden Tag über die Jahre hin, in denen du eine Gerichtsreportage machst.

P: Ja, ich bin auch nach jedem Prozeßtag halbtot, unfähig noch irgendwas anderes zu machen. Darum mach ich auch keinen Tagesjournalismus, weil es sacken muß. Und ich seh es auch als einen absoluten Zufall an, jeden Tag, daß ich nicht die Angeklagte bin.

R: Warum?

P: Na hör mal, wie oft hab ich nicht Lust gehabt zu morden, heiße Mordgelüste.

R: Wen?

P: Liebhaber und früher meine Pflegeeltern, die verschiedenen.

R: Warum?

P: Weil sie nicht meine Mutter waren und auch, weil sie mich nicht liebten, weil sie ihre Kinder liebten und bevorzugten. Und die Liebhaber, weil sie nichts verstanden, weil sie gut schlafen nachts, wenn ich wach im Bett sitze, weil ich nicht mal wagen kann, dann so einem Mann zu sagen, was in mir vorgeht oder was ich träum, wenn ich träum. Und wenn ich der Versuchung irgendwann erlieg, Einblicke zu geben, denk, jetzt bin ich dem so nah, jetzt ist es so wahnsinnig, der muß alles wissen, alles zu sehen kriegen, dann werde ich ja im Handumdrehen dafür bestraft. In dem Moment, wo ein Liebhaber mitkriegt, wieviel Verzweiflung da ist, findet er mich ja zum Kotzen und wendet sich mir nicht zu, sondern ab. Männer fühlen sich schnell bedroht.

R: Warum glaubst du, daß du bedrohlich sein kannst. Ich sag mal ein paar Vorgaben: weil du vielleicht jemanden, der in Deutschland sich o. k. fühlt, ein schlechtes Gewissen machen könntest durch deine Vergangenheit? Du bist ein Symbol für das, was der Faschismus in Deutschland bewirkt hat an Grauen und an Versagen, oder wodurch meinst du, daß ein anderer überfordert ist? Vielleicht weil du zuviel Liebe brauchst oder weil du einfach auch durch deine Arbeit, eine qualifizierte Arbeit, einem Mann vielleicht das Gefühl gibst, er könnte mit dir nicht Schritt halten, warum?

P: Jetzt hast du zuviele Dinge gesagt, denn all die Dinge stimmen. Das erste war das schlechte Gewissen. Also meine Männer sind ja immer sehr jung, für eine Nazizeitgeschichte sind die erheblich zu jung. Sollte ich die trotzdem an sowas erinnern, kann ich mir nur vorstellen, daß wenn es mir schlecht geht, ich sie an KZ-Bilder erinner. Wenn ich grade vom Fleisch fall, wenn ich überarbeitet bin oder unglücklich und Ränder unter den Augen hab, und mir die Trauer im Gesicht geschrieben steht. Daß dann irgendwie so Gruselbilder in den Jungs hochsteigen. Ich weiß ja, daß ich auch, wenn ich Kräche hab mit Männern, mich sofort daran erinner, daß sie eigentlich Nazis sein könnten, d.h. ich seh sie sogar als Nazis. Ich finde, daß denen nur die hohen Stiefel fehlen oder sowas. Das zweite war, was du sagtest, mein Nachholbedarf an Liebe, der ist unermeßlich. Ich hab schon überlegt, ob eine Lösung wäre, mit mehreren gleichzeitig zu lieben, damit es verteilter wäre, zu dritt oder viert oder was, ohne daß irgend jemand zu kurz kommt, daß vielleicht eine mütterliche Person dabei wäre in diesem Trio oder Quartett und jemand, der total da wäre fürs Ausflippen im Bett und jemand für Gespräche, daß also all das abgedeckt wird, all die Hungerteile. So wie es ist, wird immer einer überfordert, weil zuviel verlangt wird, d. h. von einem Mann, der ungebändigt sein muß, um mir zu gefallen, verlange ich auch noch die Weichheit einer Mutter und Verständnis, ich möchte, daß er eifersüchtig ist und daß er mir keine Anlässe zur Eifersucht gibt, ich möchte, daß er stark ist, aber so schwach, daß ich ihn tragen muß, ich erwarte von einem Mann, daß er zwölf Männer ist. Es liegt nicht an dem Mann.

R: Und die Mutter gleichzeitig?

P: Und die Mutter, immer die Mutter. Der einzige, den ich wirklich geliebt hab, glaub ich, war ein Marokkaner, und der hatte allen anderen voraus, daß er nicht nur kochen konnte, sondern mich auch gefüttert hat. Das machte den so unglaublich begehrenswert und so unvergeßlich. Ich war ein ganzes Jahr danach todkrank, nachdem er weg war. Und ich leide ja überhaupt, wenn ein Mann weg ist, unter einem so starken Entzug wie Leute, die von Heroin runtermüssen oder von einer anderen harten Droge. Und was wars noch? Der Erfolg, das ist jetzt in den letzten Jahren, in den letzten 14 Jahren schon, das ist ganz übel, daß Leute, die sich hingezogen fühlen zu mir, weil ich Erfolg hab, ganz schnell anfangen, meine Arbeit zu hassen. So mit einer Hand protzen wollen mit mir, mit der anderen mich totschlagen.

R: Aber du hast so ein Wort benutzt wie bedroht, das würde jetzt auf das letzte, was du gesagt hast, für mich nicht passen. Ich hab dich vorhin so verstanden, daß jemand vielleicht bedroht wird durch deine Arbeit, durch das, was du mitteilen kannst, durch die Geltung, die du mit der Arbeit hast, bedroht in dem Sinne, vielleicht bin ich ein Versager, weil ich dem nichts entgegenzusetzen habe als Mann. Also da, wo eine Frau glücklich ist, wenn der Mann Erfolg hat, weil das ihr auch eine Bedeutung verschafft, fangen Männer ganz schnell an, die Bedeutung der Frau zu hassen.

P: Ich hab überhaupt kein Vertrauen zu irgend jemandem, es sei denn zu Freunden natürlich, aber nie zu einem Mann, der nicht nur Freund ist, und ich kann mir nicht vorstellen, daß nicht jede Frau, die einem Mann auf der Treppe begegnet, interessanter ist als ich. Und wenn er Brötchen holen geht, dann ist da die mollige Bäckersfrau, und die Schlachtersfrau ist wiederum groß und schlank, und die eine ist schön reif, ist Mitte 60 vielleicht, die andere ist knusprig und jung und 17, und jede hat was, was ich nicht hab.

R: Aber Peggy, ich kenne viele Leute, die sagen, Mensch was die kann und wie die beachtet wird und wie die lachen kann, was für eine Sensibilität, was für ein Humor, kannst du das überhaupt nicht wahrnehmen, was dir da zur Verfügung steht?

P: Doch, im Freundeskreis, ich fühl mich absolut sicher im Freundeskreis. Ich weiß auch, daß ich sehr anziehend wirke auf andere, auf junge und alte und auf Männer und Frauen und Kinder und Greise, nur ist das eine ganz andere Ebene. Und der Erfolg, den ich durch meinen Kopf hab, durch mein Hirn, der ist für mich da, wo ich verliebt bin, eine Beleidigung. Da krieg ich dann nur mit, daß man mein Hirn plündern will, und hab das Gefühl, ich könnte eigentlich dauernd meine Gedanken per Post verschicken, ohne selber was zu wollen, ohne irgendeinen eigenen Anspruch zu haben, mich total öffnen, meine Eingeweide ausbreiten, ohne das Recht zu haben, den anderen zu fragen, was er fühlt, was er denkt, was er will. Ich fühl mich ständig übervorteilt.

R: Die Frauenproblematik, beschäftigt die dich überhaupt?

P: So wie alles, ich nehms nicht weniger wichtig als alles andere auch, nur vielleicht nicht so wie viele Feministinnen das machen, d. h. wenn ich seh, daß Feministinnen dafür sorgen, daß es in Mode kommt, Frauen reinzuquatschen in eine Bundeswehr, muß ich mich dagegen wehren. Ich muß davon ausgehen, daß Frauen auf Rat angewiesen sind und daß sie dann sich an Trendmacherinnen halten und glauben, daß das ihre Emanzipation bedeutet. Wenn ich seh, daß ihnen da was vorgegaukelt wird, daß sie nur heiß gemacht werden auf einen Rückschritt, muß ich mit eingreifen, das ist ganz klar, d. h. daß ich in Monatszeitschriften Kolumnen geschrieben hab gegen Frauen in die Bundeswehr, wobei ich selbstverständlich auch gegen Männer in einer Bundeswehr bin oder an irgendeiner Waffe.

R: Und Frauenbewegung, bedeutet das was für dich persönlich?

P: Das bedeutet ne Menge für mich da, wo es wirklich heißt, daß Frauen sich bewegen. Ich finde es schauderhaft da, wo Frauen so gründlich sind wie die meisten Deutschen auf allen anderen Gebieten auch, und anfangen zu grölen, wenn jemand mit einem zehnjährigen Sohn reinkommt zu einem Frauentreffen: raus mit dem Jungficker. Die sind nicht ganz dicht. Toll, wenn die Frauenbewegung etwas in Gang setzt bei Frauen. Bewußtsein. Ich hab häufig Frauen erlebt in diesen letzten Jahren, die sich verändert haben, Frauen, die mir viel zu langweilig gewesen wären noch vor sechs Jahren oder vor acht Jahren oder vor vier Jahren, die jetzt interessante Menschen sind.

R: Aber Bewußtsein zu welchem Zweck?

P: Im besten Fall, Augen aufmachen, Augen aufkriegen, nicht nur für den Schminkpott, sondern wirklich für alles, was passiert, Interesse am anderen, nicht um über den zu tratschen, sondern echtes Interesse.

R: Aber wenn z. B. eine Frau am Fließband arbeitet, und der Unternehmer findet das sehr praktisch, daß er da nicht sehr viel zahlt, relativ weniger als z. B. einem Mann, wäre das Entscheidende, daß diese Frau Interesse am Unternehmer hätte und versuchen sollte, ihn zu verstehen?

P: Das ist ja Quatsch, nein, das ist natürlich eine der Basiswichtigkeiten, darauf bin ich nicht gekommen, weil ich das überhaupt nicht kapier, daß im Zeitalter der Gewerkschaften und der Selbstverständlichkeiten und der Gleichheitsgesetze es überhaupt möglich ist, jemanden für gleiche Arbeit schlechter zu bezahlen, verstehst du, ich komm da nicht mit, ich versteh die Gewerkschaften nicht, ich weiß nicht, warum es keine politischen Streiks gibt, ich kapiers nicht, ich weiß nicht, warum nicht alle Frauen streiken und die Männer dazu. Ich bin nur ganz sicher, daß so eine Ungleichheit durch die Gewerkschaften mühelos verhindert werden könnte, denn die Unternehmer können gegen die Macht Gewerkschaft eigentlich auch sehr wenig tun. Ich krieg das Gefühl, daß sie zusammenarbeiten, die Unternehmer und die Gewerkschaften. Ich möchte, daß Frauen größer werden als Personen, und ich finde, die werden kleiner, wenn sie Männer auf die gleiche Art und Weise bedienen, in der sie selber nicht bedient werden wollen. Ich krieg ja sehr viele Männer auch mit, die sogenannten Softies, die sich anpassen wollen, die zeigen wollen, wie gut sie sind, und die dafür lachhafte Geschichten in Kauf nehmen, die also stillhalten stattdessen, wenn die Frauen sie mißhandeln durch das, was sie machen. Ich finde natürlich auch Frauen nur so gut, wie sie zu anderen sind.

R: Bist du gern eine Frau?

P: Ja unbedingt, ich möchte kein Mann sein.

R: Nie?

P: Nee, ich war sehr lange sehr viel mehr Junge als Mädchen, ich war ja immer auf mich selber angewiesen und innerhalb meiner ganzen Arbeiten leb ich ja wie ein Mann, aber nee, kein Bedürfnis. Ich würde gern kräftiger sein, ich würde gern zwei Köpfe größer sein, wenn das Mann sein sein sollte, ganz einfach stärker sein, um leichter zu überleben.

R: Da stecken ja eine Menge von Widersprüchen in deinem Leben drin, wie höchstwahrscheinlich im Leben von uns allen. Wenn du jetzt mal überlegst, da wäre eine, die wäre vielleicht am Anfang, wie du mal am Anfang warst, mit der Arbeit, mit dem Leben, was würdest du ihr raten, wie sie leben soll, wie sies machen soll mit ihrem Leben, damit sie sich gut fühlt, Erfolg hat, was immer?

P: Das käme drauf an, wie sie ist.

R: So wie du, nur vor 10, 15 Jahren oder irgendwie am Anfang.

P: Ich hab das Gefühl, daß für mich ja vor 10, 15 Jahren schon alles zu spät war, die Weichen gestellt.

R: Na meinetwegen vor 20.

P: Alles zu spät, von Geburt an alles zu spät war. Ich habs mir ja nicht aussuchen können.

R: Das kann doch niemand.

P: Wenn du fragst, welchen Rat ... Ich würde mir den Rat geben, hineingeboren zu werden in eine friedliche, musikalische Familie, die eine Stadtwohnung hat und ein Haus auf dem Land, gern mit Meer und Wald nur einen Sprung weit beides, vielleicht auch noch einen Berg im Rücken, nee, der kann weg, Wiesen und Blumen und Kuchenduft und viel

Gestreichel und dann sich verlieben, die erste Liebe, die natürlich auch die letzte ist, aber nicht, weil sie gleich wieder aufhört, sondern weil sie bis weit nach dem Tod anhält, unter den Sternen liegen und sich umarmen, auf den Wiesen, sich im Meer immer reinigen, und das von klein auf und nicht anders, den guten Rat würde ich mir geben, verstehst du, was ich will ist doch gar nicht machbar. Wenn man so anders geboren worden ist und nur die Sehnsucht nach all diesen Dingen hat, eine unerfüllbare Sehnsucht. Und sich selbst auch noch mitnimmt, wenn man wirklich mal abhaut ans Meer und da bleibt.

R: Hätte deine Mutter in einer anderen Zeit vielleicht glücklicher sein können, nicht grade als Jüdin in der Nazizeit in Deutschland?

P: Ich glaub schon, weil sie glücklich veranlagt ist, sie ist ja eine sehr weibliche Frau, eine sehr musikalische und musische Frau, eine sehr liebesbereite und sehr gebende Frau, d.h. Wärme gebend, jeder fühlte sich immer bei ihr wohl, eine Frau, die für Atmosphäre sorgt automatisch durch sich, das glaub ich schon.

R: Du sprichst von deiner Mutter, als ob sie noch lebendig wäre.

P: Ja, ist sie auch. Für mich. Ich kann Tod überhaupt nicht akzeptieren. Ich akzeptier auch nicht, daß Dutschke, Peter Brückner, Peter Weiß, Heinar Kipphardt, Peter Neuhauser, Fritz Eberhard, Faßbinder, Ulrike Meinhof, Alexandra, Chaplin, Tucholsky jetzt angeblich tot sind. Ich kann nicht akzeptieren, daß jemand, der lebendig ist, für so viele da ist, tot sein soll. Bei Leuten, die wirklich intensiv denken und intensiv weinen und intensiv lachen, die Fragen stellen und Fragen beantworten, die wirklich da sind, da kann ich nicht begreifen, daß die auslöschbar sein sollen. Die sinds auch nicht für mich.

R: Ich möchte dir gern was vorlesen, was du mir mal erzählt hast und zwar: »Ich möchte noch 1000 Dinge ausprobieren, und ich krieg den Hals nicht voll. Ich wollte immer in dem Gefühl, daß jede Sekunde die letzte ist, alles aussaugen aus dem Leben und auch so viel wie möglich geben, aber ich habe große Angst vor dem Tod, eine Höllenangst, obwohl es mich immer zum Tod hinzieht. Die Vorstellung, daß man ganz allein irgendwo eingebuddelt liegt, ohne Freunde, ohne Gesprächspartner, finde ich so schlimm. Wenn ich es mir aussuchen könnte, würde ich in einem Massengrab liegen. Ich kann mir auch nicht vorstellen, daß sehr lebhafte Leute tot sind, für mich ist auch meine Mutter nicht tot. Ich möchte ja nicht sterben, ich möchte nach wie vor leben, aber der Drang zum Selbstmord wird immer stärker. Dann versuche ich, diesem Kampf zu entfliehen und meinen Gedanken zu entfliehen, indem ich Schlaftabletten nehme, selbstverständlich immer stärkere, das Gegenteil von früher, von den Pervitintabletten. Ich will einen kleinen Selbstmord begehen, eigentlich täglich mich ausschalten für Stunden, immer in der Hoffnung, daß, wenn ich aufwache, die Welt anders aussieht, wenn du so willst, lebe ich gegen das Leben an, ich lebe auf den Tod hin.«

P: Das hat sich geändert, ich leb jetzt auf Leben hin.

R: Wie ist das gekommen?

P: Ich glaub doch, durch Schreiben, durch diese Arbeit.

R: Erklär mal.

P: Kann ich nicht erklären. Das ist ja alles widersprüchlich, das, was mich so überfordert, diese Daueransprüche, die an mich gestellt werden von so sehr vielen Leuten, die ich gar nicht kenn und die ich auch nicht kennenlernen werde, die mir dauernd schreiben, anrufen, auch Leute, die plötzlich auf der Treppe sitzen, furchtbar, ich finds grauenvoll einerseits, weil ich ja nur einen Bruchteil von dem kann, was von mir erwartet wird, und nicht so stark bin, wie Leute glauben, wenn sie mich nur lesen, und andererseits zwingt mich das schon zu leben.

R: Wenn jetzt eine gute Fee käme und würde sagen, Peg-

gy, du hast drei Wünsche frei, was würdest du dir wünschen?

P: Daß der Geliebte kommt und sagt, »ach Peggy, ich
kann ja gar nicht ohne dich sein und will ja nicht ohne dich
sein«. Daß ich mich so weit erhole, daß ich immer weiter-
schreiben kann. Was jetzt kommt, ich wollte sagen, ganz
lange leben, dazu würde ich dann aber sagen, erfolgreich,
gesund und produktiv sein — mit 120 Jahren blutjung.

R: Vielleicht gehts in Erfüllung.

Januar 1981

Im Namen des Volkes

*i*mmer, wenn ich anfangen will, über Hahn zu schreiben, wird mir schwarz vor Augen und speiübel. Mal vor Trauer. Mal vor Wut.

Dieser Dr. Ludwig Hahn, 64, wird von den Polen als der eigentliche Mörder von Warschau angesehen. Er, der Volljurist, diente seit 1936 der Gestapo. Karrierestationen: Einsatzkommandoführer in Gleiwitz und Kattowitz. Sicherheitspolizeikommandeur in Krakau. Himmlers Beauftragter in Preßburg. Einsatzgruppenleiter in Griechenland. Zum Schluß als SD-Spezialist mit dem Auffangen zurückflutender Truppen beschäftigt. Von 1941 bis 1944 herrschte er in Warschau über eine etwa 600 Mann starke Dienststelle. Dort wurden während seiner Zeit Hunderttausende in Vernichtungslager »umgesiedelt«. Von den 1,4 Millionen Einwohnern wurden 900 000 umgebracht und das Getto dem Erdboden gleichgemacht. Hier steht nur ein Bruchteil seiner Taten zur Anklage. Vor allem die Verbrechen im Pawiak-Gefängnis. 100 000 Gefangene, die meisten Polen. 37 000 dort ermordet, 60 000 in KZs weitergeleitet. Das erklärt das starke Interesse, mit dem die polnische Öffentlichkeit den Hamburger Prozeß verfolgt.

Hahns Mitangeklagter Wippenbeck, Niederbayer, Sohn eines Ofensetzers, 15 Geschwister, wird beschuldigt, mindestens zehn Häftlinge in den Kellern des Pawiak erhängt zu haben, nachdem er sie vorher unter anderem durch Turnübungen auf glühender Asche folterte. Jetzt, 27 Jahre nach dem Krieg und nach zwölf Jahren Ermittlung, stehen die beiden reichlich verspätet vor Gericht.

Ich komme mit großem vollgestopftem Ibiza-Korb. Werde nicht durchsucht. Ganz recht: Man befürchtet hier kein

Attentat. Weder auf den Angeklagten noch auf das Gericht. Weder von jüdischer noch kommunistischer, noch polnischer, ganz zu schweigen von anarchistischer Seite. Genau ein Stockwerk tiefer tagen gegen den Petra-Schelm-Freund Hoppe zahllose, bewaffnete Polizisten und ein Staatsanwalt mit eigener Leibwache. Hätte gern gewußt, ob der diensterfahrene Hahn auf dem Weg an ihnen vorbei auch gute Ratschläge erteilt.

Da im Gerichtssaal nicht fotografiert werden darf, warten Fernsehen und Presse sehr lange mit gezückten Kameras auf dem Gang. Jedesmal, wenn ein älterer Mann sich nähert, schreit jemand: »Da ist er! Da kommt er!« Und die Scheinwerfer flammen auf. Ungefähr zwanzigmal, bis es wirklich Hahn ist. So wird uns klar: Jeder konnte es gewesen sein. Das Gefühl, das ich jahrelang beim Einkaufen, in der Bahn, überall hatte, wo einer über fünfzig war. Ja, wir warten auf einen Mann, den man mit vielen, vielen anderen alten Männern verwechseln kann.

Hahn ist mir zutiefst unsympathisch. Wüßte ich nichts über ihn, würde ich ihn mir trotzdem nicht zum Vater, Großvater oder Vorgesetzten wünschen. Daß sein Familienleben so intakt ist, wundert vielleicht nur mich. Eine Frau, die ihm die Treue hält. Vier erwachsene Kinder in guten Berufen, gut verheiratet, gut erzogen. Und daß er jetzt vor Gericht steht, nimmt seine Familie sicher nicht ihm übel, sondern dem Staat.

Ist auch wahr. Wie kann man einem gutgläubigen Mann so übel mitspielen! Sagt er doch: »Unter falschem Namen lebte ich nur die allerersten Jahre nach dem Krieg. Solange die Gefahr einer Auslieferung bestand. Vor deutschen Gerichten hatte ich keine Angst.« Als ich daraufhin auflache, weil ich mir denken kann, wie wenig dieser wahre, in der Öffentlichkeit ausgesprochene Satz dem Gericht paßt, werde ich vom Vorsitzenden, auch öffentlich, gerügt. Auch er wie Hahn ein Mann, dem Ordnung und gutes Benehmen über alles gehen. Im Gang, unter Ausschluß der Öffentlichkeit, bittet er mich dann um Verzeihung.

Hahn sieht aus wie eine Mischung aus ausgelaugtem Kirchenvater und besonders miesem Baby. Der kleine rosa Mund und die lange spitze Nase tief nach unten gezogen. Er hat etwas von einer alten Frau an sich. Welke rosa Haut. Ein durch Narben zerfetztes Rosa. Schmisse? Natürlich. Wo sollte er sonst auch Narben hernehmen? Weißhaarig. Natürlich dezent. Ein alter Herr, der etwas langweilig erzählt. Ein Ehrenmann mit phänomenalem Gedächtnis.

Er spricht durch gefaltete Hände, die den Ton schlucken, wenn es um für ihn unangenehme Dinge geht. Ansonsten eine gesunde, runde Befehlsstimme. Oft rügend. Aufgebracht. Angewidert, wenn er von der »anstößigen Redensweise mancher Leute« spricht. Er scheint die dummen Fragen eines jungen, dummen Gerichtes einfach als Zumutung zu empfinden.

Man scheint ein Einsehen zu haben. Die Fragen werden immer entschuldigender vorgebracht: »Ich will Sie hier nicht in eine Falle locken...« Über dem Ganzen könnte stehen: »Verzeihen Sie, daß ich gezwungen bin, Fragen zu stellen.«

Höfliches Geplauder wie bei einer Ausstellungseröffnung: Kennen Sie...? Kannten Sie...? Unerträglich. Ungeheuerlichkeiten im gepflegten Club-Stil.

Dann dreht es sich um Hahns Standgerichte und darum, wie viele Todesurteile er »schaffte«. Auch da Leistungsprinzip. Hahn: »In einer Sitzung von einigen Stunden schaffte man vielleicht 10, 20, 30, 40, vielleicht auch mehr. In Abwesenheit der Häftlinge nach pflichtgemäßem Ermessen. Die Zahl von 110 halte ich nun wirklich für übertrieben. Schließlich war eins zu zehn Satz!« (Für einen toten Deutschen war es »legal«, zehn Polen umzubringen.)

Daraufhin wird hin- und hergerechnet. Einer Grundschulaufgabe gleich: »Wie viele Todesurteile sind möglich in zehn Minuten, wenn man ausgeht von fünfzig und mehr in vier

Stunden?« Denn Hahn meint, es sei so schwer. Er könne leider nur raten.

Thomas Wippenbeck ist nicht wie Hahn. Berichterstatter spotten über das ungleiche Gespann. Dabei ist die Kombination von Ausdenker und Werkzeug schon immer beliebt gewesen. Ein Mann wie Hahn braucht selbstverständlich Leute fürs Grobe. Und für Wippenbeck dürfte allein die Nähe dieses Mannes von Welt einen Aufstieg bedeutet haben.

Ein Aufstieg, der allerdings dadurch limitiert war, daß er das Testthema »Aufgaben der Sicherheitspolizei« nicht bewältigte. Zum Vorsitzenden, mühsam bayerisch, mit großen, knochigen Händen gestikulierend: »Da muß ich mich schämen. Ich habe keine Schule genossen. Da stand ich wie ein Ochs vorm Berg. Und bin durchgefallen. Bestimmt wurde da so gesprochen, wie Sie hier fragen.«

Sicher hat er auch jetzt wieder Angst, neben seinem gewieften, wortkundigen Ex-Vorgesetzten durchzufallen. Er wird sowieso schroffer behandelt als Hahn, wenn auch immer noch höflicher als Ladendiebe.

Aber auch diesem schlichten Mann ist Ekel nicht fremd. O nein. Nicht, daß es so viele Tote gab, stank ihm, sondern daß diese verbrannt wurden: »Das hat fürchterlich gestunken«, sagt er sich schüttelnd.

Er sieht aus wie ein Holzschnitt. Ein Mann, dem man Stuhl, Essen und Trinken anbieten würde, wenn er als Bettler an die Tür käme. Eine Asyl-Gestalt, nur gewaschen und rasiert. Ein Killer-Würstchen. Aber den Toten und Hinterbliebenen ist sicher auch das kein Trost.

Ich versuche, seine Galle durch Hinweise auf Hahns Verachtung für ihn hochzutreiben. Verbittert meint er: »Ja, der spricht schon seit sechs Jahren kein Wort mit mir.« Allerdings sitzen die beiden Herren dann doch endlich zu zweit an einem Tisch in der Kantine. Sonst ißt Hahn mit seinen Anwälten, und Wippenbeck bleibt allein. Es ist klar, daß man sich nicht distanziert wegen seiner Taten, sondern weil ein Wippenbeck so oder so kein Umgang für einen Juristen ist. Anders als der Volljurist Hahn, dessen Doktortitel, von dem man bei Gericht vor jedem Satz an ihn beflissen Gebrauch macht, bis heute nicht aberkannt ist. Ich finde es sowieso blöde, jemandem ein bestandenes Examen streitig zu machen. Man büßt ja durch seine Taten nicht sein Wissen ein. Schlimm, daß ein Vorbestrafter nicht mehr studieren darf. Schlimm, daß ein Arzt, der bei Abtreibungen erwischt wird, nicht mehr praktizieren darf. Wird ein Briefträger beim Abiösen einer Briefmarke erwischt, ist auch diese Karriere beendet. Aber Dr. Hahn ist ja weder vorbestraft noch Briefträger, und gegen Abtreibungen hat er sicher ne Menge.

Hahn ist, wie seine Kinder, aus gutem Haus. Die Eltern, Hofinhaber, betont deutsch und kirchentreu. Auch Hahn löste sich nur von der Kirche, weil er »die Miesmacherei der Pfarrer, die von der Kanzel aus gegen den Führer hetzten«, satt hatte. Trotzdem leistete er den Adolf-Hitler-SS-Treueeid mit religiöser Formel. Nachdem er sich über unvermischtes Deutschtum ausgelassen hat und den »Ich schwöre dir, Adolf Hitler«, usw.-Eid mühelos auswendig herunterrasselt, sagt der Vorsitzende zu der Hinzuziehung des lieben Gottes: »Das überrascht mich.«

Mich nicht. Hahn wollte eigentlich Theologe werden, studierte dann aber Jura. Bestand »cum laude«. Die hervorragenden Zeugnisse begleiten ihn bis zum heutigen Tag. Die seiner Vorgesetzten aus der Nazizeit sind geradezu hymnisch.

Auch nach dem Krieg blieb Hahn fleißig und arbeitete sich in neuen Berufen hoch. In Wuppertal, Karlsruhe und Hamburg. Als Verkaufsleiter, Prokurist. Zwischendurch — 1960 bis 1961 und 1966 bis 1967 — U-Haft. Dann Haftverschonung. Vom IOS-Konzern wurde er unter dem Druck vom »Stern« offiziell gekündigt. Inoffiziell beschäftigte man ihn weiter. An SS-Kameradschaftsabenden nahm er aus Angst vorm Verfassungsschutz nicht teil.

Auch sein Charakter wird wieder und wieder gerühmt.

Kein Wunder, daß sein Schwager, der Vorsitzende des NATO-Militärausschusses und Vier-Sterne-General, Johannes Steinhoff, der vorgeladen wurde, gerne als Entlastungszeuge für die moralische Haltung und Auffassung Hahns aussagte. Auch er ein aufrechter Mann, dessen Buch man entnehmen kann, daß er bis zum Ende eigentlich nichts gewußt hat über das, was in Deutschland so vorging. Obwohl man in dieser Familie so intensiv am Werdegang und Wohlergehen der andern durch liebe Besuche hin und her teilnahm.

Na ja, wer weiß. Vielleicht unterhielt man sich bei solchen Gelegenheiten (auch in Warschau) über Privateres als den mühseligen täglichen Multimord. Schlimm genug, daß irgendsoein Querkopf beanstandete, daß der Entlastungszeuge Steinhoff 1967 zusammen mit dem derzeitigen U-Häftling Hahn und dessen Untersuchungsrichter Remé Kaffee trank. Nur weil weder Wachtmeister noch Protokollführer zugegen waren? Wie kleinlich. Da sieht man wieder, wie leicht ein deutscher Mann in Verdacht gerät. Wahr ist, daß es nur ein Kaffeeplausch zu zweit war. Richter Remé war nur hilfsbereit als Aufseher zugegen.

Ich weiß sowieso nicht, wo hierzulande das Mißtrauen in die Justiz herkommt. Die Tatsache, daß eine Reihe Richter Altnazis sind, wird doch nicht der Grund sein. Daß die ihre jungen Favoriten nachgezogen haben, auch nicht. Und daß allein dieser Prozeß zwölf Jahre eifrig verschleppt wurde, erst recht nicht. Die Tatsache, daß in Hamburg ein Haufen Richter und Staatsanwälte (über 40) in die Bußgeldaffäre verwickelt sind, schon eher. Denn da sie ihrerseits auch anderen Altnazis nichts anhaben, kann man von Zwiespältigkeit auf dem politischen Sektor nicht sprechen. Da sieht es natürlich anders aus, wenn man weiß, wie fleißig sie Eigentumsdelikte ahnden. Und da fast jeder von jedem allzuviel weiß, kann jeder jeden bremsen.

Nein, Hahns Vertrauen in die Justiz müßte man sich zu eigen machen. Hahn, der gegenüber Günter Wallraff im

Herbst 1970 nicht unfroh darüber war, daß er sich bester Beziehungen zur Hamburger Staatsanwaltschaft rühmen könne und immer als erster alles erfahre. Justizsenator Heinsen ließ die Presse folgerichtig wissen, er habe geprüft, und es sei nichts dran.

Dann war es wohl auch wirklich nur ein doppeltes Versehen, daß einerseits ein Landgerichtsdirektor Herrn Dr. Hahn ein Paket mit Untersuchungsakten zusandte, so daß sich der Angeschuldigte auf die belastenden Aussagen einstellen konnte. Und daß man zweitens, als man bei einer Haussuchung in Hahns Villa diese Akten fand, sie ihm wiederum ließ.

Bei einem so beliebten Mann wie Hahn wundert es auch nicht, daß ein Hamburger Landgerichtsrat aus Gefälligkeit dessen Versicherungsagentur weiterführte, als dieser in U-Haft war. Und sollte noch mal jemand von der Härte deutscher Gerichte sprechen, muß ich dem entgegenhalten, daß man Hahn Weihnachten 1967 trotz Fluchtverdachts gegen nur 8000,— DM Kaution aus der Haft entließ. Das finde ich schön, gerade zu Weihnachten, wo kein Deutscher gern im Gefängnis sitzt.

Daß man den Herrn Oberstaatsanwalt Kurt Tegge, der jahrelang unermüdlich am entschiedensten alles tat, um die NS-Beschuldigten vor Gericht zu bringen, absägte und statt dessen den jungen Ankläger Grosse zum Oberstaatsanwalt und Leiter des NS-Dezernats beförderte, wird sicher auch seine Gründe gehabt haben. Denn dieser Beförderung ging ein einmaliger Vorgang in der deutschen Rechtsgeschichte voran. Zwölf Staatsanwälte des Hamburger NS-Dezernats hatten sich in einem Schreiben an Justizsenator Heinsen wegen grober Mängel und Unrichtigkeiten von der Anklageschrift ihres Kollegen, Dr. Erwin Grosse, distanziert.

Daß seit 1966 von den 2000 Beschuldigten, gegen die wegen Mordes in der NS-Zeit ermittelt wird, erst 21 vor Gericht gestellt und nur 8 bestraft wurden, wird auch seine

Gründe haben. Da es die Überlebenden, die als Zeugen in Frage kommen, überall hinverschlagen hat, kann sich noch so mancher bei Gericht auf schöne Reisen um die Welt freuen. Auf Kosten der Steuerzahler. Unter dem Vorwand, genau sein zu müssen. (Siehe 26 000 beschriebene DIN-A-4-Blätter, d. h. 130 Aktenbände im Prozeß Hahn und über 2000 durch Fragen gequälte Zeugen.) Begegnen sich Staatsanwalt und Verteidigung auf solchen Reisen in fernen Ländern, ist das ja auch nur zu begrüßen. Es fördert die Freundschaft, macht die spätere Zusammenarbeit vergnüglicher.

Dieser Teilprozeß wird womöglich ein Jahr dauern. Jeder Angeklagte hat zwei Wunsch-Pflichtverteidiger. Diese Verteidiger erhalten 400 Mark pro Kopf je Verhandlungstag. Auch dies zahlt der Staat gerne.

Mich weist man immer, wenn ich vor Wut zu platzen drohe, auf die demokratischen Spielregeln hin. Spielregeln, die immer nur den Rechten zugute kommen. Ich sitze in diesem Prozeß, Teil eines Kafka-Alptraumes. Sitze still und denke: Das darf doch alles nicht wahr sein. Warum höre ich mir dies Gequatsche an? Warum schreie ich nicht?
Ich hab das Gericht vor mir:
Landgerichtsdirektor Dr. Plambeck,
Landgerichtsrat Bartels,
Assessorin Manolakis,
Landgerichtsrat Dennhardt,
Oberstaatsanwalt Dr. Grosse,
Staatsanwalt Rolff.

Die sechs sind jung. Bartels als einziger schnell, eifrig und präzise in seinen Fragen.

Verteidiger: Dr. Hajo Wandschneider, Dr. Jost Heinemann, Helmut Vogt und E. F. Samwer.

Prof. Dr. Jochmann ist als Sachverständiger da.

Was geht in den Geschworenen vor? Sie sind fast alle in Hahns Alter. Werkmeister, Hausfrau, Beamter, Angestellter, Desinfektor, Kraftfahrer, Arbeiter, Dreher. Empfinden sie Hahns Taten für sich als Entlastung? Sind sie erschüttert? Alles in dieser Atmosphäre der Höflichkeit und Sterilität nicht auszumachen.

Ein Schöffe, dessen Namen angeblich keiner weiß, muß noch lernen, daß, wenn man einen Dr. Hahn vor sich hat, aufgeregte Fragen und auf eigene Arbeiterjugend gestützte Behauptungen unangebracht sind. Er wird mehrfach vom Vorsitzenden ermahnt, seine Sätze von Wertung freizuhalten. Wie soll ein anständiger Mann, der kein Vollidiot oder -jurist ist, da nicht werten? Ich könnte mir vorstellen, daß es dem Mann schwer genug fällt, Hahn nicht an die Gurgel zu gehen, wenn dieser lässig Dinge zum besten gibt, die er als Gegner des Regimes anders miterlebte.

Das Schwurgericht ist in einen kleinen Saal umgezogen. Auch der ist noch zu groß, da weder Presse noch Publikum die wenigen Plätze in Anspruch nehmen. Die Leute kommen nicht mal aus Geschichtsinteresse. Aus Lust am Gruseln schon gar nicht. Denn wem graut schon vor Massenmord? Es sei denn, er ist privat. Eine Strafverteidigerin sieht mich in die Verhandlung gehen: »Ach, Gott, Sie Ärmste, ist es nicht furchtbar langweilig da drin?« Polnische und englische Berichterstatter sind im Prozeß. Das Ausland wundert sich. Dort nimmt man diese Dinge weniger gelassen hin als in Deutschland.

Kein Wunder, wenn man dort findet, daß Brandt und Heinemann viel zu saubere Visitenkarten für Deutschland sind. Ausländern ist es auch nicht selbstverständlich, den beiden freien Angeklagten in jeder Verhandlungspause überall zu begegnen. Auch wundert es sie und mich sehr, daß es bis heute nie Gegenstand der Ermittlungen gewesen ist, wer alles Hahn nach dem Krieg gedeckt hat. Und warum man diese Komplicen nicht umgehend zur Rechenschaft zieht.

Hahns Verteidigungstaktik läuft darauf hinaus, als überzeugter Nazi dazustehen, der kein Unrechtsbewußtsein hat. Wie ein schlechter Wahlkampfredner ruft er, die Hände ringend: »Wir wußten, daß wir diesem neuen Staat helfen mußten!« Komisch, die Verteidiger müßten doch eigentlich wissen, daß das Gesetz besagt: Unwissenheit schützt vor Strafe nicht. Ein Ausländer, der hier in der Annahme, daß man die Fahrkarte in der S- oder U-Bahn lösen kann, einsteigt und ohne Fahrkarte angetroffen wird, muß 20 Mark Strafe zahlen, egal was er beteuert.

Mir schwirrt der Kopf vor Dienststellen und Dienstgraden. Es klingt alles so normal: »Buchenwald wurde gebaut damals. Da hatte sich das Ministerium drum bemüht.« Und er spricht von Sicherheit und Ordnung durch die Gestapo. Und von den Nürnberger Gesetzen, die man nicht ablehnen konnte. Ja, so ist es. Es steht kein Gesetzesbrecher vor dem Gericht, sondern ein Jurist, der das gleiche Vokabular benutzt wie die meisten anderen Juristen.

Alles weiß er, nur nicht Belastendes. Alles weiß er, nur nicht Unvergeßliches. »Die Slowaken waren dankbare Gastgeber, weil wir sie vor den Tschechen schützten. In Griechenland waren wir als Freunde der Griechen.«

»Warum ließen Sie die Juden nicht ausreisen?«

»Aber doch, ich sagte ja: sie sind abzuschießen — ach, nein, abzuschieben. Ich habe sie bei Nacht über die Grenze geschickt. Die wurden aber immer von den Russen und den Polen zurückgejagt. Die wollten sie auch nicht haben.«

Hahn war fleißig, fleißig. Er erzählt von seiner Überarbeitung wie unsereins auch: »Verwaltungsbeamter blieb ich, ob ich nun auf diesem oder jenem Sektor eingesetzt wurde. Ich habe bis in die Nacht gearbeitet. 20 Stunden. Da gab es Korruption und so, Dinge, die bis ans Kriminelle rangehen.«

Dann sagt er mit Nachdruck, jede Silbe betonend und rhythmisch auf den Tisch klopfend, wie ein Stotterer, der flüssig sprechen lernen soll: »Da-mit-der-Vier-jah-res-plan-sau-ber, kor-rekt und er-folg-reich lau-fen konn-te.« Ich lasse mich von Hahn in einer Pause ansprechen: »Waren Sie unangemeldet an meiner Tür? Im weißen BMW?« Ich, mit

Kloß im Hals: »Nein, an Ihre Tür käme ich nicht (schnell überlegt, mich überwunden — nach Pause) unangekündigt.«

Hahn, mißmutig: »Die Presse verdreht alles zu meinen Ungunsten.« »Könnte man auch zu Ihren Gunsten berichten?« Hahn: »Ich will nur Objektivität und Gerechtigkeit, Gerechtigkeit.« »Sind Sie selbst ein gerechter Mann?« Hahn: »Ja, immer gewesen. Das stand schon in meinem Konfirmationszeugnis.« Ich: »Dann hab ich Sie gleich richtig eingeschätzt. Aber hielten alle Sie für so gerecht? Ich weiß, wie sehr Ihre Vorgesetzten Sie schätzten. Aber es gab sicher auch Querulanten, oder?« Hahn lacht: »Ja, ich hab mal einen sehr hart bestrafen müssen. Aber auch er sagte hinterher: Er war gerecht.«

Meine krampfhaften Bemühungen, Herrn Hahn in der Hoffnung auf weitere aufschlußreiche Gespräche nicht zu zeigen, wie krank er mich macht, hätte ich mir sparen können. Denn am nächsten Tag konnte er in der »Morgenpost« leider lesen, mit wem er sich unterhalten hatte. Und daß meine Eltern in seinem Revier, im Warschauer Getto, umgebracht wurden. (In Wirklichkeit wurden sie von dort aus zum Krepieren nach Auschwitz verfrachtet.) Danach erübrigt sich natürlich jedes Wort. Und seine liebe Familie werde ich wohl nie kennenlernen. Hahn straft mich mit Blicken. Bin auch sehr undankbar, wo er wahrscheinlich die Leiden meiner Eltern verkürzt hat.

Wie können Richter nach so einem Prozeß überhaupt noch richten? Wie Ankläger anklagen? Und wie sollen sie in diesem Fall urteilen?

Auge um Auge, Zahn um Zahn wäre nicht mal 1945 möglich gewesen. Jetzt kann man allenfalls den gemütlichen Lebensabend dieser Männer ins Gefängnis verlagern. Wo sie auch nicht weniger geachtet wären als draußen. Aber sie kommen ja doch nicht rein, sondern bekommen sicher wieder Haftverschonung.

Mai 1972

Das Ungeheuerliche ist kein Thema

*i*ch mag kaum noch schreiben. Mein Widerwille gegen politische Prozesse wächst. Die Versuchung alles hinzuschmeißen auch. Dabei habe ich diesen Beruf ergriffen gerade aufgrund empörend stattfindender und, genauso empörend, nicht stattfindender politischer Prozesse: NS-Prozesse.

Ich sammelte Urteile. Schnitt sie mir fast täglich aus, um sie gegeneinanderzuhalten und zu belegen, daß in Deutschland einfache Kriminalität sehr viel härter bestraft wird als die unglaublichsten NS-Taten. Außer mir schien das nur wenige zu interessieren.

Ich lieh mir einen riesigen Stapel Auschwitzer Prozeßakten und Berichte von dem Juristen und Journalisten Hans Schueler. Wollte eigentlich was damit anfangen. Doch nach vollendeter Lektüre lag ich erstmal viele Wochen krank im Bett. Nicht das, was sich in Auschwitz ereignete, warf mich aufs Lager, sondern die Art der Prozeßführung. Das Wissen um Auschwitz hat schon meine Kindheit versaut. Darunter litt ich schon immer. — Aber das, was in den Prozessen lief, aktualisierte deutsche Vergangenheit. Zeugen, die wie Angeklagte behandelt wurden. Angeklagte, die nie aufhören, Respekt einzuflößen. Die auch jetzt die H e r r e n sind, sogar wenn verurteilt. Doch sogar wenn verurteilt — wer von denen sitzt denn?

Es war für mich immer ein Problem, in diesem Land zu leben. Ich versuchte aber fair zu sein und nicht jedem hier anzulasten, was in der Nazizeit passiert ist. Schon gar nicht den Leuten verschiedenster Jahrgänge, mit denen ich, wenn auch vergeblich, intensiv gegen Wiederbewaffnung und Notstandsgesetze kämpfte. Ich machte es mir leicht, indem ich meinen Freundeskreis wie eine Mauer um mich herumzog. Doch die deutsche Justiz ließ meine Schutzmauer rissig werden. Ich fand es gar nicht komisch, und es machte mich nachdenklich, daß sich die Bundesrepublik von Pazifisten, Friedenskämpfern und unseren naiven Ostermärschen über die Kuhdörfer bedroht fühlte.

Als Schauspielerin wurde ich sehr häufig interviewt und versuchte jedesmal, Interview und Interviewer umzufunktionieren. Wollte echte Gespräche herstellen und echte Informationen geben. Es wurde sehr viel über mich veröffentlicht. Aber meine politischen Äußerungen fielen immer untern Tisch. Ich fing an, Gerichtsreporter anzurufen. In der Hoffnung, durch die Kontakte was bewirken zu können. Ich bewirkte nichts. Denn die Horrorspiele der Justiz rissen die Profis schon lange nicht mehr vom Stuhl. Ab und zu besuchte ich selber Prozesse. Und kriegte mit, wieviel Langeweile und wie wenig Entsetzen sie bei Reportern und Zuschauern auslösen. Formalitäten und Aktenberge schütten Fleisch und Blut zu. Alles hat immer in grausigster Weise seine Ordnung. Nur das scheint wichtig. Weint ein Zeuge, ist man unangenehm berührt. Sich ankündigende Gefühlsausbrüche werden im Keim erstickt.

Ich bot meiner Freundin Ulrike Meinhof meine Unterlagen an und bat immer intensiver Feuilletonschreiber, die sich bei mir die Klinke in die Hand gaben, endlich mal zu schreiben, was Sache ist. Bis Ines Stosch von der »Frankfurter Rundschau« mich animierte, selbst über Prozesse zu schreiben. Das tat ich dann auch aus dem Stand. Erst für die »Rundschau« und dann fürs alte »Konkret«. Das war vor genau sechs Jahren.

Mein Optimismus war ungeheuer. Meine Sicherheit, durch unmißverständliche Berichte etwas zu bewirken, groß. Meine Freude an jedem Schritt voran auch. Mein Elan im Kampf gegen längst überholte Gesetze, die zwar gegen den Gesetzgeber, nicht aber gegen den Gesetzesbrecher sprechen, ließ nie nach. Die Paragraphen gegen Kriegsdienstverweigerer, Abtreibung, Homosexualität, Kuppelei etc. wollte ich abschaffen helfen.

Ich sah eine Chance, Gewalt abzubauen. Ich war stolz auf meinen gesunden Menschenverstand und wollte ihn gebrauchen, um Polizei und Staatsanwaltschaft nachdenklich zu stimmen. Denn meine wiedererwachte Angst vor der Staatsgewalt ließ mich seit dem Polizeieinsatz Ostern 1968 vorm Springerhaus nicht mehr los.

Meine Verzweiflung und Rage in NS-Prozessen machten mich immer wieder krank. Ich ertrage nicht, daß so oft die wenigen überlebenden Opfer-Zeugen diffamiert, die Täter jedoch auf freiem Fuß gelassen werden. Geschrieben habe ich in diesen ganzen Jahren aber nur über den lebenden Massenmörder Dr. jur. Hahn und den toten Widerstandskämpfer Fiete Schulze. Anstrengend genug. Fiete darf laut Gericht wieder MÖRDER genannt werden. Hahn durfte wie immer nach Hause.

Doch im großen und ganzen konnte man frohlocken. Es schien voranzugehen. 1969 kam endlich die SPD ans Ruder. Heinemann wurde Präsident. Brandt Kanzler. Zu schön um wahr zu sein. Ist ja auch längst korrigiert. Aber erst mal Euphorie auf der Linken. Dann Änderung der politischen Landschaft. Über Nacht, im Mai 1970, Ulrikes Steckbrief im ganzen Land. Plötzlich waren die besten Deutschen die kriminellen Deutschen. Und standen vor Richtern, die die Auschwitz-Leute hatten laufen lassen. Amokläufe nach zu vielen vergeblichen Anläufen. Auch Staat und Berichterstatter liefen Amok. Der Staat ist immer in Notwehr. Auch wenn seine Schützen zuerst schießen. Wie auf Ohnesorg. Ohnesorg war wehrlos. Kurras wurde nie verurteilt. Sein Freispruch wurde zum Präzedenzfall. Der Polizist, der den harmlosen nackten Ausländer Jan McLeod erschoß, ist auch frei. Die vielen anderen Putativ-Notwehrtäter auch. Wie gehabt: Leben ist nicht gleich Leben, Tod nicht gleich Tod.

Vereinzelt wehren sich Bürger gegen so eine Sicht. Ich war

dabei, als Erich Fried mit Heinrich Böll zur Seite hier in Hamburg deswegen vor Gericht stand. Er hatte den Hinterkopfschoß auf Georg von Rauch in einem Leserbrief Putativ-MORD genannt. Darüber hätte ich gern berichtet. Aber das wollte keiner.

Ich war nicht dabei, als in Köln das stattfand, was für mich der Jahrhundertprozeß gewesen wäre. Die Gegenüberstellung Beate Klarsfelds mit dem in Frankreich zum Tode verurteilten Nazi Kurt Lischka. Man stelle sich vor, Lischka das Schwein, das hier immer noch wohlgelitten herumläuft, als Zeuge gegen Beate Klarsfeld, die ihn notgedrungen mit unkonventionellen Mitteln, spät aber doch, seinen Richtern in Frankreich zuführen wollte. Klarsfeld verurteilt, Lischka immer noch nicht vorbestraft. Da denkt man doch, man spinnt. Aber auch diese Ungeheuerlichkeit war kein Thema: »Ist doch langweilig, diese ewigen Nazigeschichten. Schreib doch mal wieder so was wie Sex mit Chef und Chow-Chow.«

Meine Arbeit wurde lächerlich. Die Widerstände gegen eine offene Berichterstattung wuchsen. Die linke Berührungsangst, die Angst, mit der RAF identifiziert zu werden, führte dazu, daß man erst bei »Konkret« und dann bei »Das da« viel lieber Sittenprozesse ins Blatt brachte, als sich mit den wesentlichen politischen Ereignissen auseinanderzusetzen.

Es begannen die neuen Polit-Prozesse. Sie anders zu nennen ist wie DDR mit Tüttelchen.

Ich war z. B. mehr als 30 Tage im Hoppe-Prozeß. Bei Halbzeit wurde mit untersagt zu schreiben. Aus Angst, daß ich nicht nur Nachteiliges über Hoppe berichten könnte. Man ließ lieber eine Kollegin berichten, die den Prozeß nur vom Hörensagen kannte. Als der Prozeß gelaufen war und das Urteil auch die bürgerliche Presse schockte, durfte ich wieder ran. Um zwei Drittel gekürzt erschien »Null Beweise — zehn Jahre«.

Die »Kritische Justiz« übernahm meinen Bericht.

Als Hoppe ein bis zwei Jahre später wegen Ungebührlichkeit wieder vor Gericht stand, durfte ich wieder nicht berichten.

Ich habe im Laufe der letzten Jahre sowieso zahllose Stunden vergeblich im Gericht verbracht. Vergeblich, da ich an die Öffentlichkeit nicht weitergeben sollte, was ich sah. Ich hätte in den meisten Fällen auch nur das Gefühl meiner Ohnmacht schildern können. Und die Ohnmacht der Angeklagten. Häufig die offensichtliche Verlogenheit der Zeugen. Und immer häufiger auch die Ohnmacht der Verteidiger.

Und die unerträgliche Heuchelei. Da lösen eine Handvoll Tote Krisen aus bei Leuten, die mit Gelassenheit über Völkermorde hinweggehen. Leute, die nie etwas gegen Kriege haben, solange sie in ihrem Interesse geführt werden. Die sollten doch lieber die Schnauze halten. Dann kam Stammheim. Der Prozeß für einen Gerichtsreporter. Dorthin wurde ich nicht geschickt. Darauf pochte ich auch schon nicht mehr, denn was hätte ich schreiben sollen? Ulrike hat mir immer viel bedeutet. Und dort, in Freiheit auf der Pressebank sitzend, wäre ich mir wie ihr Richter vorgekommen. Ich hätte sie sprechen mögen, um genau zu erfahren, was sich in der Zeit, in der wir uns nicht mehr gesehen haben, in und mit ihr getan hat. Und dann vielleicht berichten. So wie es war, fühlte ich mich in dem Maße ausgesperrt, wie sie eingesperrt war.

Jetzt ist Ulrike tot. Und andere dürfen nicht so berichten, wie sie wollen. Stefan Aust und Lutz Mahlerwein stellten sofort nach ihrem Tod Interviews über sie für eine NDR-Fernsehsendung von 45 Minuten zusammen. Es war sehr fraglich, ob sie sie durchkriegen würden. Die Erstfassung wurde dann auch gekippt. Eine Woche später, nachdem sie wie im Fieber alles umgemodelt hatten, durfte nach viel Hin und Her gesendet werden. Eine gute Sendung. Die u. a. der verblüfften Bevölkerung zeigte, daß Ulrike Meinhof intelligent und charmant war und ganz anders aussah als auf den Abschreckungsfotos.

Die Interviews mit ihrer Schwester, Böll, Augstein, Fried und mir waren rausgeschnitten. Obwohl der Nachruf dadurch sehr entemotionalisiert war, bekam der NDR Schwierigkeiten.

Es wird für Redakteure immer normaler zu kuschen, in der Hoffnung, wenigstens einen Teil ihrer Arbeit an den Mann bringen zu können.

Auch zum Verteidigen gehört inzwischen Mut. Verteidiger, mit denen ich immer besonders gut zusammenarbeitete, weil sie ihre Aufgabe besonders ernst nahmen, werden abgedrängt. Anwälte werden durch Ehrengerichtsverfahren gehetzt. Anwälte werden verdächtigt. Anwälte erhalten Berufsverbot. Jeder mißtraut jedem. So was führt zur Verzweiflung, zur Resignation, manchmal auch zum Ausflippen. Liberale, auch rechte Anwälte rücken als Pflichtverteidiger in Polit-Prozesse nach. Verändern sich häufig durch das, was sie dort erfahren. Merken wie anders als sonst sie in solchen Prozessen behandelt werden. Wie automatisch ihre Anträge abgelehnt werden. Und wie häufig ihnen die absolut notwendige Akteneinsicht verwehrt wird. Wie sie durch eine gewissenhafte Verteidigung ins Abseits geraten. Vom Verfassungsschutz überwacht und von angeblichen Anarchisten bedroht. Angst macht sich breit. Ein unmöglicher Boden für eine vernünftige Arbeit. Scheiße ist das.

Mitte Juni wird ein Brandanschlag auf die Kanzlei von Klaus Langner, Pflichtverteidiger von Margrit Schiller, verübt. Seine Schreibkraft Johanna Keller geht an Verbrennungen elend zugrunde.

Am Morgen nach Frau Kellers Tod gehe ich wieder ins Gericht. Bin viel zu früh da. Mein Taxifahrer wird von zwei schwerbewaffneten Polizisten festgehalten. Weil er es wagt, mich vor dem Strafjustizgebäude abzusetzen. Ich hasse meinen Weg zum Arbeitsplatz. Gerichte sind zwar nie schön. Aber sie werden immer schauriger. Alles starrt vor Uniformen und Waffen.

Ja, ja, ich weiß — nur zu meinem Schutz. Ich fühl mich aber im Strafjustizgebäude nicht bedrohter als auf der Straße, in Kneipen, auf der Post und zu Hause. Stellt euch mal vor, ihr müßtet ins Büro, in die Fabrik, zur Uni, in die Redaktionen oder wo immer ihr arbeitet, immer an schwerbewaffneten Beamten und auf den Mann dressierten Kötern vorbei! Müßtet euch dauernd abtasten und filzen lassen.

Hinzu kommt, daß ich mich von Waffen nicht beschützt, sondern bedroht fühle. Verliert einer die Nerven, geht so ein Ding putativ los. Und ich hab dem nichts entgegenzusetzen. Es kostet mich Überwindung, ins Gericht zu gehen!

Angst hat Folgen. Beseitigt Rückgrat und Anstand.

Ich bin überzeugt davon, daß man schon jetzt jeden Erlaß ohne weiteres befolgen würde. Den an alle Händler z. B., bestimmte Bevölkerungsgruppen auszuschließen. Meinetwegen allen Linken den Besuch von Lebensmittelläden, Friseuren, Freibädern, Kinos, Theatern, S-Bahnen, Bussen, Restaurants, Kneipen, Taxis, Post, Banken zu verwehren. Jede Übertretung wäre Hausfriedensbruch. Jede Großzügigkeit, jedes Umgehen, Gesetzesbruch. Na, wer wäre da mutig?

Meinen Gemüsemann und ein paar andere Händler in der Straße hab ich gefragt, wie sie sich denn verhalten würden. »Wieso, wenn das Vorschrift ist? Das machen die doch nicht ohne Grund.«

Und ein anderer: »Das würde ich nicht gut finden, aber bevor sie mir den Laden dichtmachen...”

Nicht zu vergessen: Opfer werden unansehnlich. Es fällt immer leichter, sich nicht mit ihnen zu identifizieren, sie der eigenen Angst zu opfern. Alles wird möglich, wenn man Unrecht gesetzlich verankert. Und wenn man Unrechtsgesetze befolgt. Zum Schluß bleibt nur die Monotonie des Ungeheuerlichen. Nicht mehr erwähnenswert, da usus.

Ich mag kaum noch schreiben. Aber ich werde, weil ich mich nicht außer Kraft setzen lassen will.

September 1976

Der Brunnenvergifter

*V*or dem Bundesarbeitsgericht in Kassel steht der Vermessungstechniker Malte Vorbeck. Auf der Zuhörerbank sitzt Christiane Ensslin. Beide sind schmalgesichtig, lang, feingliedrig. Beneidenswert, hätte man gesagt, als man noch nicht wußte, daß das Indizien für Politkriminalität sind.

Malte führt hier in dritter Instanz seinen Kündigungsschutz-Prozeß gegen die Gas-, Elektrizitäts- und Wasserwerke der Stadt Köln (GEW). In erster und zweiter Instanz hatte er gewonnen. Aber die GEW gingen in Revision.

Was Christiane Ensslin mit Malte Vorbeck zu tun hat? Sie lebt seit etwa 15 Jahren mit dem gutaussehenden jungen Mann zusammen. Malte dachte: aus Liebe. Doch die GEW weisen ihn geduldig — nun schon seit drei Jahren — darauf hin, daß die Frau ganz anderes mit ihm im Sinn hatte. Ohne sich was anmerken zu lassen, ließ sie ihn heranreifen, gab sie sich ihm hin, jahrein, jahraus, um dann, eines Tages — oh Gott, mir sträubt sich die Feder — mit seiner Hilfe, der deutschen Bevölkerung an Darm und Leben zu gehen.

Zumindest ist diese Vermutung vor drei Jahren der Kündigungsgrund gewesen. Und ist es heute noch. Die GEW gehen davon aus, daß Christiane, als Schwester von Gudrun Ensslin, durch Lahmlegung der Wasserversorgung anarchistischen Gruppen gefällig sein wollen könnte.

Und daß Malte, schwach und seiner Geliebten verfallen, durch eine solche Gefälligkeit sich seinerseits bei ihr lieb Kind machen wollen würde.

Oder, wenn nicht willentlich, so doch unbewußt, unbeabsichtigt Geheimnisse ausplaudern könnte, die dann weitergegeben würden.

Dramatisch erklären die GEW: »Hunger können Sie leiden, aber nicht Durst. Vergessen Sie nicht, wenn Ihre Frau und Ihre Kinder Wasser trinken, dann deshalb, weil bis jetzt nichts geschehen ist.« »Es gibt«, sagte Maltes Anwältin im ersten Verfahren, »allenfalls einen Kündigungsgrund der Sippenhaftung«, und wirft dem Anwalt der Stadtwerke vor: »Ihr Schriftsatz — sechs Seiten vergiftete Brunnen und geborstene U-Bahn-Schächte.«

Was tat Malte Vorbeck beruflich Geheimnisvolles? Er maß Elektrokabel ein, die Strom leiten. Entschied, wo die Straße aufgerissen oder wo und wie das Kabel neu verlegt werden sollte. Auf den Zentimeter genau. Mit Hilfe eines Theodoliten. Das ist das Ding, das aussieht wie ein Stativ.

Man wußte nie so genau, wann Malte mit seinen Kabeln dran war. Ihr wißt, wie das ist. Man wundert sich nur, warum die Straße schon wieder aufgerissen wird: Einmal für das Wasserrohr, dann wegen der Elektrokabel, dann ist es das Erdgas, und das ganze fängt von vorne an. Genau das machte den Blaumilchkanal möglich.

Er kann nichts verraten, auch wenn ers noch so gerne möchte. Er unterliegt keinerlei Geheimnisstufe, darf also auch im Schlaf sprechen. Was der Redakteurin Christiane Ensslin auch keine neuen Erkenntnisse bringen würde. Denn, man höre und staune: Sie ist ursprünglich auch Vermessungstechnikerin gewesen. Noch früher als Malte. Genaugenommen: Sie hat ihn vor 16 Jahren mit ausgebildet. Brauchte ihn also eigentlich gar nicht. Zumindest nicht zum Brunnenvergiften.

Ich kann Maltes drei Lehrjahre überspringen und aus dem Stand als Feierabend-Amateur-Saboteur die Trinkwasserversorgung einer Millionenstadt vergiften. Mit Hilfe meiner greisen Nachbarin, Rentnerin und Polizistenwitwe und Polizistenmutter. Denn ihr Sohn ist Klempner.

Dem armen Malte, in dessen Verfahren es immer nur um mögliche Wasser-Katastrophen geht, der aber nur gelernt hat, Stromkabel kurzzuschließen und die Lichter ausgehen zu lassen, brachte ich jetzt das gleiche bei wie meiner Nachbarin: Man nehme einen winzigen Bohrer und bohre damit die Wasserleitung an. Durch das Loch spritze man dann tödliches Gift, das dadurch in das Wasserleitungsnetz gelangt. Dann gibt es keinen Schutz für die trinkende Bevölkerung mehr.

Doch auch auf Maltes Fachgebiet konnte ich ihm einen Tip geben, ohne Elektro-Kenntnisse und ohne Vermessungstechniker zu sein: Man fülle eine Glühbirne mit tödlichem Gas. Werfe diese auf den Gleiskörper eines U-Bahntunnels. Durch den Fahrtwind, den die Züge verursachen, breitet sich das Gas in kürzester Zeit aus. Leider nur 45 Häuserblocks weit. Nicht schlimm. Man kann seine restlichen Glühbirnen ja anschließend in anderen Teilen der Stadt auf andere Gleiskörper werfen. Da sehe ich keine Möglichkeit für die Fahrgäste, sich zu retten.

Diese Geheimnisse habe ich keinem Geliebten entlockt, mußte dafür keinem Mann meine Jugend schenken. Sondern nur Samstag, den 20. September 1975, Seite eins der Tageszeitung lesen. Es dreht sich um Experimente der US-Geheimdienste. Was weiß ich, wie viele andere seitdem genauso schlau sind.

Soll man lachen, wenn da die GEW immer weiter von Malte als Sicherheitsrisiko sprechen? Gleichzeitig betonen, daß er sich noch nie hat etwas zu Schulden kommen lassen, nicht mal in Wort und Schrift. Daß er zur vollen Zufriedenheit gearbeitet hat, die anderthalb Jahre, die er das durfte. Trotzdem sagen, »das Risiko ist nicht ausgeräumt mit: Du hast ja noch nichts getan«.

Bis jetzt haben die alte Frau Tietze und ich auch noch nie was gemacht. Vielleicht tun wirs eines Tages. Weiß mans??

GEW, ein Laden, der nicht nur 3000 Angestellte hat, mit vielleicht nicht ganz überschaubaren Familienverhältnissen, sondern auch »Tage der offenen Tür«. Tage, an denen jedem Besucher von freundlichen, sachkundigen Angestellten alle Fragen beantwortet werden. Noch untersteht der Betrieb auch nicht der NATO.

Nein, zum Lachen ist es nicht. Malte sagt: »Da wurde ein atemberaubendes Klima gegen mich geschaffen. Ein Geschäft mit der Angst, das meine unrechtmäßige Kündigung rechtmäßig aussehen lassen sollte.«

Daß Christiane seit vielen Jahren nicht mehr zur Ruhe kommt, läßt sich denken. Solange es die RAF gibt, wird sie vom Verfassungsschutz observiert. Nach der Verhaftung des Baader-Meinhof-Kerns geriet sie zweimal in die Fahndung nach flüchtigen Terroristen. Einmal, im November 1974, bei einer bundesweiten Polizeiaktion, wurde sie in ihrer Wohnung festgenommen, ohne daß gegen sie, außer ihrer Verwandtschaft zu Gudrun Ensslin, etwas vorlag.

Ein zweites Mal, unmittelbar nach dem Anschlag auf die deutsche Botschaft in Stockholm, im April 1975, war nicht nur sie, sondern auch Malte betroffen. Auf dem belebten Kölner Ebert-Platz sprangen Kriminalisten auf die beiden zu und nahmen sie fest.

Malte: »Die Beamten rissen uns auseinander, drückten uns Pistolen in den Bauch. Wir dachten an einen Überfall. Dann fuhren auch schon Polizeiwagen vor. Wir wurden einzeln abtransportiert und fünf Stunden lang wegen Stockholm vernommen. Dann wurden wir freigelassen.«

Christiane lebt weder im Ober- noch Untergrund. Sie hat eine ungewöhnlich feste Adresse. Seit 13 Jahren die gleiche Wohnung. Ist natürlich polizeilich gemeldet und, wie gesagt, auch gut beobachtet. Das hinderte die Polizei aber nicht, an Maltes Arbeitsstelle zu kommen und ihn nach Christiane Ensslins Aufenthaltsort zu fragen.

Malte: „Die machten in Anwesenheit meiner Kollegen einen geradezu peinlichen Wirbel.«

Die Polizeiaktion wurde auch in der Chefetage registriert und Malte zwar frist-, aber un-gerecht gekündigt. Die Kündigung war erst nicht rechtswirksam, weil der Betriebsrat nicht gehört worden war. Er erhob dann zwar Bedenken, widersprach der Kündigung aber nicht.

Der Betriebsratsvorsitzende Buksch: »Ich einer solchen Dienststelle wie der unseren muß man eben besonders vorsichtig sein.«

Buksch ist Mitglied der ÖTV und damit einer der Gewerkschafter, von denen es heißt, daß sie die Interessen der Arbeitnehmer in besonderer Weise wahrnehmen. Kurz vorher hatte Malte noch eine Gehaltserhöhung bekommen. Bei seinen Mitarbeitern ist er beliebt. Er mag sie auch gern.

Fiel er politisch aus dem Rahmen? Nicht mal das. Er hatte nur einmal an einer genehmigten Demonstration teilgenommen, bei der gefordert wurde, die rigorosen Haftbedingungen für die politischen Häftlinge zu überprüfen.

Ich frage Direktor Helmut Andres, Vorstandsmitglied der GEW: »Ist Malte Vorbeck für Sie der einzige Bedrohliche Ihrer 3000 Mitarbeiter?«

»Nein! Ich würde ja auch gerne — hätte überhaupt nichts dagegen. Was soll man machen, wenn die Behörden kommen? Hätte es gerne geklärt. Ich weiß ja nicht, welche Erkenntnisse bei denen vorliegen.«

Offensichtlich gar keine. Auch Christiane hat kein Verfahren am Hals. Die Ermittlungen gegen sie wurden Anfang 1977 endlich eingestellt.

Malte: »Ich bin sicher, daß auf dieser Hierarchie-Ebene Konkretes besprochen wird. Er gibt nur die Verantwortung weiter, um sich nicht mangelnde Sorgfaltspflicht von mir als Angestelltem vorwerfen lassen zu müssen. Zunächst mal hätte der Betrieb mich gegen nicht belegte Anwürfe in Schutz nehmen müssen. Es ist sehr wichtig, daß man mich wieder einstellt. Ohne Armenrecht hätte ich den Instanzenweg gar nicht gehen können. Was immer mit mir passiert, wird den Maßstab für künftige Urteile setzen. Wenn ich nicht durchkomme, werden künftige Entlassungen vereinfacht.«

Der GEW-Anwalt spricht von gestörtem Vertrauensver-
hältnis, da Malte die Presse für seinen Fall interessierte. Dabei schrieben die Richter schon vor fast zwei Jahren den
GEW sozusagen ins Stammbuch: »Die Beklagte muß es hin-
nehmen, daß eine von ihr mit Sicherheitsbedenken begrün-
dete ordentliche Kündigung in der Öffentlichkeit kritisch
beleuchtet wird. Diese Berichterstattung über die Kündigung des Klägers und ihre Bewertung durch die Presse ist
Teil der freien Meinungsäußerung, die grundgesetzlich...
garantiert ist.«

Man beanstandet auch, daß Malte von einem Berufsverbot spricht. Doch für ihn kommt es tatsächlich einem Berufsverbot gleich: »Mit dem Etikett ›Sicherheitsrisiko‹
nimmt mich doch kein Mensch mehr.«

Der Vorsitzende Richter Dr. Gröninger ist sehr nett und
sympathisch. Anzunehmen ist, daß auch diese dritte und
letzte Instanz die Kündigung für unwirksam erklärt. Aber
nicht heute.

Ein Kollege meint: „Wohl um die Landtagswahl nicht zu
beeinflussen.«

Wir sitzen hinterher im Restaurant. Auch in Kassel gibt es
Chinesen. Dem Malte ist ganz schlecht. Die Spannung löst
sich nicht: »In Gedanken hab ich seit Monaten alle Möglichkeiten durchgespielt, meine Lieblingsvorstellung war immer, am Tag danach, also am Morgen um 7 Uhr 15 im Mor-
gengrauen, vom Betriebsrat an meinen Arbeitsplatz beglei-
tet zu werden.«

Er lebt nun schon seit Jahren von 800 Mark Arbeitslosen-
hilfe. Davon kann man große Sprünge nur runter machen.
Ausgerechnet gestern abend um 19 Uhr 30 kam mal wieder
eine Dame vom Arbeitsamt zu ihm ins Haus. Vielleicht, um
sicherzugehen, daß er nicht schwarzarbeitet.

Doch Christiane sagt: »Das ist nicht das Schlimmste.
Malte soll mich denunzieren. Er soll sich von mir trennen,
mich verleumden und verleugnen. Die drei Jahre haben ihn

unendlich mürbe gemacht. Drei Jahre. Eigentlich genügend Zeit, um einem Arbeitnehmer Fehler nachzuweisen.«

Wie wird sie für den Rufmord entschädigt? Selbst die GEW sagen: »Sogar,wenn wir ihn wieder nehmen würden, es bleibt immer was hängen.«

Auch diese Geschichte lehrt uns wieder was. Wer Lust hat, sich mit wem einzulassen, womöglich fürs ganze Leben, überprüfe nicht nur Charakter und Neigungen der erwünschten Person, sondern überzeuge sich davon, daß diese ein Einzelkind ist, am besten auch Vollwaise, besser noch gar keine Verwandten hat.

November 1978

Berufsverbot

»Wenn der überaus fähige, äußerst beliebte Studienrat Lutz Bäuerle im Laufe seiner 13 Berufsjahre die Bundesrepublik nicht zerschmettert hat mit Hilfe seines Amtes, ist wohl kaum zu erwarten, daß er künftige Berufsjahre und seinen Unterricht dazu benutzen wird.

Mit wem und mit was muß ein beamteter Lehrer in der BRD total einverstanden sein, um geduldet zu werden?

Mit der SPD-Regierung? Was machen wir denn dann mit ihm, wenn vielleicht die CDU rankommt? Und was, wenn die FDP, die GRÜNEN, Bunten, Alternativen oder sonstwer an die Regierung käme? Ja, was machen wir denn mit all den Beamten, die unter Hitler den Treueeid schworen? Passen sie besser in eine Schule unseres Landes als Lutz Bäuerle?

Um Antwortet bittet, total verwirrt

Peggy Parnass, Kolumnistin«

Februar 1982

Unzucht mit Abhängigen

*f*rauen wie ich haben gegen die Wiederaufrüstung der Bundesrepublik und gegen die atomare Bewaffnung der Bundeswehr gekämpft. Wir haben viele Jahre gekämpft, und auch wenn dieser Kampf vergeblich war, so war er doch nicht überflüssig. Mich hat er — wie viele andere auch — unterscheiden gelehrt zwischen den einen und den anderen Deutschen, zwischen den Sabblern, den Opportunisten, die den Pazifisten spielten und schon die ersten Waffengeschäfte anleierten, und denen, die aus deutscher Vergangenheit gelernt hatten.

Es kam dann, als wir unseren Kampf längst verloren hatten und die Bundesrepublik auf dem Weg war, die größte Militärmacht Europas zu werden, eine Zeit, in der so untadelige Männer wie Gustav Heinemann und auch Willy Brandt eine geschickte Tarnung für weitere Aufrüstung boten. Auch ich ließ mich von noblen Visitenkarten blenden.

Ich bin eine Frau, und die Leute, an die ich mich jetzt wende, sind Frauen. Ich bin eine Kämpferin, und die Frauen, an die ich mich wende, sprechen vom Kampf. Ich möchte Fortschritt, Befreiung. Die Frauen, an die ich mich wende, reden auch von Fortschritt und Befreiung. Ich bin für Gleichberechtigung wie sie. Sind wir uns also einig?

Die Frauen, an die ich mich wende, meinen, daß sie die Gleichberechtigung dadurch erkämpfen müssen, daß sie den Frauen Zugang zur Bundeswehr verschaffen. Ich will eine Gleichberechtigung, die den Männern den Zugang zur Bundeswehr versperrt.

Sind die Frauen eigentlich verrückt geworden, daß sie an etwas beteiligt werden wollen, was es abzuschaffen gilt? Es gibt linke Feministinnen, die mir sagen, sie würden natürlich

den Wehrdienst verweigern, aber sie müßten sich erst einmal die Freiheit zu dieser Entscheidung erkämpfen. Aber
wenn ihr schon so aufgewacht seid, daß ihr für das bißchen
Leben, das ihr habt, kämpfen wollt, dann kämpft an der
richtigen Stelle: Gegen den Rüstungs- und Militärwahnsinn
überhaupt. Oder ist es feministische Logik, sich den freien
Zugang zu allen »Berufen« zu erstreiten, gleich wie unmenschlich sie sind? Soll die Frauenbewegung etwa in den
USA um das weibliche Recht kämpfen, Henker werden zu
können?

Andere Frauen versuchen mir einzureden, daß die Bundeswehr durch weibliche Soldaten humanisiert würde. Aber
Frauen sind nicht humaner als Männer, und solche, die beim
Militär Karriere machen würden, schon gar nicht. Ja, wenn
da lauter linke Frauen in die Bundeswehr gingen, um den
Laden aufzuweichen — dann wäre ich auch dabei. Doch das
ist eine Illusion.

Wozu Frauen, und zwar der Typ Frauen, die in sogenannten Ordnungskräften Kommandoposten anstreben und er-
reichen, fähig sind, haben wir an der KZ-Kommandantin Il-
se Koch erlebt. Und sie war nicht die einzige. Schleifen, schikanieren, zusammenscheißen, quälen, töten — das ist nichts
typisch Männliches. Hinter jedem dieser Männer stand
schon immer eine Frau, eine Kriegsbraut, eine Heldenmut-
ter, die jeden Pazifisten als Memme verlachte und verachte-
te.

Einige Frauen sagen, sie wollten teilhaben an den riesigen
Mitteln, die der Bundeswehr für Ausbildung, auch Ausbildung in zivilen Berufen, zur Verfügung stehen. Dann sollen
sie doch, verdammt noch mal, dafür kämpfen, daß man
nicht zum Töten, genauer: zum Morden sich abrichten lassen muß, um zu einer vernünftigen Ausbildung zu kommen.
Aber das ist wohl kein »feministisches« Thema, keins, mit
dem man überall so auf die Titelseiten der Illustrierten
kommt wie mit dem Reißer »Frauen in die Bundeswehr«.

Das ist überhaupt das Ekelhafteste an dieser ekelhaften Diskussion, daß sie wie eine Mode betrieben wird. Die sensiblen Couturiers haben das gleich mitgekriegt und den weiblichen military look kreiert — mit Schiffchen auf dem Kopf und Schulterklappen und Tressen und Winkeln. Frauen, die »in« sein wollen, tragen das — sie wären wohl auch die ersten, die in der Bundeswehr Karriere machen würden.

Ich habe in den letzten Jahren viele der Frauen, an die ich mich hier wende, schätzen gelernt, mit einigen von ihnen bin ich befreundet — bewußte Frauen, Frauen, die ihre Männer überrundet haben mit ihrem Mut, mit ihrer Intelligenz, mit ihrem Durchhaltevermögen, mit ihrer Kraft und ihrem Einsatzwillen. Ich fühle mich beleidigt, wenn gerade diese Frauen, die doch politische Menschen sein wollen, Scharen von jungen Mädchen, Verkäuferinnen, Stenotypistinnen, Friseusen, die auf Aufklärung angewiesen wären und die sich möglicherweise ganz auf diese klugen Frauen verlassen, in den Kampf für die weibliche Soldatin führen. Das ist Unzucht mit Abhängigen.

Gibt es überhaupt etwas Obszöneres als diese Bilder von hübschen, adretten, strahlenden jungen Frauen in Uniform, als dieses »Spiegel«-Titelbild eines attraktiv geschminkten Mannequins mit Stahlhelm, das liegend aufgestützt mit zugekniffenem Auge über Kimme und Korn visiert? Frisch onduliert zum Menschenmord? Solche Bilder könnten die Vision verdrängen, wie sich die emanzipierten Damen aller Länder gegenseitig umlegen — denn die Kriegstreiber und Ausbeuter bekommen sie doch nicht vor die Flinte.

In den US-Streitkräften, wo es ja weibliche Soldaten gibt, ist Liebe strengstens verboten. Das ist nur logisch. Liebe hat in diesem Geschäft wirklich nichts zu suchen. Und da wollt ihr rein?

Vielleicht meint einer lächelnd, daß ich als Pazifistin nicht zuständig bin für unser weltweites Thema. Ich finde gerade. Doch wenn es jemanden tröstet — auch mein Pazifismus kennt Grenzen. Ich wäre dafür, alle Wunderwaffen auf ihre Wirksamkeit an ihren Auftraggebern, Herstellern und Händlern auszuprobieren.

Februar 1979

P. S. Wie froh bin ich, daß Alice Schwarzer jetzt endlich verstanden hat, worum es geht, und umgedacht hat.

Erleichternd, denn es war jahrelang sehr mühselig, gegen ihre »Emma«-These, daß Frauen durch Dienst in der Bundeswehr zur erwünschten Gleichberechtigung gelangen würden, in Funk und Fernsehen, in Büchern, in der Presse, auf Podien und privat — wo immer es ging — anzukämpfen.

Am 16. September 1982 sagte Alice im »Stern«: »Wie soll ich für eine Wehrpflicht für Mädchen sein, wenn ich schon gegen Wehrpflicht von Männern bin.«

Na endlich!

Ich war Schwarzhörerin an der Bundeswehrhochschule. Was kann man dort werden?

cand. jur.? cand. phil.? cand. kill?

Meine Tante Flora

*f*lo ist meine Tante. Wir haben uns hier erst näher kennengelernt. Sie ist klein, kulleräugig, hat dichtes, schwarzes Haar. Sie ist lebhaft, fröhlich, warm, spontan und sinnenfreudig. Liebt das Leben. Ihre KZ-Nummer ist 74559. Am linken Arm. Im Sommer hört sie oft: »Guck mal, wie verrückt, die hat ihre Telefon-Nummer am Arm!«

Onkel Rudi ist knorrig, einsilbig, hilfsbereit, schmunzlig, ruppig. Sagt: »Guck mal da oben!«, stupst einem die Nase und lacht sich kaputt.

Seine Nummer am Arm ist 178121. Die von Flo ist viel hübscher, leserlicher, geradezu liebevoll geschrieben. Beide nicht auszuradieren.

Onkel Rudi wäscht für die jüdische Gemeinde die jüdischen Toten und kleidet sie an. Ehrenamtlich. Und er betreut die meist völlig verwirrten, unter Schock stehenden jüdischen Zeugen aus dem Ausland, die sonst ganz allein wären mit ihrem Horror. Unentgeltlich.

Flo malt. Erst seit knapp drei Jahren. Obwohl sie sagt: »In meiner Jugend, jedesmal, wenn ich die wunderschönen Hände deiner Mutter sah, dachte ich: Malen möcht ich können.« Inzwischen gilt sie als jüdische Volkskünstlerin. Nicht als Naive. Woher auch. Erst malte sie nur Auschwitz, immer wieder. Dann jüdische Themen und Clowns. Meistens nachts. Weil die Erinnerungen sie nicht schlafen lassen oder weil sie furchtbare Träume hat. »Es lenkt ab. Befreit. Wenn ich male, hört das ständige Surren im Kopf auf. Nur wenn ich male. Aber das kann ich ja nicht pausenlos. Das halten ja Augen und Rücken nicht aus.«

Sie möchte auch Ausstellungen machen, und Werbung tut not, wie jeder freie Künstler weiß. Desto überraschter bin ich, als Flo sagt: »Du darfst alles schreiben, aber nicht meinen Namen. Auf keinen Fall!«

»Ja, warum denn nicht? Dann werden doch die Leute auf deine Bilder aufmerksam.«

Flo, fast hysterisch: »Nein, nein! Versprich das! Alle haben mir dazu geraten.«

»Wovor hast du denn Angst?«

»Vor den Rechten, vor den Linken, vor den Leuten!«

Die Angst ist größer als der Wunsch, bekannt zu werden. Ob begründet oder unbegründet — die Angst lähmt. Man kann sie ihr und ihren Freunden nicht ausreden. Mir fällt ein, daß ich schon 1965 eine große Geschichte über Juden in Deutschland schrieb. Ich dachte auch damals, ich täte anderen Juden einen Gefallen damit. Bekam aber vor der Veröffentlichung beschwörende Anrufe, Karten und Briefe von Juden, mit der flehentlichen Bitte: »Tu das nicht. Rühr nichts auf. Du schadest uns nur.«

Auch mein lieber Uncle in London fällt mir ein. Der mit seinem unüberhörbaren, schweren Wiener Akzent: »Noboddi nohs wie ahr juisch. Senk Godt!« Die Angst, sichtbar zu werden. Obwohl es nichts Schlechtes zu sehen gäbe.

Mit Tante Flora bin ich selten, aber sehr gerne zusammen. Sehr herzlich. Haben so viel wie möglich zusammen gelacht. Aber nie richtig gesprochen. Wenn eine von uns parterre ging, sie in den Arm genommen. Heißen Tee gekocht, die Füße gestreichelt. Nur über unser Elend sprechen konnten wir nicht. Sonst frage ich doch dauernd ne Menge, dring in Leute ein. Über meine Verwandten aber weiß ich wenig. Vor unserer Vergangenheit haben wir alle eine Sperre.

Mit Flo hab ich mal was Wichtiges erlebt. Wir suchten über den FKK-Verein Hamburg eine Mitfahrgelegenheit zur Ile de Levant in Südfrankreich. Dadurch kamen wir in eine wirklich makabre Situation. Ein dicker Mann und ein Lehrer-Ehepaar aus Plön, die Mitfahrer für ihren VW-Bus suchten, nahmen uns mit. Auf der Fahrt stellte sich heraus, daß der Fahrer ein ehemaliger Gauleiter war. Und die Lehrerin eine ehemalige Gebietsführerin, eine sehr nette, große, blonde Frau.

Plötzlich entdeckte sie die Auschwitz-Nummer, die sichtbar wurde, als Flo die Ärmel hochkrempelte. Die Frau stellte ein paar Fragen. Tante Flora erzählte, ein bißchen nur und ganz behutsam. Daraufhin brach die andere in Weinen aus, schlug die Hände vors Gesicht. War völlig verzweifelt. Beteuerte, daß sie selbstverständlich nie etwas ahnte. Sonst hätte sie selbstverständlich nie mitgemacht. Und Tante Flo rutschte rüber auf den Sitz neben die Gebietsführerin, legte ihren kleinen Arm um sie und trocknete ihre Tränen: »Nun hören Sie doch auf zu weinen! So schlimm war es nun auch wieder nicht.«

Die Szene hat sich mir eingebrannt. Das Opfer tröstet den Henker.

Dieselbe Tante Flo, die damals noch so großzügig sein konnte, nicht weinte, sondern nur tröstete, bekam später einen Weinkrampf aus viel geringerem Anlaß: Bei Karstadt am Schnellimbiß warteten vor ihr sechs andere Damen. Eine sagte zur Serviererin: »Na, Sie verdienen wohl auch nicht schlecht. Ihre zwölfhundert Mark nehmen Sie wohl jeden Monat mit nach Hause.« »Nee«, sagte die Serviererin, »das wäre schön, wenn man so viel hätte.« Daraufhin die andere: »Na hören Sie mal! Der Jude, der Ausbeuter, ist doch jetzt weg, dem gehört doch der Laden nicht mehr!« Flo: »Wie haben Sie denn das gemeint?« Junge Frau mischt sich ein: »Wenn Ihnen hier was nicht paßt, dann gehen Sie doch nach Israel!« Die Serviererin, die sicher nur nett sein will, sagt: »Sicher haben die mehr als genug Wiedergutmachung eingesteckt, aber man braucht sie deswegen nicht gleich so anzuschrein.«

Aber auch über solche Erlebnisse kamen Flo und ich nicht ins Gespräch. Erst die vier Abende Holocaust haben die Schleusen geöffnet. Mehr zufällig sah ich die erste Folge, da schon monatelang in der gesamten Presse vor dem »Hollywood-Schinken«, dem trivialen »Ami-Kitsch« gewarnt wurde. Ich bin an dem Abend alleine und an den drei anderen Abenden auch. Telefonierte nur nachts mit ein paar Juden. Alle so aufgewühlt wie ich. Ich merke, wie es sich im Mund zusammenzieht. Und daß die Lippen wie von außen zusammengequetscht sind. Krampf im Untergesicht. Ich sehe mich zufällig im Spiegel, erkenne mich kaum wieder. Verzerrt, um hundert Jahre gealtert.

Als man die Leute in der Synagoge verbrannte, überlapperten sich alte und neue Eindrücke. So wie in der Szene sehen schlagende Polizisten auch heute aus.

»Todesursache: Lungenentzündung.« So hieß es auch bei Tante Rosi und Tante Frieda, die erst Anfang zwanzig waren, als man sie umbrachte. Die Deutschen sind doch Weltmeister im Weggucken. Andererseits kommt es mir so vor, als hätten sie mit ihren Morden anderen Antisemiten, die etwas dezenter sind, nur die Arbeit abgenommen.

Während der Diskussion versuchte ich jeden Abend durchzukommen. Wollte die Diskutanten bitten, sich weniger akademisch auszudrücken, und die Historiker und Statistiker bitten, den Leuten, die am eigenen Leib alles miterlebt haben, wie Renate Harpprecht, nicht dauernd das Wort abzuschneiden.

Anschließend lief ich nachts in meine Stammkneipe, um mich abzulenken. Unfähig, dort mit meinen deutschen Freunden das Gesehene zu diskutieren.

Auch Flo rief mich an: »Ich will da anrufen, aber komme nie durch. Die haben so vieles nicht gezeigt. Konnten die wohl auch nicht, sonst wäre die Abschaltquote zu groß gewesen. Die ganze Wirklichkeit hätten die Leute nicht geglaubt.«

Sie fängt an zu erzählen. Ist nicht zu bremsen. Läuft richtig über: »Ich hab es leichter. Rudi kann auch jetzt nicht reden. Nicht mal mit mir. Die ganzen Jahre nach der Befreiung. Nicht einmal hat er über das gesprochen, was er erlebt hat. Anfangs hab ich ihn noch viel gefragt. Nie hat er geantwortet. Rudi wurde nach dem Krieg einstimmig von Ex-Häftlingen gewählt, als einer mit sauberer Weste für Spenden- und Kleiderverteilung gesucht wurde. Dadurch weiß ich, daß er nie was Unsauberes im KZ gemacht hat. Ich find das selbstverständlich, aber es macht mich trotzdem glücklich. So viele andere waren durch die Not nicht mehr sie selbst.«

Und sie sagt: »Für euch Kinder muß es ja noch schlimmer sein als für uns. Wir kennen ja alles schon.«

Mir war auch nichts neu. So wie wir Arbeitergören eher über Sex Bescheid wußten, wußte ich schon früh, weniger geschont und Halbwahrheiten nicht hinnehmend, über Verfolgungen Bescheid. Hatte immer ein schlechtes Gewissen, weil mir so vieles erspart geblieben ist.

Am Tag nach der letzten Sendung, als ich noch immer an nichts anderes denken kann, frage ich Flo, ob ich sie interviewen darf. Auch weil mir klar wurde, wie wenig ich überhaupt über sie weiß. »Ich komm nach dem Gericht zu dir« — denn am 1. Februar 1979 begann ausnahmsweise mal ein Prozeß gegen einen Neonazi, den ehemaligen Bundeswehroffizier Michael Kühnen. Intelligent, schnell, wortgewandt, wach. Steckernase — im Gegensatz zu den Krummnasen, von denen auf seinen Plakaten viel die Rede ist. Verquollen wie ich, als ich heute um 7 aufstand. Rasierter Nacken. Leider nicht blond — aber das macht die Gesinnung wieder wett. Lächelt glücklich bei den Worten: »Die gut erhaltenen KZ's kann man jederzeit wieder in Betrieb nehmen.« Reißt die Verhandlung an sich. Herrscht auch im Gerichtssaal: Über seinen Mitangeklagten, einen jugendlichen Schwärmer, und über die Leute im Publikum. Muskelprotze, Retardierte und ältere Hausfrauen. Formuliert beneidenswert gut und leicht verständlich. Wäre er dümmer, wäre er weniger gefährlich. Er sagt im richtigen Moment: »Es ist nicht meine

Absicht, das Gericht mit Propagandareden zu langweilen oder gar zu provozieren.«

Die Pause nutze ich zu einem Gespräch mit den Hausfrauen. Eine ist rotzfrech, die anderen haben eine Engelsgeduld mit mir. »Gaskammern hat es nie gegeben. Das können wir bezeugen. Die haben die Amis nach dem Krieg da hingebaut. Und die Fotos von Leichenbergen: Das sind alles Tote nach den Bomben auf Dresden. Da wurde niemand umgebracht. Die haben endlich gearbeitet und Essen gekriegt.«

Dreimal wende ich auf deren »Sie wissen ja nicht Bescheid« ein: »Ich weiß Bescheid, verstehen Sie doch! Allein mütterlicherseits sind 23 Verwandte umgebracht worden in KZ's! Warum begreifen Sie das nicht mal?«

»Dann waren die wohl krank.«

»Einige Täter haben doch in Prozessen zugegeben, was sie getan haben!«

»Das war nur unter Druck. Die leben doch alle, die Juden! Der Jude Kogon, der Blumenfeld, gut leben die. Die größten Verbrechen waren die Nürnberger Prozesse. Von Vietnam und der Bombe auf Japan spricht keiner!«

Zu einer deutschen Freundin, die mir beistehen will, sagen die Wohlinformierten: »Hören Sie doch auf, Sie wollen doch nur stänkern!«

Ich: »Was wurde denn da verbrannt?«

»Na die, die Typhus hatten! Die wurden verbrannt.«

Mit gesenkter Stimme, ganz intim, teilt sie mir mit: »Die sind an ihrem eigenen Dreck gestorben. Die Juden sind doch zu faul, um sich zu waschen, sogar zu faul, um aufs Klo zu gehen. Lieber machen die unter sich. Davon haben die dann Typhus gekriegt und sind gestorben.« Die anderen Frauen nicken bekräftigend.

Ich: »Ich bin sehr pingelig, sehr sauber. Meinen Sie, wenn ich im KZ gewesen wäre, hätte ich dadurch überlebt?«

»Ja, natürlich! Ich hab viele Kinder, die haben mich auch immer gefragt. Immer mußte ich mich rechtfertigen.«

Ich: »Wäre ich in Ihrem Alter, deutsch wie Sie, hätte immer hier gelebt, müßte alles meinen Kindern erklären — wäre ich auch sehr traurig.«

Die Frau, perplex: »Wieso. Ich bin gar nicht traurig! Ich weiß ja, wie es wirklich war.«

Eine andere: »Ich habe so viele Juden gekannt, weil wir einen Laden hatten. Da sagte ne Jüdin selbst: Die haben viel zu wenig fiese Ostjuden vergast!«

Mit diesen Damen im Ohr gehe ich zu Flo. Lasse sie erzählen:

»Ich bin 1911 geboren. Wir waren viele Kinder und wenig Geld. Mit 14 wurde ich Fabrikarbeiterin. Zusammen mit meiner Schwester Paula. 5 Jahre im Akkord in der Bahrenfelder Sternwoll-Spinnerei. Rudi lernte ich in der jüdischen Arbeiterjugend kennen. Er war Elektriker. Ich entwickelte mich durch die Fabrik. Streiks und Mitarbeiter haben mich geformt.

Die anderen sagten: Erst bin ich Deutscher, dann bin ich Jude. Die waren im jüdischen Jugendbund, gitarreklimpernd, im Wald, romantisch. Mehr wie Pfadfinder, heimat- und naturverbunden. Als ich 19 war und Rudi 23, heirateten wir 1930 richtig jüdisch in der Bornstraßer Synagoge. Der Oberrabiner traute uns. Obwohl wir beide Kommunisten waren, taten wir das meinem schwerkranken Vater zuliebe, der noch ein frommer Jude war.

1935 kam Bernie zur Welt. Als ich im siebten Monat schwanger war, wurde Rudi als Antifaschist verhaftet. Er saß hier in Fuhlsbüttel. Danach mußte er Zwangsarbeit machen, Erdarbeiten für die Stadt. Ohne Lohn. Das bißchen Geld, das wir kriegten, nannte sich Wohlfahrt.

1938 ist Rudi abgehauen. Schwarz nach Belgien. Mit seinem Fahrrad und einem Freund.

Wir konnten uns nicht schreiben. Als Beweis, daß er heil angekommen war, schickte er mir Bernies Kinderschuh. Ein halbes Jahr später sind wir ihnen nach Belgien nachgefahren. Mit nur zehn Mark in der Tasche für den Fall, daß wir geschnappt würden. Schmuggler und Zöllner machten gemeinsame Sache und teilten sich das Geld der Flüchtlinge. Ich hatte nur mein Armband. Das nahmen die. Da, wo die uns unterbrachten, hatten wir Hitler überm Bett. Kannst du dir das vorstellen?

Kam bis Ostende. Schreckliches Bombardement. Warf Bernie auf die Erde und mich darüber. Dachte ganz blöde, daß er dann nicht getroffen würde. Tanks kamen. Wir alle jubelnd raus. Bis wir sahen, daß die mit Hitlerbildern geschmückt waren. Wir nahmen Spanienkämpfer auf, als wir noch ne Wohnung in Belgien hatten. Dann kam die Zeit des Judensterns. Unser Junge weinte. Erst haben sie ihn in der Klosterschule ›sale boche‹ gerufen, dann ›sale juif‹. Ich versuchte, ihm zu beweisen, daß er doch sauber ist. Uns wurden die Lebensmittelkarten gesperrt. Nichts zum Heizen. Waren auf die Barmherzigkeit unserer Nachbarn angewiesen.

Von Rudi wußte ich gar nichts. Als die Deutschen 1940 einmarschierten, hat man schnell Juden und Politische nach Südfrankreich in ein Internierungslager verfrachtet.

Meine Freundin Pepi kriegte ne Aufforderung, zu einer Behörde zu kommen. Sie kam nie zurück.«

Flo seufzt: »Die hab ich sehr lieb gehabt. Jetzt saß ich mit ihrem und meinem Kind da. Beide sechs. Brachte beide ins Kloster zum Verstecken. Trotz Anschlägen: Wer das tut, wird erschossen, taten sie es. Nur taufen mußte ich ihn lassen.

Übrigens Rudi und ich, wir geben immer denen von der Heilsarmee was. Wenn man nicht wußte, unter welcher Brücke seinen Kopf hinzulegen, halfen die, ohne zu fragen.

Dann begann meine Illegalität. Schloß mich anderen Widerstandskämpfern an, der Brigade Planche, der auch einige deutsche Soldaten angehörten, die dann mit mir verhaftet wurden. Ein Kontaktmann hat uns an die Gestapo verraten. Der war nur eingeschleust. Das war 1942.

Ich saß ein halbes Jahr in Einzelhaft. Das war eine Erlösung. Illegal leben war noch viel schrecklicher. Die Verhöre waren natürlich nicht schön. Ich wurde viel geschlagen. Aber das ist alles so weggerutscht, weil dann Auschwitz kam. Vorher noch einen Monat ins Judenlager. Es war Winter, sehr kalt. Ich noch immer im selben Sommerkleid. Aber die Solidarität war gut.

Im Januar 1943 kamen wir mit dem 23. Transport nach Auschwitz. 1500 Leute waren wir. Mit ner großen Nummer um den Hals. Immer 50 bis 60 in einem abgeschlossenen Viehwaggon ohne Fenster. Ein Eimer für alle, der sofort überlief. Alte, Kranke, Junge, Kinder. Keine Luft. Juden machten mir Vorwürfe wegen Bernie. Hielten mich für eine schlechte Mutter. Die waren eben nicht politisch, ahnten nichts. Aber daß wir vernichtet werden sollten, wußte ich auch nicht.

Bei der Ankunft: Raus! Raus! Peitschengeknalle. Gekläffe. Schreie durcheinander. Deshalb kann ich wohl keine Hunde ausstehen. Obwohl die ja nichts dafür können. Alle kaputt nach der Reise. Nicht zu verkraftende Eindrücke.

Mein erster Blick fiel auf eine Kolonne Frauen mit Ziegelsteinen unter den Armen: ›Guck mal! Ganz tote Augen! Kein Blick!‹ Später hatten wir dieselben Augen, Glatzen und Steine unter den Armen. Von den 1500 kamen nur 93 ins Lager. Die anderen gleich ins Gas. Wir sahen die nur auf Wagen abfahren. Wir hatten denen, die sich um Plätze auf dem Wagen schlugen, den Vortritt gelassen. Wäre noch Platz gewesen, wären wir auch aufgesprungen. Und jetzt tot. Das heißt: Von 93 haben sowieso nur 3 überlebt. — Es roch so schrecklich. Die Öfen brannten.«

»Das konntet Ihr sehen?«

»Ja. Ja. Deshalb kann ich doch kein Kaminfeuer sehen! Kein Feuer. Früher auch keine Kerzen, keine Flamme. Neben mir ging eine SS-Frau mit ihrem Hund. Ich fragte: Wird da Brot gebacken? Die sagte traurig: Nein. Da brennen Eure Väter, Mütter, Schwestern, Brüder und Männer. Ich dachte sofort: Rudi ist dabei. Dann mußten wir uns nackt ausziehen, alle Sachen in die Ecke werfen. Kriegten die Nummer mit Tinte und Feder eingestochen. Schwoll an, tat weh. Dann Haare ab, unterm Arm, unten, oben. Einer konnte den anderen nicht erkennen. Ich war noch lustig: ›Guck mal, was ich gerettet hab! Eine Haarklammer!‹, um die andern zum Lachen zu bringen.

Männliche Häftlinge huschten rein, suchten vielleicht ihre Frauen. Warfen uns ein paar Brote zu. Wir Politischen teilten. Die anderen schlugen sich. Man kann Menschen nicht so schnell umerziehen. Der Hunger ist nicht so schlimm. Aber der schreckliche Durst. Ein Wasserhahn war da. Aber wir trauten uns nicht zu trinken. In allen Sprachen stand dran: Vorsicht! Nicht trinken. Typhusgefahr! Ich weiß nicht, ob die das nur aus Sadismus drangeschrieben hatten.

Die schöne, kleine Wanda stand da. Erst 14. Und auch nackt. Aber noch mit ihren blonden Haaren bis zur Hüfte. Sie konnte singen wie ne Lerche. SS-Männer sagten: Sing. Da sang sie: ›Heut ist der schönste Tag in meinem Leben‹ von Josef Schmidt. Das werde ich nie vergessen. Sie blieb natürlich nicht leben.

Ich bekam zwei linke Holzschuhe. Als ich das sagte, gab mir der Kapo gleich einen übern Kopf mit der Peitsche. Mein erster Schlag in Auschwitz.

Die Kapos waren meistens Zuhälter, Kriminelle. Wir hatten aber auch jüdische Kapos im Block. Meist halbe Kinder, 13- bis 14jährige Tschechinnen. Die waren die schlimmsten. Von der SS erzogen. Sehe sie nicht mehr als so schuldig an. Die waren so jung, wollten leben. Dazu gehörte Essen. Das kriegten sie nur, wenn sie mit der SS ins Bett gingen oder Glaubensgenossen drillten. Die schönsten von den Jungs und Mädchen wurden sowieso für das Lagerbordell ausgesucht.«

Also auch Jungs! Und das, während Homosexuelle aus keinem anderen Grund, als daß sie homosexuell waren, mit dem rosa Erkennungswinkel als Volksschädlinge in den KZ's zum Sterben landeten.

»Wir lagen zu zehnt in einer Koje. Mit nur einer Decke für alle. Im Arbeitskleid. In dem du anfangs noch deine Periode gehabt hast. Später hatten wir keine mehr. Keine Unterhosen. Keine Möglichkeit, die Kleider zu waschen. Immer nur drei Stunden Schlaf. Es war eiskalt, wir haben versucht, einander zu wärmen. Beim Rückenreiben hatte die Letzte Pech, denn die wurde ja nicht gerieben.

Auschwitz. Die Leute stellen sich ein kleines Lager vor. Aber das ist riesengroß! Wie eine kleine Stadt. Eine Welt für sich.

Weil wir, die aus Belgien kamen, trotz Haft noch recht gut genährt waren, arbeiteten wir in der Union-Fabrik am Fließband. Daran werden sich die Nazis wohl sehr gut erinnern. Wir stellten Teile der V-1-Bombe her. 15, 16 Stunden am Tag bei einer Wassersuppe. Dann Rückmarsch und ein bis zwei Stunden Appell stehen. Dann ein Brot für zehn. Weil die, die das Brot holte, im Nachteil war, die kriegte ja immer nen Schlag übern Kopf von der Kapo, durfte sie zum Ausgleich das Brot verteilen.

Wir Arbeiter sahen öfter Filme, als Belohnung. Da wurden uns Wohnungen, Luxus und Essen und Parties gezeigt -- alles, wonach wir uns sehnten. Das war auch eine Folter.

Wir Politischen versuchten immer, kleine Freuden zu bereiten. Ich machte ganz kleine Herzen aus Stoffetzen, wenn jemand Geburtstag hatte, zum Beispiel. Ohne Nähnadel. Dabei wurde ich von einer SS-Frau erwischt. Die schlug mir mit dem Handrücken die Vorderzähne ein. Der erste Schlag tat weh, dann sah ich nur Sterne. Die Frauen haben uns oft noch grausamer behandelt als Männer. Ich versuchte, am Fließband mit dem Eisen, das vorbeilief, das Blut zu stillen. Zahnärzte gabs nicht im Lager. Das heißt: eigentlich gab es sie schon, viele, aber nur als Opfer. Es tat schrecklich weh. Danach mußte ich zum Oberkommandoführer. Zur Strafe.

Jetzt darf ich als Wiedergutmachung zu jedem Zahnarzt. Erst — ich war ja jung — schämte ich mich schrecklich ohne Zähne. Nach dem Krieg kriegte ich Zähne wie Fernandel. Jetzt hab ich schöne.«

Na also. Was will sie mehr. Wird doch ne Menge getan für uns Juden.

»Mir ist es ja noch gut gegangen. Relativ. Wenn die Aufseher schlechte Laune hatten oder besoffen waren, sie haben ja dauernd gesoffen, spielten sie nicht nur mit ihren Revolvern. Dann griffen sie sich wahllos irgendeinen griechisch-jüdischen Häftling, der mit uns am Tisch arbeitete, und schubsten ihn in ein Riesenbassin mit Salzsäure. Vor unseren Augen. Gerade hatte er noch mit uns gearbeitet, jetzt hörten wir seine entsetzlichen Schreie, und dann blieb kaum was von ihm über. Er löste sich auf und wurde zu einem Teil der Brühe.

Kinder gabs bei uns im Lager nicht. Die kamen gleich ins Gas. Ab 14 erst. Aber wenn eins 12, 13 war, hat die Mutter gesagt: 14. Aber da war ne Sonderbaracke für Kinder. Zwillinge und Drillinge zum Experimentieren.

Wenn die Transporte kamen, konnten wir immer auf die Rampe gucken. Da drehte ich fast durch. Ist Bernie dabei? Jeder mit nem schwarzen Kopf war mein Sohn.

Ein Tag hieß es, daß wir in ein Kinderlager sollten, um sie fürs Gas auszuziehen. Da nahmen wir uns vor, lieber an den elektrischen Draht zu gehen. Dann mußten andere hin, weil man uns doch als Angelernte weiter in der Fabrik brauchte.

Übrigens: Daß man die Leute nackt ins Gas schickte, war nicht aus sexueller Lust. Man wollte nur ihre Kleider. Tote sind schwer auszuziehen. Kostet auch Zeit, wenns viele sind. Die Lebenden konnten sich ja selber ausziehen.

Selektion war oft und unregelmäßig. Anfangs wußte ich nicht, ob die aufgeschriebene Nummer Tod oder Leben bedeutete. Später schon. Das haben immer die Ärzte entschieden. Da denkt man, Ärzte sind zum Helfen da! Die links von mir wurde aufgeschrieben, die rechts von mir wurde aufgeschrieben, und ich wußte nicht: Kommen die oder ich ins Gas?

Wir machten uns mit Ziegelsteinen die Wangen rot, um gesund auszusehen. Aber die Ärzte ließen sich immer wieder was Neues einfallen. Zunge raus! hieß es dann. Oder, wer geschwollene Beine hatte, ging ins Gas. Trotzdem wir keine Schrecken mehr vorm Tod hatten, war doch der Drang zu leben da. Wer nicht wollte, ging sowieso an den elektrischen Draht. Viele am Tag. Das gab es auch, daß junge deutsche Soldaten sich Kugeln in den Kopf geschossen haben. Aber immer, wenn es plötzlich hieß: Antreten zur Selektion, dann war Panik. Das heißt, die Panik war drinnen, keiner schrie. Ich glaub auch, weil man nicht schreien durfte. Dann war man ja schon erledigt. Arbeitssklaven hatten die genug, die waren nicht auf uns angewiesen.

Als Politischer konnte man eher überleben. Man war nicht stärker an Kraft, aber stärker an Moral. Depressionen darf man keine haben, dann ist man gleich weg. Ich hab sogar Typhus überlebt. Durch Genossen, die mich aus dem Krankenrevier retteten. Die im Krankenrevier waren, wurden alle vergast. Die SS wollte sich schließlich nicht anstecken. Doch bei Selektion half auch die politische Gesinnung nichts mehr.

Es gibt kleine Episoden, die nie wieder aus dem Kopf rausgehen. Einmal — es war Weihnachten — schlich ich zur Baracke von den Zeugen Jehovas, weil ich Musik hörte. Sie hatten Haare, daran hatte ich gesehen, daß es keine Juden sind. Die wollten sich grade zu dritt einen Apfel teilen und haben mir den ganzen Apfel geschenkt.

In der Fabrik haben wir um Gas als Belohnung gebeten. Das heißt, nachdem wir wußten, daß die immer mehr mit Gas geizten und das Sterben dadurch immer schrecklicher wurde, sagten wir: Bitte, gebt uns genügend Gas, wir haben doch immer gut gearbeitet!«

Rudi, der die ganze Zeit stumm neben uns sitzt, murmelt: „Ich geh an die Luft. Ich kann nicht mehr.«

Flo: »Er hält das nicht aus. Dadurch, daß er alles in sich reinfrißt. Ich glaub, ich hab es da leichter.«

Sie erzählt weiter: »Auf dem Weg zur Arbeit kamen wir an einem großen Transport aus Theresienstadt vorbei. Die Kinder spielten im Freien, die Erwachsenen hatten Haare, eigene Kleider. Wir waren richtig neidisch. Als wir zurückkamen, brannten alle Öfen. Und wir dachten, die werden bevorzugt behandelt!

Wieso können die Leute hier sagen, die haben nichts gewußt? Wo sie doch ihre Seife aus Spaß Shloime und Moses nannten! In der Diskussion sagten sie, daß sie schon 93 Filme gezeigt haben. Wo sind die geblieben im Kopf der Leute? Und das Gas wurde in Hamburg hergestellt!

Als die Russen ankamen, wurden wir evakuiert. Es sollte wohl keine Beweise geben. Die Akten brannten lichterloh. Die Gefangenen haben endlich Kapos und auch SS-Leute umgebracht. Ich war leider zu schwach. Bedenken hatte ich keine. Hätte ich auch heute nicht. Wie durch ein Wunder haben wir drei uns wiedergefunden. Wir hatten uns fünf Jahre nicht gesehen. Wir wollten damals auseinandergehen. Es war eine andere Welt für uns geworden. Bis wir langsam ins normale Leben hineinwuchsen. Dazu verhalf uns die Arbeit im jüdischen Waisenhaus. Mit Kindern von Exodus und aus den polnischen Wäldern. Die weder polnisch noch französisch sprachen. Völlig verwildert. Pyromanen, Kleptomanen, fast alle Bettnässer. Für Rudi und für mich die schönste Aufgabe bis heute, ihnen etwas Wärme zu geben.«

»Seid ihr gesund?«

»Nein. Bei Rudi sind Lunge, Herz und Nase kaputt. Aber er sagt nie, was ihn quält. Bei mir wurde ne Totaloperation gemacht, weil ich in Auschwitz Spritzen in die Geschlechtsteile bekam. Eine Niere ist raus, Lunge und Herz kaputt, und das Sausen im Kopf. Eigentlich alles im Eimer.«

Sie lacht. Kaputtlachen wollte sich auch mein Freund, der jüdische Maler und Schriftsteller Heiner Richheimer, als er erzählte, wie man ihn unter einem Leichenberg hervorzog. Und wie er jahrelang nach dem Krieg nur in einer Art selbstgezimmerter Hundehütte schlafen konnte. Auch ich konnte nur vor Lachen prustend antworten, wenn jemand nach dem »Aufenthalt der Eltern« fragte: »Suchen Sie doch!«

»Als das Kinderheim aufgelöst wurde, bekamen wir keine neue Arbeitserlaubnis in Belgien. Kamen zurück nach Deutschland. Schreckliches Gefühl. Aber wir brauchten die Wiedergutmachung. Weil wir gar nichts hatten. Wir kriegten fünf Mark pro Hafttag. Bernie wurde nicht mal der Schulausfall ersetzt.«

»Wie fühlst du dich hier jetzt?«

»Immer, wenn man im Bus fährt oder sitzt im Café, ist man den Menschen mißtrauisch gegenüber. Denkt: Kann das nicht ne SS-Frau sei? Hab ich die nicht schon gesehen. Schäm mich dann, daß ich hier leb. Israel ist für uns Ältere zu heiß, sonst würden wir da hingehn.

Wir haben aber auch deutsche Freunde. Allerdings nur solche, die wir von früher her kennen.«

Heute kriegte ich meine Fango-Packung und Massage. Unterhielt mich mit dem jungen Masseur.

»Hier kommen auch viele SS-Leute her. Das seh ich ja bei denen unterm Arm. Die haben ihre Treffen. Ja, auch aus St. Georg. Nein, das kann ich doch nicht sagen, das darf ich nicht sagen, welche das sind. Das wär doch geschäftsschädigend!«

»Bist du so drauf angewiesen, die zu kneten?«

»Nein, das nicht. Aber die sind Geschäftsleute, für die wär das schädigend.«

Auf der Straße fragt mich ne Nachbarin, obs mir nicht gut geht.

Nein, es geht mir nicht gut.

März 1979

Fahndung

Seit 1970 schreibe ich Gerichtsreportagen. Im Grunde nur, weil ich es nicht mehr ertragen hab zu sehen, wie massenmordende Nazis in der Presse geschont werden. Im Gericht selbst seh ich dann, daß die Horrorspiele der Justiz die Profis schon lange nicht mehr vom Stuhl reißen. Ich kriege mit, wie Prozesse, so gut es geht, verschleppt werden. Kriege mit, wie Angeklagte, die trotz allem vor Gericht landen, für alle Fälle von befreundeten Ärzten haftunfähig geschrieben werden. Kriege mit, wie schwerkranke und invalide Kleinsttäter jahrelang, oft bis zu ihrem dadurch frühzeitigen Tod, in Haft gehalten werden. Eben keine Nazis. Pech für sie.

Die ganze Zeit frage ich mich, warum nie ein Fahndungsplakat mit den Köpfen der Massenmörder irgendwo aushing. Die ganzen Jahre nach dem Krieg — nie ein Plakat oder eine versprochene Belohnung. Dann saß ich immer öfter in Demonstrationsprozessen. Dort wurden die Angeklagten, die nur für verbesserte Zustände hier im Land kämpfen wollten, nicht ganz so höflich behandelt. Es standen auch immer häufiger Strafverteidiger als Angeklagte vor Gericht. Weil sie ihre Arbeit und ihre Mandanten ernstgenommen hatten. Das war in und nach der Zeit der Terrorismushysterie. Damals und seitdem können wir endlich sehen, wer gesucht wird. Ein Gesicht neben dem anderen. In Bahnhofshallen, bei Behörden, an Flughäfen, beim Zoll, an Grenzstationen, im Finanzamt, in Gerichten und Polizeidienststellen, bei Friseuren und Taxifahrern. Vom Fernsehen und dem hochbezahlten, übereifrigen XY-Zimmermann ganz zu schweigen. Warum hat der denn noch nie nach einem Nazi gefahndet?

Die verschleppten NS-Prozesse werden weiterhin breitgewalzt und plattgetreten. Zeugen werden kaputtgemacht und Nazis verschont. Urteile, daß einem die Tränen in die Augen kommen, wie Elsabe sagt. Urteile, die niemanden wundern können. Denn kein mörderischer, verbrecherischer, arschkriechender Richter der Nazizeit ist jemals zur Rechenschaft gezogen worden. Ganz im Gegenteil. Sie konnten auch nach dem Krieg ihre Täterschaft fortsetzen, weiter Urteile sprechen, auch unter Adenauer Kommunisten verfolgen und einsperren. Dabei gehörten sie alle einer großen terroristischen Vereinigung an, was ja genügen müßte, um für lange Jahre in den Knast zu wandern. Aber die Sympathisanten dieser Richter waren wohl zu viele und zu stark. Nicht nur innerhalb der Justiz.

Mir wurde immer wieder gesagt: »Laß doch die alten Geschichten ruhen! Das ist doch alles längst vorbei.«

Vorbei? Wenn das wahr wäre, wäre es ja gut. Nur, wir hatten vor zwei Jahren den Massenmord auf der Oktoberwiese. Da waren Polizei und Justiz froh, einen Täter zu haben, der in seinem Blut schwamm. Der wurde schnell zum Einzeltäter ernannt. Bei den jungen Nazis ist es wie schon bei den alten gehabt: Nie erfährt die Bevölkerung, wie die Gesuchten aussehen. Weil in diesen Fällen von Waffenfunden, Terror und Mord nicht mitgesucht werden soll.

Fahndung hat Methode. Fahndung, die stattfindet, und Fahndung, die nicht stattfindet. Also keine Porträts von alten, keine Porträts von jungen Nazis. Keine Belohnungen als Köder. Sonst käme es vielleicht ab und zu zu einer Anzeige.

So wie vor einigen Jahren in Hamburg alles getan wurde, um den damaligen, radikal-liberalen Justizsenator Ulrich Klug zu stürzen, wird seit kurzem alles unternommen, die Hamburger Justizsenatorin Eva Leithäuser loszuwerden. Es wird ihr angelastet, daß sie mit gestatteten Hafturlauben einigen Bankräubern die Flucht erleichterte. Dem wegen Bankraub verurteilten Musiker Uwe Ackermann zum Beispiel, der sowieso nur noch zwei Jahre zu sitzen gehabt hätte. Die paar Entlaufenen werden immer wieder aufs neue gesucht, via Tagespresse, per Foto. Als hinge unser aller Wohl von ihrer Ergreifung ab. Auf die Tour sollen die hart erkämpften Lockerungen des Strafvollzugs wieder rückgängig gemacht werden.

Neue Großfahndung des BKA nach mutmaßlichen Terroristen. Elf Frauen- und fünf Männerköpfe. Auch die alle am 18. Februar 1983 in der Tagespresse abgebildet. Einige Tage später Meldungen von Festnahmen rechter Terroristen, ihren Waffen, internationalen Verbindungen, etc. In der gleichen Presse. Kein einziges Foto, obwohl sonst jeder Schmarren seitauf, seitab illustriert ist. Ich rufe an. Die Kollegen bedanken sich für den Hinweis. Es sei ihnen selber nicht aufgefallen, sie hätten nur gebracht, was ihnen geliefert wurde.

Im Hamburger Strafjustizgebäude hing mal neben dem üblichen Vielkopfplakat tatsächlich noch eins. Abgebildet waren ne Leiter und ne Knarre. Das war die ganze Suche nach den Karry-Mördern. Die Beamten im Gericht fanden meine Fragen und meinen Plakatvergleich absonderlich und nicht zu beantworten.

Vom Landeskriminalamt der Hansestadt — sprich dem Polizeipräsidium — gab es die Antwort: »Fragen Sie beim Bundeskriminalamt Wiesbaden nach.« Beim BKA hieß es: »Fahndungsplakate von Rechtsextremisten? Da müssen Sie beim Landeskriminalamt nachfragen.«

Nach wem sucht XY-Zimmermann in diesem Jahr?

Wenn schon niemand von alleine auf die Idee kommt, daß was faul ist bei einer Such-Diskrepanz — ich rede ja nicht erst jetzt davon. In der Presse und im Fernsehen hab ich versucht, auf die Rechtslastigkeit unseres Staates mit Hinweis auf Fahndungsmängel aufmerksam zu machen.

Es geht mir nicht darum, kleine Mitläufer zu hetzen, damit es dann womöglich heißt: »Guck mal, welche Erfolge.« Ich möchte die Drahtzieher rankriegen.

1979—1983

97

Bell-Alliance

*i*n Skandinavien tanzt man im Freien in den Mai, jubelt, liebt, trinkt vielleicht auch einen zuviel, weil das noch nicht die heißeste Nacht des Jahres ist. In Hamburg wurde zwar nicht gejubelt, getanzt, geliebt und getrunken, aber heiß wurde sie, weiß Gott, die Nacht vom 30. April auf den 1. Mai 1978. Etwa dreihundert Frauen wollten den Leuten im Stadtteil St. Georg mit einer Demonstration zeigen, daß sie die ständigen Belästigungen in diesem Auto-Strich-Viertel satt hatten.

Die Demonstration war genehmigt. Einige Straßen lang. Bis wohin, das wußte auch die Psychologin Annelie Quittenbaum, die in dieser Nacht als Fotografin mitging, nicht. Wie das meistens so ist bei genehmigten Demonstrationen: Einige Straßen lang darf man. Und wenn geprügelt wird, merkt man erst, daß man da, wo man gerade ist, nicht darf.

In dieser Nacht wurde ein Mädchen, inzwischen angeklagt und freigesprochen, mit — wie sie und andere bezeugen — an den Kopf gedrücktem Pistolenlauf zur Wache 18 am Hauptbahnhof abgeführt. Dorthin zogen die andern Frauen ihr nach, um ihr wieder rauszuhelfen. Versuchte Gefangenenbefreiung heißt das vor Gericht. Beim Gerangel mit Polizisten flogen ein paar Farbbeutel, ein paar Uniformen wurden bekleckert, einige — nach Polizei-Aussagen — sogar beschädigt.

Die Polizisten behaupten, wie immer in solchen Fällen, daß sie dreimal zum Rückzug aufgefordert hätten, bevor sie ungeduldig wurden. Ihre kraftvolle Aufforderung wurde, wie immer in solchen Fällen, von niemandem gehört.

Die Polizisten hatten Freunde und Helfer ohne Uniform, Kollegen in Zivil, die anfingen, mit den Korbstühlen der umliegenden Straßencafés auf die Frauen einzuschlagen. Eine Frau wurde an den Haaren über die Straße gezerrt, einer anderen wurde ins Gesicht geschlagen, bis sie ohnmächtig wurde und von einer Freundin zum Krankenwagen geschleppt werden mußte. Keine dieser Frauen hat Anzeige erstattet. Alle scheinen mittlerweile zu wissen, daß in solchen Verfahren der Anzeigende der Gelackmeierte ist. Schon daß dann bekannt würde, daß sie an einer Frauendemonstration teilgenommen haben, kann im Berufsleben gegen sie verwendet werden.

So fand auch der Prozeß der Annelie Quittenbaum nicht im Strafjustiz-, sondern im Ziviljustizgebäude statt. Annelie hatte niemanden angezeigt, sondern bloß die Freie und Hansestadt Hamburg auf Schadensersatz und Schmerzensgeld verklagt. Schadensersatz für einen kaputten Blazer und Schmerzensgeld für eine zehn Zentimeter lange Fleischwunde im Rücken, die eine deutlich sichtbare Narbe hinterlassen hat. Hätte sie das Glück, Amerikanerin zu sein, könnte sie sicher wegen geschwundener Chancen in Liebes- und Ehesachen auf ein paar hunderttausend Dollar klagen. Bei uns sind Leib und Leben sehr viel weniger wert. Realistisch hat Annelies Anwältin den Streitwert auf 2000 Mark begrenzt, für Schmerzen, Schock, Brandmarkung — im Bett vor ihrem Freund und vor jedem sonst in jedem Sommer.

Der junge Richter wirkt unsicher. So viele Zuhörer ist man in Zivilverfahren nicht gewohnt. Der Vorsitzende übersetzt die unmißverständlichen Aussagen in seine Amtssprache, während er sie auf sein Steno-Gerät spricht. Außer mir ist nur ein weiterer Journalist da: Ortwin Loewa vom NDR. Das beruhigt mich, denn bei ihm ist jeder Fall in guten Händen.

Zerbissene Kleidungsstücke landen auf dem Tisch. Seit wann beißen Polizisten? Stimmt ja: es war eine Hundestaffel. Die Zeuginnen — ein paar, die den Mut haben, von dreißig, dies gesehen hatten — sagen alle aus, daß die Hunde an der Leine geführt wurden. Also nichts von: »Das arme Tier riß sich los — zurück mein Liebling! Du darfst doch die Tante nicht beißen...«

Annelie sagt aus: »Ich war in dem Pulk, vielleicht in der letzten Reihe. Als die Polizisten mit Hunden auf uns losgingen, gerieten wir alle in Panik. Wir versuchten, so schnell wie möglich wegzukommen. Aber so schnell wie Polizisten und Hunde — das war unmöglich.«

Annelies Anwältin Bechler-Wienack sagt, man habe wohl nur deshalb nicht darauf verzichtet, ihre Mandantin beißen zu lassen, weil diese fotografiert habe.

Zeuginnen sagen aus, daß sie, als die Polizisten mit ihren Hunden auf die Frauen zuliefen, den Zuruf hörten: »Faß!« Sie nahmen also nicht nur billigend in Kauf, daß die Frauen gebissen wurden.

Ein Mann: »Ich hab die Hunde gesehen. Die Polizisten stürmten mit ihnen ohne Vorwarnung los. Viele Frauen blieben in den Absperrgittern hängen, kamen nicht weg. Knüppel wurden gezogen. Ich sah noch, wie die Klägerin zur Wache gezogen wurde. Dann lief ich weg.«

Zeugin: »Frau Quittenbaum wehrte sich nicht. Ein Polizist hielt sie fest, ein zweiter ließ den Hund beißen.«

Der Vorsitzende murmelt in sein Gerät noch was von »zuvor bereits verbracht«. Für welche Aussage das die amtsdeutsche Übersetzung ist?

Polizist Joachim, 35, schlank, wuschelig, mit Schnurrbart. Nur Disco- und andere In-Jungs gehn jetzt kurzgeschoren. Polizisten und Taxifahrer sehen immer wilder aus. »Mein Hund? Ja, der hat gebissen. Nein, das da ist nicht mein Hund.«

Wenn alle Köter gebissen haben, ist es doch egal, welcher Annelie gebissen hat. Es ist kein vierbeiniger Brutalo verklagt worden, sondern die Freie und Hundestadt Hamburg.

Polizist Joachim lächelt. So lieb, so charmant. Schöne Augen. Alles so freundlich und normal, wie in der Moers-

Inszenierung von Peter Weiss' »Ermittlung«. Ich renne dem Polizisten, der mich durch seine Attraktivität am meisten schockte, aus dem Gerichtssaal nach. Und wundere mich nicht, als er sagt: »Ich habe früher selbst demonstriert. Immer wieder: Vietnam. Meine Frau auch. Sie hat oft was abgekriegt. Gebissen worden bin ich auch mal, ich weiß, wie weh das tut. Aber, guck mal: die machte auch Fotos. Das ist verboten, Polizisten beim Einsatz zu fotografieren. Es wäre ja alles gar nicht so schlimm. Warum seht ihr denn nicht zu, daß die Chaoten wegbleiben? Die mit dem Palästinensertuch, mit Lederhandschuhen, Knüppeln, all so was.«

Ich: »Du, wenn wir schon von Fotos und von Knüppeln sprechen — weißt du, daß wir zahllose Fotos haben, auf denen MEK-(Mobiles Einsatzkommando)Provokateure zu erkennen sind, mit erheblichen Knüppeln, langhaarig und im Parka? Daß die die Stimmung anheizen?«

Ich renn wieder rein. Jetzt werden endlich die Hunde vernommen.

Zeuge Bello: »Herr Vorsitzender, ich habe nur eine beschränkte Aussagegenehmigung. Aber soviel kann ich sagen: Ich bin Vegetarier.« Er guckt Frau Quittenbaum angewidert an. »Gib doch zu, du hast zuerst gebissen!«

Zeuge Hasso (deutet mit dem Kopf auf die durchgebissene Kleidung): »Ist ja absurd. Ich soll in den Dreck reingebissen haben? Ich? Ja im Sommer, das wär was anderes. Nacktes Fleisch. Da ist die Versuchung schon größer. Ich meine, da könnte man, vielleicht, in Versuchung...«

Zeuge Alex: »Niie! Vielleicht ein bißchen geknabbert. Aber nur, weil die Dame es wollte. Sie hat sich nicht gewehrt.«

Zeuge Pluto, stattlich und selbstbewußt: »Hätte ich den Befehl vielleicht verweigern sollen, oder was?«

Sind die Zeugen präpariert? Alex braust auf:

»Das ist eine Unterstellung! Wir haben uns keineswegs miteinander abgebellt!«

Auch mir leuchtet ein, daß die Köter nur tun können, was man ihnen befiehlt. Wobei, wie bei Zweibeinern, Psychologen mitarbeiten, die neben den Befehl auch noch den Reiz setzen. Die Hunde wurden angeblich nur eingesetzt, um Angst und Schrecken zu verbreiten. Daß die Angst der Menschen zugleich im Hund das Jagdfieber wachruft und das Zubeißen geradezu unvermeidlich macht, wissen auch die Einsatzleiter. Und die Politiker, die den Einsatz der Einsatzleiter leiten.

Die hohen Herren sind stolz darauf, daß sie ihre Frauen nicht schlagen. Mir wäre das gleich. Mögen doch ihre Frauen ins Frauenhaus flüchten, wenn sie weg wollen. Doch auch Politiker, die so fortschrittlich sind, daß sie selbst die gepflegte Faust nicht heben, sind für mich Schläger, wenn sie die ihnen unterstellten Beamten nicht am Prügeln hindern.

Und was sind sie, wenn sie Polizeiköter für sich beißen lassen?

Juni 1979

Prozesse gegen Bürgerpflicht

*W*ir feiern die Feste, wie sie fallen.

Jedesmal, wenn Freunde von uns über die Maßen lange, über die Maßen bedrückend, über die Maßen bedrohlich vor Gericht gestanden haben, ist es so schön, wenn der Schmerz nachläßt. In letzter Zeit häuften sich die Anlässe zum Feiern:

Die renommierten Strafverteidiger Petra Rogge und Rainer Köncke wurden, da sie nichts Böses getan hatten, freigesprochen. Trotzdem nicht selbstverständlich. Also, es wurde gefeiert. Es war schön, einmal so viele Strafverteidiger locker und lachend zusammenzusehen. Ohne Arbeits- und Verfolgungsdruck.

Dann wurde nochmal gefeiert: Der Prozeß gegen Kai Ehlers, den presserechtlich Verantwortlichen des »Arbeiterkampf« wurde eingestellt. Auch hier Erleichterung, ein Grund zum Feiern.

Dann wurde ich eingeladen, mit den acht Angeklagten des sogenannten Antifa-Prozesses zu feiern. Mit ihren vielen Strafverteidigern, ihren Angehörigen, den Kindern, den Eltern und Freunden. Ein ausgelassenes Fest mit Kabarett und Tanz, mit Salaten und Kuchen. In einem großen Lokal.

Auf dem Weg dorthin traf ich einen Bekannten. Ich erzählte ihm eilig, was gefeiert werden sollte. Daß der Prozeß, der schon am 8. Mai 1978 angefangen hatte, also vor über einem Jahr, jetzt endlich zu Ende war. Daß die acht Angeklagten pro Kopf 500 Mark Buße zu zahlen hätten. »Oh«, sagte er erschrocken, »das ist ja entsetzlich. Aber sie werden ja wohl in die Berufung gegangen sein.« Auf die Idee waren wir alle gar nicht gekommen.

Für mich war das eine gesunde Begegnung. Mir wurde zum erstenmal seit langem wieder klar, wie jemand, der zwar nicht in Politik verwickelt ist, aber ein Gefühl für Gerechtigkeit hat, die Dinge sehen muß. Unsere sich steigernde Bescheidenheit stimmt mich schon bedenklich.

Wie schön diese Leute aus der Nähe sind. Mal nicht blaugefroren, blutend, aufgebracht. Sonst sehe ich sie nie fröhlich. Andere vertragen gerade die Nähe nicht. Der Glanz, Frack und Lack blättern ab.

Wenn man überlegt, was wir da feierten! Die acht hatten, wie Gott sei Dank viele andere auch, was dagegen gehabt, daß die NPD am 7. August 1976 in Hamburg als Höhepunkt des damaligen Bundestagswahlkampfes einen Kongreß der »nationalen Kräfte Europas« durchführen wollte, zu dem sie bundesweit und international mobilisierte. Hier in der Hamburger Innenstadt versuchten viele Linke, die Kundgebung und Info-Stände der NPD zu stören.

Allerdings erst, nachdem der Innensenator Werner Staak behauptete, keine Handhabe gegen dieses Treffen zu haben. Das heißt, man hatte erst versucht, den Weg über den Senat zu gehen. Immerhin hatten Senat und Staak die Handhabe, zahllose schwerbewaffnete Polizisten einzusetzen, um die NPD-Gäste zu schützen. Gegen eventuelle Übergriffe linker Träumer.

Wie unendlich peinlich es vielen Polizisten war, abkommandiert zu sein, dieses Pack zu schützen. Manche haben es mir auch gesagt, fühlten sich auf der falschen Seite. So macht der Staat aus Polizisten lauter Schizos.

Bei der beherzten Auseinandersetzung wurden wahllos die acht, die also bis jetzt vor Gericht standen, aus der Menge rausgegriffen. Einem von ihnen wurde im Mannschaftswagen das Nasenbein gebrochen. Man empfindet so etwas schon fast als normal.

Es waren alles junge Leute, zwischen 19 und 35, mehrere von ihnen Familienväter. Kaufmännischer Angestellter, Metallarbeiter, Elektriker, Betriebsrat im Hafen, Schweißer, Druckerlehrling, Student, Mechaniker und Betriebsrätin.

Einer brachte zum Fest seine schöne junge Frau mit. Im Rollstuhl. Multiple Sklerose. Ihr kleines Kind blieb zu Hause.

Drei der Angeklagten leben in Bremen und mußten von dort zu jedem der mehr als 48 Verhandlungstage und zu jedem Anwaltsgespräch nach Hamburg fahren. Die berufliche Existenz der Angeklagten war bedroht. Drei von ihnen verloren ihren Arbeitsplatz. Man kann nicht von Arbeitgebern verlangen, daß sie sich mit so häufig fehlenden Arbeitnehmern zufriedengeben.

Zur Belastung kam die Schande. Es wurde im Staatsschutzsaal verhandelt, in dem Saal, der für Staatsfeinde vorgesehen ist. Mit einer Trennwand aus Panzerglas. Mit großen Schwierigkeiten, hineinzugelangen. Ausweise wurden abgelichtet, und solche Ablichtungen sind jederzeit verwertbar. Irgendwann setzten die vielen, immer offensiven Verteidiger durch, daß wenigstens dieser Unfug aufhörte.

Aber dieser Gerichtssaal führte bei der Öffentlichkeit zu einer Art Vorverurteilung. Wie die alten Chinesen sagen: »Wo ein großer Käfig ist, ist auch ein großer Tiger.«

Jetzt nach Einstellung stehen die Bußen von 500 Mark pro Nase den Gerichtskosten von einer Viertelmillion, 250 000 Mark, gegenüber. Wenn die acht Angeklagten nur das kleine Pech einer kleinen Verurteilung gehabt hätten, hätten sie die Viertelmillion selber zahlen müssen. Jetzt zahlt der Staat für sie. Er hätte auch einen Spielplatz dafür einrichten können.

Auch, daß sich Verteidiger mit solchen Prozessen plagen müssen, ist verschwenderisch. Werden ihre Kräfte hier bewußt lahmgelegt? Ein Jahr lang oder länger. In Verfahren, die keine sein dürften. Verfahren, in denen die unterschiedlichsten Angeklagten gemeinsam haben, daß sie für Dinge vor Gericht gestellt werden, die Bürgerpflicht sein sollten.

Nun haben alle die Buße angenommen. Damit der Scheiß nicht weitergeht. Damit der ganze Kram endlich mal vom Tisch ist. Auch die vier Angeklagten, deren Beweisaufnahme noch nicht mal abgeschlossen war. Damit sie alle in Ruhe ihrer Arbeit nachgehen können. Sich vielleicht sogar ihren Familien widmen können. Und erstaunlicherweise fast ungebrochen weiter ihren Bürgerpflichten nachkommen.

Sie hatten schon während des Prozesses alles Erdenkliche getan, um für Solidarität zu sorgen. Die Abstrusität der Prozeßführung half ihnen dabei. Die Zuhörer, die täglich kamen, waren nicht »der Klüngel«, wie das Gericht meinte. Die Brut oder Bande. Jeden Tag neue Leute, neue Gesichter. Trotz Einschüchterung. Ganze Berufsschulklassen waren da. Tischlerlehrlinge zum Beispiel. Ihre Aufsätze spiegeln Eindrücke wider. Das heißt, auch Informationen und Solidarität ziehen Kreise, nicht nur Schnüffelei und Denunziantentum und Feigheit.

Auch Angeklagte des Mammutprozesses sagen: »Einen Vorteil hat dieses Jahr gehabt. Wir haben viel gelernt. Wir haben gelernt zusammenzuhalten. Keiner hat versucht, sich auf Kosten eines anderen rauszuziehen. Wir haben gelernt, unseren Mund aufzumachen. Wir haben gelernt, für Öffentlichkeit zu sorgen, denn die Presse blieb ja fast ganz weg. Zwanzig Leute aus der Nachbarschaft kamen auf einen einzigen Brief hin. Wir haben Veranstaltungen gemacht. Wir haben gelernt zu informieren.«

Es war ein Lern-Prozeß. Sie haben zusammenarbeiten gelernt. Antifaschistische Stadtteilgruppen und linke Gruppen quer durch alle Schattierungen endlich in gemeinsamer Sache zusammen.

Nicht immer blieb die Presse weg. Günther Schwarberg vom »Stern« zum Beispiel war da. Schrieb eine hervorragende Reportage, die dann allerdings nur in der Auslandsausgabe des »Stern« erscheinen durfte. In der Deutschlandausgabe wurde sie durch einen anderen Artikel ersetzt.

Kann sein, daß Holocaust das Verfahren ein wenig schwenkte. Und die Affäre Filbinger. Und daß im November 1978 10 000 Demonstranten die Kristallnacht betrauerten. Und daß gesehen wurde, wie die Hansa-Bande im

Herbst in der Hamburger Innenstadt Atomgegner verprügelte und die Polizei passiv danebenstand. Nazis auf den Straßen, Antifaschisten vor Gericht, weil sie gegen Nazis sind, da macht es sich im Moment nicht mehr ganz so gut, im Gericht von »endlich mal vergessen« und dergleichen zu sprechen. Hätte ich mehr Platz, würde ich gerne so manches zitieren, was in diesem Prozeß von beiden Seiten gesagt wurde. Lehrreich. Staatsanwalt Schulz zum Beispiel: »*Solidarität ist in der Strafprozeßordnung nicht vorgesehen!*«

Die Einstellung des Verfahrens war eine politische Entscheidung. Die Behördenspitze, der Justizsenator, stellte ein.

Ein anderer Prozeß ging nicht so glatt aus. Eine junge Frau, die am 14. April 1978 in der Gewerbeschule Hamburg-Holzdamm verhindern wollte, daß dort eine NPD-Veranstaltung zum Auftakt der Bürgerschaftswahl angesetzt wurde, hat jetzt für ihren »Widerstand«, wie es so schön heißt, neun Monate mit Bewährung bekommen. Für etwas, was selbstverständlich sein sollte: Nicht tatenlos zugucken, wenn jemand mißhandelt wird.

Dann haben wir noch den Reents-Prozeß, in dem sich eine ganze Anzahl wertvoller Leute und Organisationen beleidigt fühlen. Aufgrund der Russel-Reihe 5. »Nach Schleyer: ›Sonderkommandos‹ in der BRD. Zügiger Ausbau der neuen Gestapo«.

Nach 18 Verhandlungstagen ist von den vielen Kränkungen nur übriggeblieben: Der beleidigte Herr Staatssekretär. Der seinen Namen nicht mit SS buchstabiert sehen will. Urteil: 60 Tagessätze à 23 Mark.

Eine Verunglimpfung des Staates, wie ein Anklagepunkt hieß, konnte der Vorsitzende Betz nicht feststellen. Nur Kritik am Staat. Weiter hielt er die Bezeichnung »öffentliche Exekution des Bankräubers Gonzales durch die Polizei« für legitim, da ohne Notwehr und Nothilfe geschossen wurde. Im Gegenteil: Die Geisel bat vorher flehentlich: »Bitte, bitte, nicht schießen!« Schließlich hält Herr Betz eine Auseinandersetzung über die geplante Todesschußregelung für »Wahrnehmung berechtigter Interessen«.

Ein weiterer Prozeß amüsiert, schockiert und frappiert zur Zeit in Itzehoe. Vor Gericht stehen zwei Männer. Der Professor Jens Scheer, Atomphysiker. Ein mittelgroßer Mann mit dunklem Wuschelbart, sehr vital, ungewöhnlich warmherzig und liebenswert in der Ausstrahlung. Er hatte die Frechheit, durch ein Megaphon irgend etwas zu sagen. Am 13. 11. 1976 auf der Brockdorf-Demo Nr. 2. Sein Mitangeklagter, Ulrich Lenze, war fast ebenso frech. Er hielt das Megaphon, durch das Professor Scheer sprach.

Die beiden haben dem ehemaligen Staatsanwalt Helmut Triskatis zu verdanken, daß sie als Rädelsführer vor Gericht stehen. Triskatis war verantwortlich für fast alle Demonstrationsprozesse um Brockdorf. Quittierte aber im letzten Jahr, Gott sei Dank, seinen Dienst und hat sich in Uetersen als Rechtsanwalt niedergelassen. Zur Zeit aber hat man es noch »mit der Erbmasse des Herrn Triskatis« zu tun, wie Anwalt Magsam formulierte.

Das heißt in diesem Fall mit dem Kronzeugen Holger Langenhagen, angeblich Pressefotograf (fotografieren kann er wirklich gut), der sich weigert, seinen Auftraggeber preiszugeben. Nur irgendwas von Versorgungsunternehmen, Stadtwerke Kiel, Öffentlichem Dienst wird bekannt. Bis vor kurzem forsch, dann durch Kreuzverhöre der Verteidiger Maeffert und Magsam nach vielen Stunden zum Eingeständnis seiner Lügen vor Gericht genötigt, jetzt kränkelnd. Und die Kollegen rufen, da kommt der Spion. Er hat keine Sehnsucht mehr danach, als Zeuge gegen Unschuldige aufzutreten. Muß er aber. Soll polizeilich vorgeführt werden.

Ich laß mal meinen Kollegen, den NDR-Reporter Gerd Wasmund, der nimmermüde den aufgedeckten und unaufgedeckten Irrsinn der Itzehoer Verhandlungstage genau verfolgt hat, zu Wort kommen:

»Der letzte Prozeß in Sachen Brockdorf wird immer mehr

zur Farce und kann günstigstenfalls noch eigenartigere Ermittlungspraktiken der Staatsanwaltschaft ans Tageslicht bringen. Im Kreuzfeuer der Kritik steht ein Hauptbelastungszeuge, dessen Aussagen auch die Staatsanwaltschaft offensichtlich kaum noch überzeugen kann.

Ein Zeuge, der behauptet, Pressefotograf zu sein, der aber seinen Arbeitgeber nicht nennen will, der in Brockdorf 300 Fotos von der Demonstration am 13. 11. 1976 machte, aber alle Fotos nie der Presse, sondern nur der Staatsschutzabteilung der Polizei angeboten hat.

Ein Zeuge, der zuerst das Gericht belügt, indem er immer wieder behauptet, er habe keinen Einblick in die Ermittlungsakten erhalten, der dann jedoch seine Lüge eingesteht und zugibt, seine Vernehmungsprotokolle von der Staatsanwaltschaft zugeschickt bekommen zu haben.

Der Zeuge Langenhagen ging noch weiter und beschuldigte Staatsanwalt Triskatis, ihn zu einer Falschaussage vor Gericht angestiftet zu haben, nämlich zu verschweigen, daß er Einblicke in die Ermittlungsakten erhalten habe.«

So liebevoll nahm sich Triskatis auch früher seiner Zeugen an. Was seine Ungeduld mit den Zeugen der Verteidigung wettmachte. Aufgrund der Zeugenaussage von Langenhagen haben die Anwälte Maeffert und Magsam Strafanzeige und Strafantrag gegen den ehemaligen Staatsanwalt Triskatis gestellt. Der Skandal ist so groß, daß die Herren Kollegen die Ermittlungen diesmal kaum abblocken werden können. Triskatis Waffen als Bumerang.

Ein paar Prozesse von Dutzenden, vielleicht Hunderten, in denen das Selbstverständliche vor Gericht steht. Prozesse, die so viel Geld, Zeit und Kraft kosten. Wofür könnten dieses Geld, diese Zeit, diese Kraft genutzt werden. Ich wag mir kaum vorzustellen, wie schön es eines Tages hier wird, wenn unsere Regierung Bürgerpflicht und Zivilcourage unterstützt.

Juli 1979

Die neue Freiheit des Fritz Teufel

*b*in zur Urteilsverkündung im »2.-Juni-Prozeß« von der Frankfurter Buchmesse hergeflogen. Ungern, weil ich so einen Horror vor Moabit hab. Noch mehr als vor anderen Gerichten. Migräne schon auf dem Weg hin. Wie immer. Der Taxifahrer stellt sein Radio lauter. »20 000 Tote in Algerien«, kommt durch. »Über 120 000 Verletzte.« »Unvorstellbar«, sag ich zu dem Mann. »Von einer Sekunde zur anderen. Als ob sich die Erde jetzt plötzlich unterm Taxi öffnen würde.« »Genau«, sagt er und verliert — Gott sei Dank — nicht die Ruhe am Steuer.

Vorm Strafjustizgebäude eine lange Schlange geduldig Wartender, obwohl es noch anderthalb Stunden bis Prozeßbeginn sind. Es gießt. Drinnen wartet es sich trockener. Da dürfen eins und eins, Leute, die »normale« Prozesse wollen, peu à peu durch. Mir geht es, wie immer, nicht schnell genug. Werde mich aber hüten zu meckern. Fieber in der Luft. Die Beamtinnen der Justiz-Pressestelle sind zuvorkommend und aufgeräumt. 33 Karten gibt es nur. Viel, gemessen an den wenigen Journalisten, die im Laufe der zweieinhalb Prozeßjahre den Weg in den Saal 700 gesucht haben, wenig, gemessen an den vielen, die heute reinwollen.

Heute sind auch die Beamten, die ihre Pflicht, Hindernis zu sein, immer ernst nehmen, in Festtagsstimmung. Funk, Film und Fernsehen — große Welt. Veränderungen werden registriert. Neuer Schnurrbart? Neue Frisur oder andere Brille? Mein Kleid, bunt statt schwarz, wird kommentiert. Wer mich oft untersucht hat, kennt meine Klamotten besser als ich selbst.

Plötzlich ist der Gerichtssaal nicht mehr so groß, sind die bewaffneten Beamten nicht ganz so in der Überzahl. Sie werden weggedrückt durch die vielen Kameraleute und Fotografen, die ungehindert an die Glaskäfige, in denen die Angeklagten weggesteckt sind, herankönnen.

Als die Scheinwerfer voll draufhalten, bricht Jubel aus. Lolly lutschend, lachend, Ralf Reinders. Er hat seine Haare zu vielen schönen Zöpfchen geflochten, mit roten Kordeln und Schleifchen garniert. Ronald Fritzsch, zum Seeräuber verkleidet, mit schwarzer Brille, rotem Tuch, Ohrgehänge, schwarzen Handschuhen und Schnurrbart. Die rechte Wange, die schon öfter blau geschlagen war, grün gefärbt. Gerald Klöpper, unmaskiert, in Schwarz.

Dann wird Fritz Teufel am anderen Ende des Saals in seiner Box entdeckt: Nicht wiederzuerkennen! Als Staatsanwalt verkleidet. Das volle Haar bis auf den kurzen Kranz total wegrasiert. Fast elegant, im Anzug, weißes Hemd, rote Fliege. »Jetzt sieht er wie ein Herr aus«, sagt ein Saaldiener anerkennend. Wir sitzen hinter den breiten Rücken der vielen Beamten, von denen wirklich keiner weiß, zu wessen Schutz sie da sind.

Es ist wie beim Pferderennen. Wetten: Acht Jahre, zehn Jahre für Teufel, da ist doch nicht mehr drin. Kronzeuge Hochstein ist gekippt. Frau Drenkmann hatte falsch gesehen. Geus ist, glaube ich, der erste Richter, der sich geradegemacht hat, als ihm klar wurde, daß der Verfassungsschutz mit gezinkten Karten spielt. Seine Urteilsbegründung wird zu einer schallenden Ohrfeige für den Verfassungsschutz. Und dem Berliner Innensenator Peter Ulrich wirft er zu Recht vor, daß dieser bis heute sein gesamtes Material, von dem er erst nach vielem Hin und Her sechs von mehr als 100 Aktenseiten rausrückte, für sich behält. Auch eine Vernehmung der Vernehmungsbeamten hat der Innensenator zu verhindern gewußt. Bieder aussehende Leute, wohl aus Justiz und anderen Diensten. Hans Schueler von der »Zeit« sagt: »Hier, in diesem Saal, wurde Freislers Beisitzer, der Blutrichter Reese, freigesprochen.«

Ich weiß. Mit Hilfe des Egbert Weiss, der in diesem Prozeß Beisitzer ist.

Endlich darf die Öffentlichkeit rein. Durchgeregnet, übermüdet, durchgefroren. In dem Zustand hat jeder sofort was Verwahrlostes, Abgerissenes. Ein Kontrastprogramm zu denen auf der Empore. Ein körperbehinderter junger Mann ruft: »Im Namen des Volkes ist eine Beleidigung des Volkes!« Drei Tage Ordnungshaft.

Urteil. Noch während benommen rumgerätselt wird, ob fünf Jahre für Fritz Teufel, der genau vier Jahre und 348 Tage abgesessen hat, bedeutet, daß er jetzt nach Hause darf, neue Zwischenrufe von hinten. Saalräumung.

Urteilsbegründung. Ich kann mich nicht auf Namen, Daten, Taten konzentrieren. Ausweise, Garagen, Fingerabdrücke, Mietwohnungen, Tarnnamen, tote Briefkästen, Automarken, Druckmaschinen, Waffen — alles in Hülle und Fülle. Sie hier sehend, kann ich mir das alles nicht vorstellen.

Oder doch? Was muß Idealisten passieren, damit sie zur Waffe greifen? Und was ist mit Waffen in den Händen von Polizisten, Soldaten, die nicht mit Idealismus, sondern mit Dumpfheit und festem Gehalt gesegnet sind? Wie immer die Frage: Wen soll wessen Waffe vor wem oder was schützen? Mich können sie nur bedrohen.

Was machen wohl die Zwangsverteidiger, nachdem ihre zweieinhalb Jahre als Statisten im Gericht zu Ende sind? Haben einzelne vielleicht mitgedacht, sich womöglich auf jeden Prozeßtag vorbereitet?

Dann kommt es: Fritz darf nach Hause. Öffnet einfach die Panzerglastür und spaziert raus. Einfach so. Er sagt: »Da ist kein Grund zur Euphorie. Meine Freilassung heißt nicht, daß die Justiz in Ordnung ist. Ich will alles versuchen, daß die anderen auch freigelassen werden.«

Vielleicht tröstet es ihn etwas, daß sein Alibi, durch das klar wurde, wie leichtsinnig nach dem Leitmotiv »mitgefangen — mitgehangen« gehandelt wird, Anlaß war, in jedem Fall nach der Individualschuld zu suchen. Ein voller Erfolg der Verteidigung, wie Rechtsanwalt Wolfgang Panka betont. Auch ein Zwangsverteidiger gratuliert herzlich zu der hervorragenden und zu guter Letzt erfolgreichen Arbeit der Kollegen — die allerdings bis auf Teufels Verteidiger Revision einlegen wollen.

Keiner der sechs Angeklagten von gestern ist als Mörder verurteilt. Das müßte den Journalisten zu denken geben, die jahrelang nur von den »Mördern Drenkmanns« berichteten.

Anzunehmen ist auch, daß auch die Bundesanwälte sich mit den Urteilen nicht zufriedengeben werden.

Wir gehen mit Fritz ins Anwaltszimmer. Er ist sehr erschöpft. »Sollen wir deine Freunde benachrichtigen?« »Nö, ich möcht mal wieder selber telefonieren.« Es gibt lautes Gezeter, bis sich herausstellt, daß es nur ein Ortsgespräch war. »Siehst du, Fritz, du bist wieder draußen.« Wir gehen durch den Haupteingang raus. Was für ein Gefühl! Es gießt immer noch in Strömen.

Ich freue mich, daß ich mit Fritz und seinen beiden Verteidigern seine erste Reise in die relative Freiheit miterleben darf. Wolfgang Wieland erklärt neuerrichtete Bauten wie bei einer Stadtrundfahrt. Wir kommen auch an einer der Banken vorbei, die Fritz angeblich ausgeraubt haben sollte. »Laß mich kurz aussteigen«, sagt er, »ich will ein Konto eröffnen.« Schon fällt der Druck von uns ab. Wir haben Hunger. »Ich hab noch Kartoffelsalat im Schrank«, sagt Fritz. »Scheiße! Hätt ich mitnehmen sollen!«

Wir fahren zu Freunden, die ihm erzählen, wie viele andere Freunde sich auch darauf freuen, ihn wiederzusehen. Mitten im Trubel, geküßt von Kindern und Erwachsenen, trauert Fritz seinem Haarschopf nach, nimmt die Mütze als Perückenersatz, kriegt einen blauen Cordanzug geliehen, in dem er wieder wie er selber aussieht. Sagt: »Ich hatte auch Konfetti, wollte aber keine Ordnungsstrafe riskieren.«

Auf dem Rückweg müssen wir tanken. »Was kostet das Benzin hier, 1 Mark 14?« Da werden ihn noch viele andere Preise wundern. Sagt: »Bin heute noch gar nicht gelaufen.« Denkt wieder an seine Freunde im Trakt. Würde gern rein nach dieser Hals-über-Kopf-Entlassung, um den Freunden eine Lederjacke und alle Bücher zu schenken.

Aber nun ist er draußen. Ausgesperrt, so wie er bis jetzt eingesperrt war. In drei Tagen kommen auch die Zwischenrufer wieder raus. Die Verteidiger und 63 andere Anwälte mit ihnen werden noch lange an diesen Prozeß denken. Sie haben alle Verfahren vor Ehrengerichten am Hals. Wer gut verteidigt, kommt drin um.

Oktober 1980

Ich war ja mehrmals im Lorenz-Drenkmann-Prozeß. Weil es diese Jahre so wenig zu lachen gab, hab ich Sehnsucht nach jemanden wie Teufel. Bin nicht als Engel der Gefangenen, Engel der Entrechteten hier, sondern um mich am Teufel aufzurichten. Wenn Fritz zum Schriftsachverständigen sagt: »Trifft es zu, Herr Sachverständiger, daß das Standardwerk des von Ihnen oft erwähnten Papstes für Schriftgutachten den Titel trägt ›Wie mache ich dem Gericht ein X für ein U vor‹?«, und als mir erzählt wird, daß Fritz sich bei einer Verteidigung mal auf den Kopf statt auf die Füße stellte, weiß ich, warum ich ihn schon immer hab kennenlernen wollen. Er hat für mich das, was die Voraussetzung für eine verbesserte Welt ist: Wärme und Humor. Etwas, was ich nicht nur allen Linken, sondern auch dem Gericht wünschen würde.

Februar 1980

Im Westen nichts Neues

*d*ie Angst hat nie aufgehört und das aus guten Gründen. Gute Gründe aus schlechten Anlässen. Wenn zwischendurch mal eine kurze Pause war, Leute sich dazu hinreißen ließen, von »wir leben ja im tiefsten Frieden« zu reden, wurden solche Irrtümer schon in der nächsten Tagesschau beseitigt. Seitdem der eine, der Große Weltkrieg, 1945 zu Ende ging, bruzzelte es trotzdem weiter ohne Pause.

Ich hab immer gedacht, daß zumindest eigenes Erleben Leute schlauer macht. Weit gefehlt. Männer mit Holzbeinen und Blindenstock wünschen sich heile Glieder, um wieder marschieren zu können, gesunde Augen, um das Feindziel ausmachen und treffen zu können. Die Trauer um geliebte Söhne, Bräutigame, Ehemänner wird sonderbar gemildert, ja versüßt bei der traurigen Vorstellung, daß irgendeinem sogenannten Vaterland durch diese Tristesse ein Dienst erwiesen wurde.

Wir taten so manches, wie Freunde in anderen Ländern auch, um erneut der fortgesetzten Rüstung vorzubeugen.

Doch stärker als wir und mehr als wir waren die, die es als ihre Menschenpflicht betrachten, gegen Feind-Stroh-Männer gewappnet zu sein. Millionen und Abermillionen Menschen, die nicht selber entscheiden, mit wem sie Freund sein wollen und gegen wen es sich zu wehren lohnt. Millionen und Abermillionen Menschen aller Nationen, immer und überall, die erst mal noch bei relativ guter Gesundheit, dekorativen Fahnen und geschniegelten Befehlshabern zujubeln. Dumm gemacht, hilflos geblieben. Der vorgegaukelten Aussicht auf Macht und Überlegenheit erlegen. Alle in gleicher Weise, nur in unterschiedlichen Sprachen und dem jeweiligen Temperament entsprechend geködert.

Da haben Filme, wunderbare, schmerzende, lehrreiche Filme, unvergeßliche Filme wie Remarques »Im Westen nichts Neues«, Leisers »Mein Kampf«, Laszlo Benedeks »Kinder, Mütter und ein General« offensichtlich nichts geändert.

Einen Mann wie Tucholsky liest und schätzt man zwischen den Kriegen. Pazifisten tut man als Illusionisten und Spinner ab, obwohl sie vielleicht die einzigen Realisten sind. Wenn man bedenkt, daß wir alle nur ein Leben haben. Trotzdem, wie schon gesagt, die Angst hat nie aufgehört. Die Angst, daß plötzlich »ein Krieg kommt«. Als käme er von alleine, als mache er sich selbst, als sei er eine Naturgewalt. Nicht ungeschickt, was man den Bürgern aller Länder dieser Erde so einredet. Es gibt keinen Angreifer auf der ganzen Welt, sondern nur tapfere, pflichtbewußte, heldenmütige Bürger, die ihr Land gegen Schmach und Übergriffe schützen.

Kein Wunder, daß sich die kleine Gruppe internationaler Waffen- und Todesprofiteure nicht gram sein kann. Sie sind Kumpane, sie brauchen einander. Aber vor allem brauchen sie die gehorsamen Idioten aller Länder, ohne die sie selber nichts wären.

Juni 1980

Oma—Enkel

*I*ch erzähl euch mal von einer alten Frau. In einem kleinen Weitweg-Ort in Bayern. Eine Oma, die, ohne daß ich sie kannte, mich in einem Brief bat, ihrem Enkelsohn bei der Verweigerung behilflich zu sein. Natürlich wollte ich helfen. Ich verstand die Frau nur allzu gut. Mann gefallen, Sohn als halbes Kind im Krieg ein Bein verloren, und jetzt war der Kleine an der Reihe.

Der Hammer kam, das heißt, ein Hammer nach dem andern, als ich anrief — immer wieder anrief. Denn ich geb ja nicht schnell auf. Die ersten Male schrie die Schwiegertochter mich an, als sie hörte, was ich wollte. Und knallte immer wieder, wenn ich anrief, den Hörer auf. Dann der Sohn. Meinte, daß sein Sohn doch das Recht hätte, selbst zu entscheiden. Ihm wärs egal, ob Bundeswehr oder nicht. Seine Mutter wäre tüdelig. Zum Schluß der hoffnungsvolle Sproß. Patzig: »Wenn ich zum Bund will, geh ich doch zum Bund. Nächsten Monat bin ich 18 und werd mich freiwillig melden. Ich laß mir doch nicht von der Alten reinreden. Die ist ja nicht richtig im Kopf.«

Wie soll eine Greisin, die viel begriffen hat und klar genug ist, für ihre Einsichten zu kämpfen, in so einer Familie weiterleben? Sie rief nochmal an, entschuldigte sich für ihre Brut und sagte, daß das Leben ihr keinen Spaß mehr macht.

1981

Nein sagen und beim Nein bleiben

*A*nnette Eckert fragt: *Warst du auf der Veranstaltung in der TU, wo Sophie Behr gesagt hat, sie würde ihren Sohn umbringen, wenn er Soldat werden würde?*

Nein, da war ich nicht. Ach, hat die das gesagt?

Ich würde jeden umbringen, der meinen Sohn von mir wegholen würde, um ihn zum Soldaten zu machen. Das ist der Feind. Verstehst du? Also, wenn man schon jemanden so nah dran hat, daß man ihn beeinflussen kann, wäre es ein Skandal, wenn man ihn umbringen müßte, nur damit er nicht in den Krieg zieht. Meine Söhne, wenn ich viele hätte, stelle ich mir vor, müßte man nicht daran hindern. Ich habe einen Sohn, und der ist sehr viel bürgerlicher als ich, aber eins steht fest: er ist kein Killer. Ich glaube auch nicht, daß sie ihren Sohn umbringen müßte, den sie hat. Was sie gesagt hat, ist ja auch wohl: wenn er anders wäre. Nur Sophies Sohn kann gar nicht anders sein als er ist, stelle ich mir vor.

Du, zu den Frauen und zu den Männern: Die Leute werden immer verzweifelter, wie jeder von uns. Dann da nur still zu sitzen auf einem Stuhl. Wenn man schon so optimistisch ist, auf Veranstaltungen zu gehen, in der Hoffnung, daß die, die auf dem Podium sitzen, Tips geben, daß denen besseres einfällt, als die Aktentasche auf den Kopf halten.

Nun, die Petra Kelly hat sehr genau gesagt, daß auf jeden Fall gewaltfrei zu agieren ist.

Ja, aber aktiv. Militante Pazifistin nennt sich das, glaube ich.

Wie geht das?

Zum Beispiel durch die totale Verweigerung, wo Dinge angeordnet werden, die uns innerhalb einer Sekunde in so etwas wie einen Krieg stürzen können.

Nein sagen und beim Nein bleiben. Ich weiß nur, daß unter denen, die das kapieren, sehr viele sind, die auch genau das von den Gewerkschaften verlangen. Die erwarten, daß man aufhört von »Arbeitsplatzbeschaffung« zu reden, wenn es darum geht, für einen Stundenlohn im übertragenen Sinne das eigene Grab und das anderer schaufeln zu dürfen. Streiken ist da angesagt und sonst gar nichts. Tatsache ist, daß wir Pazifisten die Bundeswehr mit erarbeitet haben. Mit unserem Geld bezahlen wir die Bundeswehr. Das heißt: Wir finanzieren unseren eigenen Untergang. Und da ist vielleicht die einzige Möglichkeit: Steuern einbehalten. Das können ja leider nur die Freiberuflichen. Eine Freundin schlägt vor, 30 % zurückzuhalten, da der Rüstungsetat soviel ausmacht. Aber das ist Unsinn. Dann wird man den Rüstungsetat aus den 70 %, die wir immer noch zahlen, bestreiten. Und die 30 % abziehen von dem, was lebensnotwendig ist. Mich fragte ein Student vor ein paar Tagen, woher er denn sein Bafög kriegen sollte. Da hab ich gesagt, das kann er sich dann direkt bei mir zu Hause abholen.

So katastrophal ich diese ganze Waffengeschichte finde, so toll finde ich es, daß nicht nur in jeder größeren Stadt, sondern auch in fast jedem Nest es jetzt Initiativen gibt, und überall wird was auf die Beine gestellt. Es gelingt nicht mehr ganz so, die Leute dumpf und stumpf zu halten. Wenn man sich vorstellt, daß jeder, der nicht richtig mit Geld umgehen kann, der ein bißchen wirr daherredet, ein bißchen ungeschickt ist, entmündigt werden kann! Ein Mann wie Reagan oder sein Außenminister Haig aber nicht entmündigt sind...

Ich leb in St. Georg, einer sehr unbürgerlichen Gegend. Aber auch meine bürgerlichen Nachbarn haben jetzt was miterlebt: die Demo, als es um Brockdorf ging, durch die Nebenstraßen. Es war gespenstisch. Die Leute, die mir nie glauben wollen, haben mitbekommen, wie von einer Sekunde zur anderen in einer gespenstischen Art und Weise die ganze Straßenbreite gefüllt war von Polizisten, Reihe um Reihe, Reihe um Reihe. Die im Laufschritt, so trapp, trapp, trapp, also so richtig rhythmisch gelaufen sind und die Leute in der Nebenstraße dann abgefangen haben. Das war wie ein Kriegsausbruch. Da waren Leute dabei, die haben Schreikrämpfe gekriegt. Da wurde geknüppelt, und die Leute haben es nicht fassen können. Diese Plötzlichkeit hat mich auch fast paralysiert. Ich bin oft auf Demos gewesen. Das war dann aber eigene Aktivität. Wir konnten sehen — das ist ja eine Oase, in der ich da lebe — wie schnell sich diese verändert. Von einer Sekunde zur anderen. Auf Knopfdruck. Und als sie wieder weg waren, die ganzen Polizisten, genauso plötzlich. Als hätte wieder einer auf'n Knopf gedrückt. Wie ein Spuk. Zu wissen, wie schnell die eigene Welt von einem anderen verändert werden kann, von einem anderen Willen, über dich hinweg, du zur Ohnmacht verdammt! Das war für die Leute sehr lehrreich. Ich wäre froh gewesen, wenn die das hätten nicht lernen müssen. Solche Erfahrungen möchte ich doch jedem ersparen.

März 1981

Majdanek

*H*eute hat Mutti Geburtstag. Sie hätte jetzt wohl weißes Haar, obwohl sie so jung ist. Mir ist, als machte ich ihr ein Geschenk, als ich mich in die Mahnwache vorm Landgericht Düsseldorf einreihe. Wir tragen Fackeln wie bei der Olympiade. Ich kenne niemanden, freue mich über jeden, Junge, Alte, einen Mann in KZ-Kleidung, einen in Bundeswehruniform. Morgen früh soll nach fünfeinhalb Jahren Verhandlungsdauer und 36 Jahren Augenwischerei das Majdanek-Urteil gesprochen werden. Darum sind wir aus ganz Deutschland und etlichen anderen Ländern angereist.

Eine ältere Frau kriegt nen Schreikrampf, reißt sich die Zähne aus dem Mund, ist wie von Sinnen: »1942, die Bomben! Alle tot! Was ist der Mensch!? Was ist Deutschland?«

Endlich! Die ganzen Jahre hatte ich gedacht, wie kommt es, daß hier keiner schreit? Daß nicht jeder schreit wie am Spieß, wenn er sein bißchen Leben bedenkt! Wie können Leute ihre Erinnerungen, ihre Angst und alles, was weh tut, dauernd verdrängen?

Durcheinander, aufgeregte Stimmen an der Ecke. Dem Bundeswehrsoldaten hat ein stattlicher junger Mann in schwarzer Lederjacke die Mütze weggenommen, heißt es. Eine Frau ruft erregt: »Der hat auf mich gezielt!« Der mit der Lederjacke sagt mir: »Das stimmt nicht, mir ist nur die Munition rausgefallen, und ich wollte sie aufheben.«

Ich folge all den Leuten zur Wache. »Anzeige gegen unseren Kollegen können Sie hier nicht stellen. Wir sind befangen. Das wird Ihnen auch jeder Kollege auf einer anderen Wache sagen. Sie können ja an den Polizeipräsidenten schreiben.« Häme ergießt sich über die aufgebrachten Leute und die unter Schock stehenden jungen Mütter. »Verstehen

Sie doch, ich dreh mich um und seh in eine Mündung!« Der Revierleiter: »Eine Polizeiwaffe, die auf jemand gerichtet ist, stellt keine Bedrohung dar.« Auch nicht, wenn der Polizist in Zivil ist und von keinem Gangster zu unterscheiden?

8 Uhr früh, Hochspannung. Wieder Mahnwache. Ich finde vor Aufregung den Raum 111 lange nicht. Werde auch in die Irre geschickt.

Die Verdienstkreuz-Dame, Josefine Jürgens, sitzt auch schon da. Weißer Regenmantel, Schwestern-Frisur. So ernst und hager wie manche Jünger Jesu, Mutter Theresa und andere Hilfreiche. Inge Meysel hat ihr Bundesverdienstkreuz abgelehnt. Den Zeugenbetreuerinnen wurde keins angeboten.

Ich werde ermahnt, sitzen zu bleiben, weil man sonst bei dem Andrang meinen Platz weggeben würde. Ich kann nicht, muß nach vorne, muß die Leute aus der Nähe sehen, stehe plötzlich, halb geschubst, halb gedrängt, direkt vor Hermine Ryan, ihren Opfern als »Stute« oder »Schindmähre« bekannt. Blaues Kostüm, weißer Kragen, sehr gepflegt. Sie schreibt und schreibt in einen Block, die sehr gepflegten Silberlöckchen verdecken das Gesicht. Ich will die sehen, von Angesicht zu Angesicht! Ich will die sehen!

Diese Frau, von Ehrgeiz zerfressen, dieses Arbeiterkind, das mit seinen eisenbeschlagenen Schaftstiefeln hilflose Frauen tottrampelte. Was trägt sie denn jetzt für Schuhe? Sie hat sich immerhin gut gehalten, sonst hätten sie nicht 47 Zeugen nach so langer Zeit vor Gericht wiedererkennen können. Diese Frau, die, obwohl oft kränkelnd, mal Fleckfieber, mal Mandelentzündung, mal Bronchitis, es zur Oberaufseherin in Ravensbrück schaffte. Damals jung, schön, stark. Streng katholisch, unpolitisch, pflichteifrig. Die durch Schikanieren, Schlagen und Zertrampeln zur gefürchteten Adjutantin und Meisterin wurde. »Ab in die Gaskammer, aber ein bißchen dalli, wenn ich bitten darf«, sagte sie munter.

Ich gehe in die Hocke vor ihr. Nichts. Die Verteidiger sind wachsam. Was befürchten sie? Ich hab keine Kugeln im Kugelschreiber. Leider? Ich weiß, daß ich neben ihr aussehe wie Abschaum. Die sind alle so ordentlich. Darum wohl die Dauerrüge: »So was gabs damals nicht.«

Ich bereue tagelang, ihr nicht in die Locken gegriffen zu haben, Kopf nach hinten, so wie es oft im Fernehen zu sehen war, wenn Gesichter freigelegt werden sollten, den Blick ins Auge erzwungen.

Die andere, Hildegard Lächert, als blutige Brygida (Brigitta) allen Überlebenden unvergeßlich. Die kräftige Frau birgt ihr Antlitz in den Händen wie in der Kirchenbank. Kurze Ärmel geben den Blick frei auf die von großen Flecken, Pflastern und Hautkrankheit verunzierten Schwerstarbeiterarme. Die Kollegen machen schöne Fotos einer verzweifelten alten Frau, die es nicht leicht hatte im Leben. »Haben Sie Angst?« frage ich, statt sie zu erwürgen. »Nein, da war nichts.«

Wollen wirs mal anders nennen: Da, wo sie ihre Peitsche mit den Metallkugeln dran schwang, war nichts mehr. Es heißt, daß sie mindestens 1196 Leute umgebracht hat. Und das ist wohl reichlich nach unten abgerundet. Zeugen und Zeuginnen erzählten z. B. von zwei Griechinnen, die sie in der Latrinengrube im Kot ertränkte; von denen, die sie nicht zu Tode peitschte, sondern zertrat. An den spitzen Stiefeln hatte sie sich dazu Eisenkappen anbringen lassen. Einmal peitschte und trat sie einen, der im Garten arbeitete, bis sie ihn zerrissen hatte, bis er nur noch ein Fetzen von einem Menschen war, ein Klumpen Fleisch. Dann befahl sie: »Schafft den Dreck da weg.«

Brygida: »Wir haben viel Spaß gehabt, wir haben viel gelacht. Wir hatten ein wirklich herzliches Verhältnis, aber wenn eine aufsässig wurde, dann hat sie was auf den Hintern gekriegt.«

Zeugen ergänzen: »Sie war eine schöne Frau und eine Bestie... Kleine Kinder wurden wie Mehlsäcke auf Lastwagen geworfen. Die Mütter sahen es, schrien, warfen sich zu Boden. Sie wurden von den Aufseherinnen geschlagen, getreten. Einigen gelang es, sich an ihre Kinder zu klammern, bis sie auseinandergepeitscht wurden. Da waren beide Frauen gemeinsam aktiv... Wladka, eine hochschwangere Polin, war Stubenmädchen in einer SS-Aufseherbaracke. Brygida war die Geliebte des SS-Mannes, der Wladka durch Vergewaltigung geschwängert hatte. Darum hetzte sie ihren Schäferhund auf Wladka. Der, von der Brygida pausenlos angetrieben, ihr Fleischstücke aus dem Körper riß und aus der offenen Bauchhöhle Därme und das Kind herauszerrte. Als Wladka und ihr Kind tot waren, hetzte sie den Hund auch auf mich. Ich hielt die Arme vor mein Gesicht.« Die Zeugin streift die Ärmel hoch und zeigt die vernarbten Bißwunden.

Wie wurde aus der unterbezahlten Arbeiterin Hildegard, selbst unehelich geboren, Mutter zweier unehelicher Kinder und eines dritten verstorbenen, eine der gefürchtetsten Sadistinnen unserer Zeit? Auch sie unpolitisch, nach eigener Angabe tiefgläubig. Ihre Tollheit fiel sogar den nicht nervenschwachen Vorgesetzten auf. Das Unglaubliche: Sie suchte nur nach neuer Arbeit, um mehr Zeit für ihre Kinder zu haben, als sie von ihrem Schwager zum Arbeiten ins KZ vermittelt wurde.

Nach dem Krieg arbeitete sie erst als Schwester Hildegard bei dem amerikanischen General Tucker. Sie betreute seine Kinder, bis sie entlarvt wurde. Bis 1956 war sie in Haft in Polen. Danach wurde sie Klo-Frau im Scotch-Casino in Heidelberg, später Putzfrau in Bordell-Betrieben. Sie lebt seit 1975 in einer 1000-Seelen-Gemeinde bei Heidelberg, als angesehene Rentnerin in einem 4-Zimmer-Häuschen am Alten Marktplatz.

»Das Dorf weiß über mich Bescheid. Ich bin beliebt, ich habe viele Freunde. Manchmal stellen Nachbarn einen Korb mit Eiern, frischem Gemüse oder Obst vor meine Haustür, wenn ich von der Verhandlung komme. Ich esse nämlich schon lange kein Fleisch mehr. Ich habe einmal gesehen, wie Schweine zum Schlachten getrieben wurden. Die armen Tiere.«

Ich habe über die Jahre gehört, daß Angeklagte und Verteidiger, wenn es um die entsetzlichsten, unvorstellbarsten Dinge ging, im Gericht Kreuzworträtsel lösten, strickten, die »Bild«-Zeitung lasen und gemütlich klönten.

So ein Verhalten, normalerweise undenkbar in einem Gericht, wird geduldet. Wieso und weshalb? Was weiß ich. Aber es ist mir klar, daß jahrelange gemeinsame Reisen des Gerichts und der Anwälte um die Welt, Essen, Trinken, exotische Erlebnisse unter fremdem Himmel für Intimität sorgten. Das ist unvermeidlich.

Ich hab gehört, wie frech und strafwürdig einige der Verteidiger auftraten, denen kein Ehrengericht, bis heute, ihre Zulassung aberkannte: Z. B. Verteidiger Bock, kaum 40, Liebling der Deutschen Volksunion, von der »Nationalzeitung« gefeiert, versuchte in Polen, Zeugen zu bestechen. In Israel gab er sich als Doktorand aus oder als junger Deutscher, der ein Buch über die Leiden der Juden im Dritten Reich schreiben wollte.

Dann Anwalt Stolting. Früher Sondergerichtsankläger mit einem Hang zu Todesurteilen, die in seiner Gegenwart durch das Handbeil vollstreckt wurden. Der in einem ZDF-Interview sagte, er würde seine damals geforderten Todesurteile unter den gleichen Umständen heute noch einmal beantragen. Von 1963 bis 1965 war er Verteidiger im Auschwitz-Prozeß und später im Majdanek-Verfahren. Was macht er noch! Ach ja, er ist Präsident des Deutschen Tierschutzbundes.

Gericht rein, Fotografen raus, schnell auf die Plätze.

»Im Namen des Volkes: 1x lebenslänglich, 1x12, 1x10, 1x8, 1x6, 1x4, 1x3$^1/_2$, 1x3, 1x2 Jahre, 1x frei.«

Die Wahrheit ist gefunden. Totenstille, dann Protestschreie. »In meinem Namen nicht!« »In meinem auch nicht!« »Eine Verhöhnung der Opfer!« »Eine Beleidigung des Volkes.«

Einem Jungen wird übel. Der Vorsitzende, Günter Bogen, bittet um Ruhe, sonst müsse er ausschließen. Ich zeig auf die Hinterbänke und schreie: »Das ist das Volk, in dessen Namen Sie Ihr Urteil gesprochen haben. Das ist das Volk!«

Ich renne raus, um die Hunderte draußen, für die kein Platz im Saal war, wissen zu lassen, was drinnen läuft. Rufe: »Wir werden den Richter wegen Beleidigung verklagen. Er hat sich nicht geniert, im Namen des Volkes dieses Urteil zu verkünden, und wir sind das Volk!«

Die Urteilsbegründung dauert fast zwölf Stunden, obwohl im Eiltempo runtergerasselt. In der Juristensprache, die dafür sorgt, daß alles zu Papier wird, daß für Fleisch und Blut, für Gefühl kein Platz ist. Trotzdem dringt einiges durch.

HACKMANN, 67, beachtliche SS-Karriere nach schwerer Berufsjugend. Unpolitischer Opportunist. Wegen Eigentumsdelikten, so was wurde nicht gern gesehen, 1944 zum Tode verurteilt. Na ja, er lebt.

STRIPPEL, 3 1/2 Jahre. Auch Arbeiter. Schnelle Karriere bei der SS. Lagerführer, Obersturmführer. Überall da, wo es so einem Spaß machen konnte. Er wütete in Buchenwald, Majdanek, Holland und Hamburg. Ihr wißt, das Kinder-Erhängen in der Schule. Für Auschwitz reichte die Zeit wohl nicht mehr. Er war dankbar für seinen sozialen Aufstieg nach Arbeitslosigkeit. Auch unpolitisch. Wie die Stricher und Halbgaren heute, die von alten Nazis zu Jung-Nazis gemacht werden.

Strippel wurde 1949 wegen des Mordes an 21 Häftlingen im Steinbruch von Buchenwald zu 21mal lebenslänglich verurteilt. Der nächste Richter hielt ihn nur der Beihilfe für überführt und wandelte die Strafe in eine zeitlich begrenzte um. Daraufhin erhielt er 121 300 Deutsche Mark als Haftentschädigung. Das sind etwa 100 000 Mark mehr als überlebende KZ-Häftlinge erhalten haben. Allerdings ohne erst mühsam morden zu müssen.

Sein Glück ist das Glück vieler der wenigen Nazis, die trotz allem vor Gericht landeten. Seit dem 4. Juli 1969 sagt ein neues Gesetz: Die Strafe für Gehilfen muß gemindert werden. Schon waren sie alle Gehilfen.

Der Sitzungssaal ist modern. Hinter den Richtern hängt unübersehbar ein großes Kreuz aus Zink an der Wand. Wie zur Teufelsaustreibung.

Die Aufseherinnen waren jung, kaum mehr als 20, dienstverpflichtet oder übers Arbeitsamt. Warum sollten die damals mutiger gewesen sein als die jetzt? Warum mitfühlsamer? Warum weniger opportunistisch? Weniger feige? Weniger anpasserisch? Sie übernahmen das Vorbild der Vorgängerinnen und genossen ihre nie gekannte Macht. Kapos, Hilfsaufseher aus der privilegierten Gruppe deutscher Krimineller und Vorarbeiter mordeten bestialisch wegen vermeintlicher Vorteile. Aus dem Juristendeutsch dringt durch: Minimum an Essen. Keine Heizung. Verhöhnt, mißhandelt. Stundenlanges Stehen zwischen Elektrodraht. Schläge abends auf dem Bock. Regeln befolgen, die vorher nicht bekanntgegeben wurden. Todesangst wurde ständig bewußt geschürt. Öffentliches Aufhängen. Nicht nur Kinder, Greise und unheilbar Kranke wurden ins Gas gejagt. Die Lagerstraßendiagnose wurde nach Gutdünken gestellt. Kräftig und ohne Narben bedeutete eine kleine Chance. Kinder machten sich älter.

Es dringt weiter durch: Nackt, Kleidung auf Haufen, Haare in den Bottich, desinfiziert. SS-Wächter suchen in Körperlöchern nach Werten.

Auf Feldern unregelmäßige plötzliche Selektionen. Frauen mußten die Röcke heben. Geschwollene Beine bedeuteten den Tod. Schikane-Wettläufe, nackt der SS entgegen, gaben den Ausschlag über Leben und Tod. Mutti sagte mal traurig, mal lachend: »Ich hab Beine wie Ofenrohre.« Galt das auch als geschwollen? Was hat sie vorher erlebt? Wie lange? Wie viel Angst? Wie lange von Pudl getrennt, mit dem sie doch gemeinsam leben und sterben wollte?

Pause.

In der Kantine greift ein Mann, an dessen Tisch ich vorbei muß, nach mir. »Denken Sie endlich an die Opfer!« »Ja natürlich.« Er läßt nicht los: »Wollen Sie nicht endlich auch mal an die Opfer denken!« Die zwei netten jungen Frauen an seinem Tisch nicken ihm Beifall. »Doch, selbstverständlich.« Was will er? »Na, dann denken Sie doch mal an die armen Ehefrauen, Ehemänner und Kinder dieser Angeklagten. Das sind die wahren Opfer.« Die junge Frau eindringlich: »Die haben doch reichlich gebüßt.«

Das sind junge Leute, die im Namen der kirchlichen Gefangenenfürsorge mißbraucht werden, die all ihre Kraft und all ihren Idealismus in diese Massenmörder stecken.

Es wird weiter begründet. Die Richter lösen sich ab. Die Stimmen sind angenehm. Was nützt es? Bei fast jedem Angeklagten wird klar, daß er unpolitisch war und kleinbürgerlich, wie das Leben davor und danach beweist.

LAURICH, 59 Jahre, SS-Totenkopf und einer der wenigen überzeugten Nazis in der Riege, auch wegen Diebstahl dran, damals noch hübsch, der Todesengel genannt, weil keiner lebend von einem Verhör bei ihm zurückkam. Zeuge: »Er schlug fürchterlich auf den Kopf, die Peitschenriemen drehten sich um den Kopf. Dann zog er die Peitsche kurz an, um die Augen auszuschlagen.« Er bekam 8 Jahre.

GROFFMANN. Pflegte nach dem Abendappell Lederhandschuhe anzuziehen, zwei SS-Männer als Assistenten mitzunehmen, an den 400 bis 500 angetretenen Häftlingen vorbeizugehen und völlig willkürlich Häftlinge herauszureißen und ihnen mit den Fäusten solange ins Gesicht zu schlagen, bis sie hinstürzten. »Dann trampelten die Assistenten sie tot.«

Nur 2 Jahre Majdanek, von 1942 bis 1944, was heißt das? Majdanek heißt: 7711 Kilo Zyklon B zum letzten Einatmen. 730 Kilo Menschenhaar. 820000 Schuhe. Pässe von Opfern aus 26 Ländern. 6 Gaskammern, die Tag und Nacht in Betrieb waren. Mindestens 200000 Tote hält das Schwurgericht für sicher. Unschuldige jeden Alters, jeden Geschlechts. 250000 werden angenommen. Soweit kann sowieso keiner zählen. Sowjetische und polnische Schätzungen sprechen von einer Million Toten in Majdanek.

Noch im letzten Moment, einen Tag vor der Lagerbefreiung durch sowjetische Truppen, wurden 800 Gefangene erschossen. Und das »Erntefest«: 18400 Tote an einem einzigen Tag. Ausziehen, auf den Bauch in die Grube legen, in den Hinterkopf geschossen werden. Die nächsten nackten Juden und Polen flach auf die Toten, auch Genickschuß. Immer weiter, Schicht um Schicht, Lebende auf jeweils Tote. So wurde die Grube schön gleichmäßig bis oben mit nackten Menschen gefüllt. Dann Benzin drauf, angesteckt. Ein Kohlfeld wurde mit ihnen gedüngt. Die Wachmannschaft aß mit Genuß. Auch die Gefangenen kriegten etwas davon ab. Da aßen auch die, die wußten, daß sie bald selbst als Kohl auf den Tisch kommen würden.

PETRICH, SS-Rottenführer, früher arbeitslos. Unpolitischer Liebhaber von Blasmusik und Aufmärschen. Ein phlegmatischer Ordnungsfanatiker, der den Kapos freie Hand ließ. Warum er von den Sowjets, die ihn zu 25 Jahren Zwangsarbeit verurteilten, schon nach 6 Jahren freigelassen wurde, ist mir schleierhaft.

Noch ein paar Namen dringen durch, von Menschen, die alle erst arbeitslos und unpolitisch waren und später eigentlich alle zu armen Kranken wurden, mit Fleckfieber, als deformation professionelle.

Ja, im KZ tollten Arbeiterkinder, hielten sich schadlos, machten Karriere, übersprangen Ausbildungsbarrieren. Das war ein Angebot wie heute die Bundeswehr. Aber die Aus-

denker, die Propagandisten, Juristen, Ärzte, Hochschulleh-
rer, Wirtschaftskapitäne waren Intellektuelle, zumeist Akademiker.

Grausam töten? Wie tötet man nicht grausam? Anwalt
Strathmann meint: »Wenn die Häftlinge nicht lange auf den
Tod warten mußten«; ein anderer als Entschuldigung:
»Über den Tod hinaus sind den Opfern keine weiteren Lei-
den zugefügt worden.«

So abartig es ist, es hat was für sich. Ich hab ja auch immer gehofft, daß Mutti und Pudl ganz schnell und ohne
Angst gestorben sind.

Es wird so schnell und tonlos verlesen, daß sogar mein
Vorstellungsvermögen abgetötet wird. Wenn Juristen sprechen, wird alles zu Papier. Hackmann 200 bis 400 Schwerkranke umgebracht... weg, wie Dreck. Hörig? Befehlsgläu-
big? Überzeugt?

Wieder Pause.

Ich halte einer Dame auf Krücken alle Türen bis in die
Kantine auf. Sie sagt eifrig: »Ich möchte auch so gerne helfen wie Frau Jürgens. Vielleicht kann ich ihre Nachfolgerin
werden.«

Wieder drin.

Auch Frostbeulen bedeuteten den Tod. Strümpfe waren
verboten, also Tod so oder so. Meine Tante Flora wurde
von einer Frau zu Bruch geschlagen, weil sie im KZ einer
kranken Freundin einen Fingerschutz aus Wollresten machen wollte, um ihr das Leben zu retten.

Zu viele Kinder fürs Krematorium. Eine Art Schlangeste-
hen. Der Warteplatz vor dem Krematorium wurde »Rosen-
garten« genannt. »I beg your pardon, I never promised you
a rose garden...«

Gerade kriegte einer $11^{1}/_{2}$ Jahre für Flugblattverteilung.
Die Nazis und ihre Betreuer haben Recht. Es kann gar nichts
passiert sein, sonst sähen die Urteile anders aus. Der Juden-
referent in Brüssel, SS-Mann Kurt Asche, kriegte für etwa

10 000 Tote auch gerade sein Urteil: 7 Jahre. »Getötet allein wegen ihres jüdischen Glaubens.« Als ob man jüdische Atheisten verschont hätte!

Was hätte man sich an Arbeit sparen können mit einem kurzen Blick in die Achselhöhle, sicher wie ein Fingerabdruck, der den SS-Mann entlarvt. Wenn man ihn einfach als Angehörigen einer kriminellen Vereinigung verurteilt hätte. § 129 StGB. Das ganze SS-Wachpersonal und deren brainstormer und Auftraggeber sowieso.

Was hätte man mühevolle Reisen um die Welt und Gelder sparen können, wenn man ein wenig in Plakate und Fernseh-Fahndung investiert hätte! Doch in keiner Gerichtshalle, in keiner Behörde, auf keinem Polizeirevier, an keiner Litfaßsäule, bei keinem Friseur und auch sonst nirgends backten Plakate, die der Bevölkerung eine Mit-Suche erleichtert hätte. Wir wurden nie mit den Fressen gesuchter Altnazis und Massenmörder vertraut gemacht.

Auch mit jungen Nazis macht man uns nicht bekannt. Nicht mal der Massenmord und über 200 Verstümmelte auf der Oktoberwiese vor fast einem Jahr boten dafür in der Zwischenzeit einen ausreichenden Anlaß. Wat'n Pech, daß sich einige selbst gestellt haben oder Kumpane verpfiffen. So ist man, ob man will oder nicht, gezwungen, wenigstens in diesen Fällen zu ermitteln. Doch auch da bringt man nur Fotos der schon Gefaßten, nicht derjenigen, die es zu suchen gilt.

Was staun ich da immer noch dumm vor mich hin? Als wüßte ich nicht, wie eins zum anderen paßt, wie eins das andere bedingt.

Ich bin im Zugzwang. Aber ich kann den Vorsitzenden Günter Bogen nicht anzeigen. Ich sehe ein, daß sein Urteil im Grunde doch im Namen des Volkes gesprochen war. Wir 200, 1000, 10 000, 20 000, ja, vielleicht sogar 100 000, wir sind nun mal nicht das Volk.

August 1981

Ostermarsch

*i*n Gedanken bei damals, aber vehement heute, ruf ich »Rüstung ist ein Ungeheuer! Erstens Scheiße, zweitens teuer!« Beim dritten Mal weiß ich endgültig, daß ich mit »erstens Scheiße« alleine stehe, denn alle anderen rufen gesitteter: »Erstens unnütz, zweitens teuer!«

Damals wurden wir über Kuhdörfer geleitet. Und in den Städten durch Hinterstraßen. Um das Risiko des Sichtbarwerdens so gering wie möglich zu halten. Der zweifache Nobelpreisträger Linus Pauling (Physik und Frieden) machte uns klar, wie doof wir waren: »In den USA machen wir das anders — entweder wir gehorchen der Polizei oder wir demonstrieren. Beides zugleich geht nicht.«

Damals waren noch mehr Alte dabei. Aber Mensch, waren die jung. Widerstandskämpferinnen und -kämpfer, die ihren Widerstand nicht aufgaben, nur weil offiziell ein Krieg zu Ende war. Keiner war zu müde, drei Tage zu laufen, keiner zu verwöhnt, um bei Kälte auf Fußböden und unter Tischen in allen Tanzsälen und sonstwo zu übernachten. Eis, Schnee, Hagel, noch nie ein Grund, nicht mitzugehen.

»Ban the bomb« war die Losung. Gegen friedliche Nutzung der Atome gab es nichts einzuwenden. Konventionelle Waffen waren vom Bannstrahl auch nicht betroffen. Für mich unbegreiflich, denn auch konventionelle Waffen bringen um.

Es war schon etwas anders. Damals trieb uns unsere Vor-Sicht, jetzt schon fast Nach-Sicht. Die Angst war noch nicht so total. Die Hoffnung größer.

Auch dieser Ostermarsch war wieder schön. Und so friedlich, wie er sein muß. Nur albernes Funktionärsgehabe störte mich. Und Befehlstöne. Ich hasse Befehlstöne und kann mir nicht vorstellen, daß man so die Liebe von Mitbürgern gewinnt.

Skandiertes Rufen: »Bür-ger-laßt-das-Glot-zen-sein-kommt-her-unter-reiht-euch-ein!« oder verbiestertes: »Mit-mar-schieren, so-li-da-ri-sie-ren!« würden auch mich nicht dazu bringen, Balkon oder Fensterplatz aufzugeben.

Die Teilnehmerzahl wird mal hoch, mal niedrig gehandelt. Je nachdem, aus wessen Sicht. Nur eins weiß ich sicher. Man kann hochrechnen wie beim Zeitschriften-Lesen. Jeder Sichtbare steht für ein Dutzend Sympathisanten.

Es fehlen viele. Sie sind auf der Strecke geblieben in ihrem Kampf um mehr Gerechtigkeit und Frieden.

Jetzt fast Schlag auf Schlag: Die Professoren Fritz Eberhard, Robert Havemann und Peter Brückner. Auch Dutschke, Ulrike und andere Freunde hätte ich gern dabei gehabt.

April 1982

Liebe Thea,

*W*äre ich nicht schwedische Gastarbeiterin und hätte wählen dürfen, hätte die GAL eine Stimme mehr gehabt.

Weil es an der Zeit ist, daß mal an den Machtverhältnissen gerüttelt wird. Auf Anhieb 7,7 Prozent — da kann man nur sagen: sauba!!

Wie du schon sagtest: Die sind die Ursache, wir sind die Wirkung. Da sie unsere Sprache der Straße nicht verstehen wollten, werden sie jetzt, wohl oder übel, im Parlament hinhören müssen.

Du bist mit Sicherheit das einzige Parlamentsmitglied, das vor seinen Wählern einen Handstand vollführt hat, schon vorher mit dem Tuntenchor sang und tanzte wie der Teufel, — wild, ausgelassen, verdammt gut. Ich glaube, der einzige vor dir im Rathaus, der sich auch nicht genierte zu zeigen, daß er lebt, war Ulli Klose.

Thea, zu dir hätte ich in jeder Situation Vertrauen. Auch in dieser. Du lügst und trügst nicht. Nur: paß auf dich auf. Laß nicht an dir hobeln. Ich wünsch dir, daß du nicht etabliert, nicht rein- und aufgesogen wirst.

Paß auf, daß du nicht von Karrieristen als sympathietragende Strohfrau benutzt und an die Rathauswand gedrückt wirst, während sie sich die ungewohnte Macht untern Nagel reißen.

Laß dich nicht als Steigbügel benutzen, wenn du nicht genau weißt, wer dein Pferd reiten will. Überleg dir gut, wem du zu Einfluß verhilfst. Laß keine Schleimscheißer an dich ran.

Ich hätte auch die FDP gern drin gehabt. Die mag ich seit Helga Schuchardt, dem mutigen Gert Weber und dem von der Springerpresse verfolgten radikal-liberalen Justizsenator

Klug. Da sagten andere: Die sind es ja gar nicht mehr, die das Sagen haben. Die hat man rechts überrundet... und für eine offene Hintertür zur CDU gesorgt... Nix gut.

Vielleicht ist die GAL weniger gefährdet als andere Parteien. Vielleicht hat sie, Gefahren des Systems erkennend, von selber vorgebaut: Nach jeweils zwei Jahren sollen die Abgeordneten »rotieren«, das heißt, andere Kandidaten rücken nach. Und auch dies wird die GAL-Bürgerschaftsabgeordneten von denen der etablierten Parteien unterscheiden: Bei allen Abstimmungen über Themen, die nicht in ihrem Wahlprogramm vorkommen, muß vorher die Basis befragt werden.

Vergeßt dabei nicht: Nur Einigkeit, auch wenn sie erst durch Debatten errungen werden muß, macht stark!

Juni 1982

Tapfere Schneiderin

*f*rohe Kunde! Endlich hat mal eine das getan, was wir schon immer von Arbeitern und Gewerkschaften erhofften: Die Mitarbeit an Kriegsprojekten verweigert!

Ins kleine, ferne Schleswig, zum Landessozialgericht, mußten wir fahren, um die couragierte Frau zu bestaunen: Ursula Schneider, Sekretärin, 32 Jahre, waches, schönes Gesicht, 1,54 m, sehr zart, selbstbewußt.

Nicht nur wir sind angereist, »taz«, »Courage« und »Spiegel« sind vertreten. Zuhörer Fritz Boldt, Elektrotechniker aus Kiel, der mit seiner Frau da ist: »Ich hab schon als Lehrling überlegt, was man gegen den Krieg tun kann. Für Militär war ich, Gott sei Dank, untauglich. Dann hab ich jahrelang bei Honeywell Elec in Kiel militärische Geräte überprüft. Das hat mir keine Ruhe mehr gelassen. Schließlich hab ich gekündigt. Ohne zu wissen, wo ich als nächstes Arbeit finde. Im Kündigungsschreiben hab ich mit meinen Gründen nicht hinterm Berg gehalten. Schon vier Tage danach hab ich wieder Arbeit gefunden. In der Autobranche. In meinem Beruf ist es schwer, etwas Nichtmilitärisches zu finden. Ich hatte ein Angebot in Eckernförde im Kondensatorenbau. Dann machte der Chef einen Rückzieher. Sagte: ›Wenn doch mal was Militärisches kommt, kann ich doch nicht auf Sie rechnen.‹ Meine Frau steht voll dahinter, obwohl sie selbst arbeitslos ist.«

Ich wußte gar nicht, daß ein Landessozialgericht personell so gut bestückt ist. Sechs Männer: Drei Richter, zwei ehrenamtliche Richter und der Gerichtsschreiber. Gut so, denn sie haben ja den Fall Schneider in der Hand. Den kleinen Fall, der im Grunde ein sehr großer Fall ist: Ursula Schneider, arbeitslos, wurde vom Arbeitsamt direkt an

Krupp Mak vermittelt. Ein Riesenbetrieb in Kiel, der zwar
Lokomotiven, aber auch Panzer herstellt. Nach einem Gespräch mit dem Personalchef erbat sie sich drei Tage Be-
denkzeit: »Damals wußte ich mich noch nicht richtig auszudrücken. Ich wußte nur, daß ich auf keinen Fall in so einem
Betrieb arbeiten kann.«

Nachdem sie dem verblüfften Sachbearbeiter im Arbeitsamt ihre Gründe vorgetragen hatte, wurde ihr für vier Wochen das Arbeitslosengeld gesperrt. Kein hoher Betrag, so
um tausend Mark. Aber sie mußte ja — als alleinstehende
Frau — davon leben. Dieses Geld will sie sich jetzt gericht-
lich erkämpfen. In zweiter Instanz, denn in erster Instanz in
Kiel wurde sie abgeschmettert.

Der vorsitzende Präsident Schafmeister meint es wohl
gut, als er eine Sperre-Senkung von vier auf zwei Wochen
vorschlägt. Vielleicht spielt er auch nur erstmal dumm. Es
geht ja nicht um den Betrag, sondern um das Grundsätzliche. Ursula ist überzeugte Pazifistin. Schafmeister: »Das
wollen wir auch gelten lassen. Wir fragen uns nur, ob nicht
Ihre persönliche Einstellung hätte zurückstehen müssen.
Daß Sie arbeitswillig sind, ist deutlich. Sie haben sich ja damals, vor fast zwei Jahren, sehr schnell selbst Arbeit be-
schafft und sind nach wie vor tätig.«

Der junge Prozeßvertreter der Bundesanstalt für Arbeit,
ein Verwaltungsrat, erklärt, daß die Sperrzeiten neuerdings
von vier auf acht Wochen erhöht sind und daß Frau Schneider als Sekretärin doch keineswegs direkt an einer Waffen-
herstellung mitgewirkt haben würde. Ursulas Anwalt Diederichsen hält dagegen, der Geldentzug sei indirekter
Zwang.

Gefeilsche hin, Gefeilsche her. Dann: »Frau Schneider,
Sie stehen in einer gewissen Schwierigkeit, Ihre pazifistische
Haltung nachzuweisen. Bei einem anerkannten Wehrdienst-
verweigerer wäre die Sache klar. Aber in Ihrem Fall...«

Ursula Schneider muß sich rechtfertigen: »Ich habe eine

Ausbildung beim Roten Kreuz hinter mir. Aber schon in der Schule fand ich Kriegsfilme ganz schlimm. Ich hab versucht, mit meinen Eltern, Großeltern und Urgroßeltern ins Gespräch zu kommen. Doch die ließen keine Auseinandersetzungen zu. Ich wollte wissen, warum sie alles hingenommen haben. Ob denn damals niemand für seine Ansichten geradegestanden hat. Dafür muß man auch Nachteile in Kauf nehmen können.«

Vorsitzender: »Genau das sollen Sie jetzt. Wie Wehner schon sagte: ›Wir waren auch damals Revolutionäre, aber nicht vom Staat finanziert.‹«

Anwalt Diederichsen: »Meine Mandantin kommt sich bestraft und zurückgesetzt vor. Sie hat eingezahlt und bekommt nichts.«

Vorsitzender: »Haben Sie denn keine anderen Belege für Ihren Pazifismus? Sind Sie Mitglied einer Partei oder einer Gruppe? Wir wollen sie nicht aushorchen.«

Ursula: »Ich habe oft an Veranstaltungen der Deutschen Friedensgesellschaft teilgenommen. Mitglied bin ich nirgends. Aber ich hatte in der Zeit vor der Arbeitsvermittlung sehr gute iranische und irakische Freunde. Ich lebte damals zwei Monate mit einem Iraner zusammen. Mein Freund wollte Musik oder Medizin studieren. Sein Vater ist Arzt in Teheran. Es war ein sehr schönes Verhältnis. Dann mußte er Hals über Kopf nach Hause, weil er eingezogen wurde. (Iran führt Krieg mit dem Irak.) Ich habe nur noch gewartet. Auf Post, auf Anrufe. Ich bekam keine Post. Ich hörte nichts von ihm. Da habe ich selbst die Verbindung gesucht und endlich einen seiner Brüder erreicht. Der sprach gut englisch und sagte mir, daß mein Freund beide Beine verloren habe. Er sagte mir auch, daß mein Freund sich weigert, mich zu sprechen oder mich zu sehen. Das kann ich auch verstehen.«

Der Protokollführer liest vor: »Ich habe einen guten Bekannten...« Ursula runzelt irritiert die Stirn. »Einen guten Bekannten« ist wohl auch reichlich untertrieben, wenn es um die große Liebe geht. Eine Liebe, die ohne eigenes Verschulden amputiert wurde.

Vorsitzender: »Religiöse Gründe hat man in der Vergangenheit akzeptiert. Eine individuelle moralische und ethische Einstellung muß man aber gegen die Interessen des Versicherungsträgers abwägen. Ich weiß, es gab da einen Fall eines Wehrdienstverweigerers, der an einem Katalog mitarbeiten sollte und sich weigerte.«

Muß Frau Mann sein, um sich weigern zu dürfen?

Vorsitzender: »Man muß unterscheiden zwischen religiösen und weltanschaulichen Gründen. Wo geht sonst eines Tages die Grenze bei einer Arbeitsvermittlung?«

Der Vorsitzende und die Bundesanstalt für Arbeit wissen, daß sie nicht nur um einen Tausender kämpfen, sondern gegen mögliche Hunderttausende von Verweigerern. Mensch, ist dieser Fall wichtig! Der Vorsitzende weiß das: »Es geht nicht um einen Wald- und Wiesen-Fall. Die grundsätzliche Problematik würde bleiben, auch wenn die Sperrzeit auf zwei Wochen herabgesetzt werden würde. Ein Verweigerer kann wieder vermittelt werden. Und beim zweiten Mal hätte eine weitere Sperrzeit den totalen Ausschluß aus der Arbeitsvermittlung zur Folge. Eine gewisse Schulung einer pazifistischen Grundhaltung muß schon da sein. Eine Wirtschaftskrise führt zur Verschärfung.«

Der Verwaltungsrat: »Ich fand das erst sehr interessant mit dem Bekannten, aber das Argument ›Beine ab‹ fällt aus. Das haben Sie doch erst nach der Vermittlung erfahren.«

Ursula, hilflos: »Am 15. Dezember 1980 war die Vorstellung, und im Januar 1981 hab ich endlich erfahren, daß mein Freund Invalide ist. Die ganze Zeit war sehr belastend. Ich schreibe nach wie vor. Ohne Antwort.«

Ob sie von der Katastrophe nun vorher oder nachher erfuhr, was spielt das für eine Rolle? Wieso muß man die eigene Familie, verlorenes Augenlicht oder Vaters Tod anführen, um als Pazifistin gelten zu dürfen?

Das Gericht berät sich und spricht das Urteil: »Berufung zurückgewiesen... Revision nicht zugelassen... Pazifistische Haltung ohne zwingenden Nachweis unterstellt... Arbeit als Sekretärin ohne unmittelbare verantwortliche Beziehung zur Produktion... Das Grundgesetz garantiert die Gewissensfreiheit nicht schrankenlos... Man muß auch an die Solidargemeinschaft der Versicherten denken... Besondere Umstände, die zugunsten der Klägerin sprechen, sind auch heute nicht zutage getreten...«

Auf meine Frage: »Was kann sie denn jetzt noch machen?« »Sie kann Beschwerde gegen die nicht zugelassene Revision einlegen und Verfassungsbeschwerde einreichen, wenn nichts mehr geht. Voraussetzung dafür ist: Die Möglichkeit einer Grundrechtsverletzung muß bestehen.«

Ich frage mich: Wer entscheidet über wessen Grundrechte? Wo fangen wessen wichtige Gründe an? Wie der Anwalt sagt: »Nach Feierabend darf man Mensch sein, für seine eigene Partei arbeiten. Vorher, acht Stunden am Tag, gegen die eigenen Interessen. Übrigens: Ein Glück, daß Frau Schneider in der Rechtsschutzversicherung ist. Sonst wären wir wohl nicht hier.«

Bei einer Revision kommt es darauf an, ob eine Rechtssache grundsätzliche Bedeutung hat. Wenn das hier nicht der Fall ist, was sonst hat dann noch grundsätzliche Bedeutung!

»Wie reagiert deine Umgebung, reagieren Freunde, Bekannte, Verwandte, auf deine Entscheidung?«

Ursula: »Sie reagieren unterschiedlich, je nach politischer Einstellung. Auch die, die mir recht geben, meinen aber, daß es zuviel Kraft kostet, weil man sich immer wieder rechtfertigen muß, nicht nur begründen. Aber auch, wenn ich vorher gewußt hätte, daß es sich Jahre hinziehen würde und so anstrengend ist, hätte ich mich nicht anders verhalten. Da war ja eine Sendung über mich in Panorama. Es haben sich so viele Friedensgruppen gemeldet. Da habe ich mich auch gefragt, warum arbeiten die nicht gemeinsam?«

Nach dem Urteil fahren wir nach Kiel, um uns das Krupp-Mak-Gelände mal anzusehen. Reinhard, der Fotograf, erfolgreicher Wehrdienstverweigerer, erzählt von 16 Monaten Altenbetreuung und daß der neue Familienminister Geißler jetzt auf 23 Monate verlängern will, sagt, Ende 1977 sei mal für drei Monate die Gewissensprüfung für Verweigerer weggefallen. In der kurzen Zeit stieg die Zahl von 42 000 im Jahr auf 70 000 in diesen drei Monaten.

Ursula Schneider sagt: »Ich verbrauch mich jetzt richtig, muß mir sagen lassen, ›wirst noch mal auf die Schnauze fallen, schwer enttäuscht werden‹. Aber Enttäuschungen in meiner Vergangenheit bringen mich nicht zum Aufgeben. Ich bin recht froh über meinen gesunden Optimismus.«

Ursula hat schon mal vor Gericht gestritten. Vor genau zehn Jahren wagte sie sich vor gegen Direktor Gerisch und seine Kieler Heimbau Schleswig-Holstein GmbH. Dort als Sekretärin erlaubte sie sich, nach drei Wochen Rock am Arbeitsplatz einen Hosenanzug zu tragen. Der damalige CDU-Abgeordnete im Kieler Landtag und Direktor der Heimbau, der aus irgendeinem Grund seiner Vorliebe per Dienstanweisung Nachdruck verlieh, schrie das »Fräulein Schneider« an und warf es fristlos raus. Kein Wunder, ihm war plötzlich nicht nur der Blick auf die Schenkel der Ursula Schneider verwehrt. Durch Ursulas Vorbild mutig geworden, änderten 15 weitere Frauen des Betriebes ihren Habitus. Bis sie Beispiel setzte, kamen die Frauen, mit Tüten beladen, in Hosen ins Büro und gingen ins Klo, um sich für den Chef umzuziehen.

Damals unterlag der Abgeordnete im Hosen-Krieg, und die Kieler Arbeitsgerichtsrätin Dr. Kühler entschied, daß die Kündigung ungerechtfertigt war. Herbert Gerisch mußte seiner Sekretärin 2300 Mark Gehalt nachzahlen.

Ursula wird auch ihren neuen Kampf gegen Mißbrauch von Angestellten durchkämpfen.

Dezember 1982

Versuchen wirs

*W*arum ich die taz unterstützenswert finde!

Schon die Tatsache, spontan und ohne Vorsicht Tagesereignisse und Überlegungen dazu in eine Zeitung bringen zu
können, ist so wichtig wie selten. Fast alle anderen Blätter
kommen entweder zu spät raus oder lassen sich von den
Ängsten und Vorschriften klein machen.

Ich hoffe, daß es der taz gelingt, bei aller Spontaneität, Ei-
le und großem Mut GENAU zu arbeiten.

Ich gehe davon aus, daß spätestens jetzt, da so viel auf
dem Spiel steht, jeder taz-Mitarbeiter seine Eigenverantwor-
tung erkennt.

Daß die taz im gleichen Maße notwendig ist, wie viele
Schmierblätter überflüssig, steht für mich fest.

Dezember 1980

»Wir haben lange genug versucht, fremder Leute Zeitungen auf die Sprünge zu helfen. Die hatten immer das Geld
und wir die Gedanken, die nicht marktkonform waren. Jetzt
versuchen wirs mal selber. Daß das nach wie vor ohne Geld
nicht geht, hab sogar ich begriffen und einen Tausender
lockergemacht. Aber nicht nur Tausender machen den Kohl
fett, jedes Abo ist wichtig!«

Hamburger Rundschau, September 1981

Bücherverbrennung

*W*enn ich Bücherverbrennung höre, fällt mir als erstes ein, wie viele Menschen, wieviel Begabung, wie viele Gedanken man damit unsichtbar machen konnte. Es ist sicher nur einer Minorität gelungen, wenigstens in anderen Ländern gehört und anerkannt zu werden. Einige andere haben von dem Glück, jetzt, z. B. im Konkret-Literatur-Verlag, neu verlegt zu werden, nichts mehr, da sie nicht mehr leben. Aber nicht nur für die Autoren führte die Vernichtung ihrer Werke zu einem unbeschreiblichen Verlust — auch alle, die sonst ihre Leser gewesen wären, hat man ja aufs übelste beraubt.

Wenn man nach Bücherverbrennungen fragt, wenn man von Bücherverbrennung spricht, meint man immer nur die geistige Vernichtung durch das Vandalengehause der Nazis. Ich wäre einigermaßen glücklich, wenn Zensur und Niederhalten der Gedanken anderer wirklich nur Retrospektive wären. Ich bin nicht ganz sicher, aber ich glaube, daß es auch im Moment kein Land auf der Welt gibt, das Andersdenkende gelten läßt. Im allerbesten Fall, wenn man sie und ihre Arbeit nicht ganz auslöscht, läßt man sie wenigstens durch Vor-, Während- und Nachzensur auf Sparflamme zu Schrumpfhirnen zusammenkochen. Ich weiß nicht, ob alle verbrannten Bücher Werke von Genies waren, aber darauf kommt es gar nicht an.

Übrigens: Ich bin auch dagegen, daß man von rechts kommende Literatur verbietet. Ich möchte andere Formen der Auseinandersetzung als das Wegdrücken Andersdenkender. Deckel draufhalten heißt fast immer, daß was überläuft.

Mai 1982

143

§ 218

*i*n Frankreich hat unsere Schwesterzeitung »Nouvel Observateur« eine Aktion gestartet gegen den § 218. Im Gegensatz zu den anderen Aktionen, die es seit mindestens 50 Jahren in Deutschland und Europa gegen die Abschaffung des Gebärzwanges durch den § 218 gegeben hat, ist diese Aktion mit einer Selbstanzeige der betroffenen Frauen verbunden. Prominente Schauspielerinnen von Bühne, Film und Fernsehen, namhafte Schriftstellerinnen, Schlagerstars und sogar Politikerinnen zeigten sich selbst öffentlich an. Sie alle gaben ihre Unterschrift für die Aktion »Ich habe abgetrieben«. Die Justiz wäre praktisch gezwungen, einen Prozeß gegen die rund 200 prominentesten Frauen Frankreichs zu führen. Darüber hinaus auch noch mehr als 800 weitere Frauen anzuklagen, die sich inzwischen ebenfalls mit vollem Namen der Aktion angeschlossen haben. Doch obwohl das französische Gesetz bei Selbst- und bei Fremdabtreibung den gleichen »Verfolgungszwang« kennt wie das deutsche, das heißt, der Staatsanwalt müßte ermitteln, aber nicht zwangsläufig auch Anklage erheben, haben bis heute — anderthalb Monate nach Veröffentlichung — weder Justiz noch Regierung reagiert.

Die Stärke der Französinnen ist ihre große Zahl und der Entschluß, auf eventuelle Verfolgungen einzelner nur kollektiv zu reagieren. Hinzu kommt die öffentliche Meinung. Drei Wochen nach dem Appell ergab eine Umfrage: 55% aller Befragten sind für die ersatzlose Streichung des Abtreibungsparagraphen. Noch wenige Monate zuvor hatten nur 25% gewagt, sich dazu zu bekennen.

Man sieht, die französischen Publizisten des »Nouvel Observateur« haben sich nicht verrechnet. Mit der ungewöhnlichen Methode der Selbstanzeige der Frauen wollten sie die

Diskussion über die Schwangerschaftsunterbrechung in ein entscheidendes Stadium bringen.

Warum soll sich die Vernunft der Frauen auf Frankreich beschränken? Wenn man schon als Frau damit geschlagen ist, für ein Wunschkind neun Monate in den Sand zu setzen und beim nächsten noch einmal usw., sollte es einem wenigstens erspart bleiben, für unerwünschte Kinder, die ungewollte Last zu tragen. Ich sehe schon Mann und Weib zusammenzucken. Denn aus unerfindlichen Gründen, wahrscheinlich, damit man sie besser erträgt, sind ja die Beschwerden der Schwangerschaft allerorts heilig gesprochen. Nichtsdestotrotz — da muß man wohl lange reden, um einer Frau, die vergewaltigt wurde oder die den Mann nicht liebt oder die Kinder nicht mag oder die ihre Ausbildung erst in Ruhe beenden möchte oder die Kinder zu sehr mag, um ihnen diese Welt zuzumuten, diesen Zustand zu versüßen.

Sie sagen kühl: Wieso, es gibt doch die Pille. O. k. Für Sie und mich, aber nicht für alle. Die Pille wird hier nämlich mit 200 bis 300 % Profit verkauft. Für viele zu teuer. Ganz davon abgesehen, nicht jeder verträgt jede Pille, und einem Pillenwechsel hat schon so manches Kind sein Leben verdankt. Wandernde, Eiterungen verursachende Spiralen verhindern auch keine Schwangerschaften. Sie sagen: Es gibt Kondome. Nur zu dumm, daß minderwertige Gummiware nicht jeder Zerreißprobe standhält. Auch davon können vieler, vieler Kinder Eltern ein Lied singen.

Sie sagen: Es gibt doch genug Ärzte, die abtreiben. Allerdings, aber ich kenne nur zwei, die es aus Idealismus machten. Alle anderen haben es entweder als guten Nebenverdienst oder als Haupteinnahmequelle gemacht. Die unverschämten Schwarzmarktpreise sind auch nicht jeder Frau Sache. Wer schlechter betucht ist, landet eben auf dem Küchentisch, im Bad oder auf dem Klavierschemel. Und zahlt in anderer Münze.

Trotz relativer Aufklärung ist die Zahl der Abtreibungen in den letzten Jahren in der BRD kaum zurückgegangen. Das heißt, die Dunkelziffer ist geblieben. Das heißt Todesfälle, Unglücksfälle, irreparable Gesundheitsschäden, seelischer Schaden, Arbeitsunfähigkeit und schlimmer noch: Liebesunfähigkeit. Doch ganz abgesehen von diesen Dingen: Wie kann der Staat, der ja auch nicht geeignet ist, Menschen zu formen, darauf bestehen, daß kaputte Menschen ihre Kaputtheit immer wieder weiterreichen? Wie ist es möglich, daß man auch für den popligsten Beruf drei Jahre Lehrzeit nachweisen muß, will man ihn ungestraft legal ausüben, andererseits das Verantwortungsvollste, was es überhaupt gibt: aus einem Kind einen Menschen machen, jedem überlassen, dessen Körper zum Werfen gesund genug ist? Wie schön sind Wunschkinder, jedenfalls für ihre Eltern, aber man gratuliert auch automatisch da zu Geburten, wo, weiß Gott, kein Anlaß dazu gegeben ist. Doch wenn schon Kinder, dann bitte nur Wunschkinder!

Mehr als die Hälfte aller Frauen waren mindestens einmal im Leben dazu gezwungen, illegal abzutreiben. D. h., mindestens die Hälfte der weiblichen Bevölkerung gehört nach geltendem Gesetz in den Knast.

Raus aus der Isolierung, Ihr Frauen! Nun traut Euch mal, über die sauren Äpfel laut zu sprechen, in die Ihr für ein bißchen Liebe immer beißen müßt!

Darum fordern wir alle Frauen, prominente und nichtprominente Leserinnen von »Konkret« auf, sich der Aktion »Selbstanzeige« anzuschließen. Das heißt, auch ihre Bereitschaft zu erklären, öffentlich, in »Konkret« und, wenn möglich, auch noch in anderen Zeitschriften, Zeitungen und Massenmedien mit ihrem Namen die Aktion zu unterstützen.

Apropos, hier verjährt die Selbstabtreibung nach fünf Jahren.

Wir sind sicher, daß diese Aktion dazu beitragen wird,

die Öffentlichkeit für das Problem der Schwangerschaftsunterbrechung stärker zu mobilisieren und somit die erste Voraussetzung für eine Strafgesetzänderung zu schaffen. Sie ist
so nötig wie eh und je. Weder mehr noch weniger. Nur bei
uns Frauen hat sich etwas geändert.

Wir wollen nicht länger auf Selbstverständlichkeiten warten.

Juni 1971

Steter Tropfen höhlt den Stein

*a*ls erste Nachkriegszeitschrift nahm »Konkret« 1956 den Kampf gegen den § 218 wieder auf. Und ließ seitdem nicht locker. Wie es kommt, daß seit zwei Jahren das uralte Thema in der ganzen Welt »in« ist, weiß ich nicht. Es ist so wichtig, wie es immer war, seit die erste Frau den Wunsch äußerte, ihr Kind nicht auszutragen. Gut Ding will Weile haben.

1871 tritt der § 218 in Kraft. 1920 bringt die SPD einen Antrag ein. Den gleichen Antrag wie jetzt, 50 Jahre später: Straffreiheit für Abtreibung innerhalb der ersten drei Monate. In der KPD gibt es vorübergehend von der Partei organisierte Abtreibungen. 1921 frohlocken die Frauen, als der Sozialdemokrat Gustav Radbruch (»Es hat noch nie eine reiche Frau wegen § 218 vorm Kadi gestanden.") Justizminister wird. 1924, als Radbruch schon zum zweitenmal Justizminister ist, gibt es immer noch keine Reform.

Die SPD spricht jetzt gerne von einer Gewissensfrage, die jeder einzelne für sich zu beantworten habe. Wie heute. Wo 30 SPD-Abgeordnete, ihrem Gewissen gehorchend, einen Gegenentwurf auf der Basis der Indikationsregelung einbringen wollen. Das Zittern geht weiter. Denn 249 Stimmen sind erforderlich. Und SPD/FDP haben zusammen nur 271 Stimmen.

In entgegengesetzter Richtung zittern die Ärzte. Ihre empörten Aufschreie machen Schlagzeilen. Dumm wären sie, wenn sie nicht gegen die Abschaffung protestierten. Schließlich geht es um ihr Geld. Eine Million illegale Abtreibungen im Jahr, Schnittpreis 600 bis 800 Mark. Verzichten Sie mal trockenen Auges auf 600 bis 800 Millionen Mark im Jahr.

Die einzigen Ärzte, die eine Legalisierung freuen würde,

sind die paar Idealisten. Sie hatten bis jetzt für ihre Hilfe als Lohn die Angst. Gewissenlose Ärzte können die Einbußen wieder wettmachen, indem sie eben den schwarzen Markt auf andere Bedarfsgebiete umstellen. Es leben ja jetzt schon eine ganze Reihe flott von harten Drogen aus dem kleinen Schrank.

Die meisten Frauen haben nach einer Abtreibung nicht nur ihr Kind, sondern auch den Glauben an eine humane Ärzteschaft verloren. Viele Ärzte genießen erst die Hilflosigkeit und Panik der Frauen, bevor sie ihnen hochherzig einen Eingriff zusagen, dann das Kassieren. Nie danach fragend, wie die unglückliche Person das Geld für das einsame Ausbaden der Folgen einer gemeinsamen Umarmung zusammenkratzt. Danach das Anbrüllen der nicht betäubten Frau.

Ich will nicht ungerecht sein. Es gibt auch Ärzte, die nur kassieren. Und auf Beleidigungen, Psychoterror und Folter unter vier Augen verzichten. Wer eine verschwiegene Assistentin hat, gibt auch Narkose. Diese Fließbandabtreiber und Schlachter fliegen trotzdem nicht auf, weil man immer noch auf sie angewiesen ist.

Mir hängt das Gelaber um den § 218 zum Hals raus. Ermüdend, ein Leben lang um Selbstverständlichkeiten betteln zu müssen. Wie schon unsere Urgroßmütter, deren Wiederkäuer wir 1973 sind. Wie Tucholsky, der die Leibesfrucht sprechen läßt:

»Für mich sorgen sie alle. Kirche, Staat, Ärzte und Richter. Neun Monate lang und bringen sich um, wenn mich einer umbringen will. 50 Lebensjahre wird sich niemand um mich kümmern. Niemand.«

Wie Gottfried Benn, der 1928 schon 13 Millionen Jahre Zuchthaus pro Jahr ausstehender Strafen für Abtreibungen errechnete.

Auch jetzt gehören wir alle in den Knast. Aber nach unseren Selbstanzeigen im »Stern« 1971 und meinem gleichzeitigen Aufruf in »Konkret« hat sich einiges getan: 100 000

Selbstanzeigen sind nicht schlecht. Auch wenn sie nur einen Bruchteil der Betroffenen repräsentieren. Die Staatsanwaltschaft mußte hier, genau wie in Frankreich, passen. Sie stellte die unbequemen Ermittlungen gegen uns ein. Ich denke nur mit Grauen an die Flut von fremden Frauen, die mich seit der Selbstanzeige mit ihren Abtreibungswünschen überrollt. Und mich nachts aus dem Schlaf reißt, ohne daß ich jemals den Hörer aufknallen kann, weil ich weiß, wie schlecht sie dran sind.

In der Zeit, in der man hin- und herüberlegt hat, ob Abtreibung Mord ist oder nicht, hat man Generationen ausgetragener Leibesfrüchte auf allen Schlachtfeldern der Erde hingerichtet. Ohne lange Debatten. Ethik ist: immer erst schön heranwachsen lassen, damit es sich auch lohnt. Die Ärzte, die so tun, als würden sie im Interesse des Kindes auf der Geburt bestehen, müßten gleichzeitig verantwortlich für den Werdegang dieses Kindes zeichnen.

Abtreiben ist nicht Kindesmord. Das Leben in Heimen, das Leben in Wohnlagern, das Aufwachsen in einer unglücklichen Ehe ist Kindesmord. Es ist nicht unmenschlich abzutreiben. Es ist unmenschlich, erziehungsunfähige Leute Kinder verhunzen zu lassen.

Ich finde es völlig egal, warum eine Frau abtreibt, ob aus Egoismus oder aus Humanität. Allein die Tatsache, daß sie sich kein Kind wünscht, muß ausschlaggebend sein. Wir lassen uns die Bevormundung durch korrupte Ärzte nicht mehr gefallen.

Und unsere Stricknadeln wollen wir nur noch zum Stricken benutzen.

März 1973

P. S. Jetzt, 1983, ist Kinderkriegen wieder fast so »in« wie unter Hitler.

Trotzdem, ein für allemal, weg mit dem § 218.

April 1983

Maja, die schreibende Putzfrau

*E*ine sensationelle Frau schrieb ein sensationelles Buch. Die Frau mit dem explosiven Hirn heißt Maja Ekelöf und ist 53 Jahr alt. Seitdem sie nach sechs Jahren Volksschulbesuch die Schule verließ, ist sie hauptberuflich Putzfrau. Ihr erstes Buch, für das sie 1968 den Literaturpreis für den besten politischen Roman des Jahres bekam, heißt »Rapport aus einem Scheuereimer«. Das aus Verzweiflung geschriebene, vier Jahre lang geführte Tagebuch der Maja Ekelöf. Ein Tagebuch, das die Tristesse der Unterbezahlten im Wohlstandsland Schweden unmißverständlich aufzeigt. Das aber auch zeigt, daß man nicht zwangsläufig geistig in seinem Scheuereimer ertrinken muß.

Die Schwedin Maja Ekelöf hat in Karlskoga, ihrer 40 000 Seelen kleinen Stadt, ihre fünf Kinder allein großgezogen. Trotzdem bezeichnet sie sich als schlechte Mutter:

»Die Mutterschaft ist ein überbewerteter Mythos und vor allem ein Vergnügen der Oberklasse. Der Arme, der ständig unter dem Druck seiner Existenzangst zusammenzubrechen droht, hat weder Zeit noch Kraft, sein Mutterglück zu genießen oder seine Kinder zu erziehen. Natürlich liebe ich meine fünf Kinder, aber nicht weil, sondern obwohl ich ihre Mutter bin. Wären es nicht meine Kinder, würde ich sie wahrscheinlich noch lieber mögen. So sind sie eine ständige Überforderung für mich. Ich habe es so satt, Mutter zu sein.«

Vor 13 Jahren wurde sie geschieden. Arbeitete aber auch während ihrer ganzen Ehe als Putzfrau, da ihr Mann krank war. Ansonsten spricht sie nicht über ihre Ehe. Klagt auch nicht.

Maja Ekelöf galt bis dahin in ihrem kleinen Nest als

schrullige Alte. Man wußte, daß sie aktiv für die Befreiungsfront Vietnam arbeitete. Daß ihr die politischen Tagesereignisse so wenig Ruhe ließen, daß sie ihrer Meinung in Leserbriefen, die sie an Zeitungen verschickte, Luft machte, daß ihre Wand über dem Sofa nicht von Familienbildern oder röhrenden Hirschen geschmückt wurde, sondern von Ho Chi Minh, Fidel Castro, Che Guevara und Mao.

Maja Ekelöf, die nichts als Armut und Belastungen kannte, flüchtete, um ihrer verständlichen Depressionen Herr zu werden, so oft es ging in die Welt der Bücher.

»Welch ein Glück, daß die öffentlichen Bibliotheken für jeden zugänglich sind. Wenn man niemanden hat, mit dem man richtig sprechen kann, bedeuten die Gedanken und Erlebnisse anderer Freundschaft. Aber die Bücher wecken auch den Hunger nach mehr. Meine sechs Jahre Grundschule konnten nicht genug sein.

1965 fing ich an der Abendvolkshochschule für Erwachsene an. Zwei Abende die Woche war der Unterricht. Ich hatte schon früher an Fernkursen teilnehmen wollen, aber das kostete Geld, und darum wurde nichts daraus. Die Abendschule war gratis, also wie gemacht für mich. Außerdem konnte ich meine Arbeit selber einteilen, Hauptsache, sie war morgens um acht gemacht.

Wenn die Schule also abends um zehn aus war, konnte ich immer noch schrubben gehen. Es ist schon schön, eine selbständige Arbeit zu haben, von keiner Stoppuhr abhängig zu sein. Aber natürlich waren die drei Semester unheimlich anstrengend. Ich lernte Schwedisch, Gemeinschaftskunde und Psychologie. Geschichte lernte ich extra in Samstagskursen.

Meine Güte, hat mir das alles Spaß gemacht! Ich hatte ja schon 34 Jahre auf keiner Schulbank mehr gesessen, als ich die Abendschule anfing. Ein ganz anderes Schulsystem als früher. Zum Beispiel duzt man jetzt die Lehrer, anfangs sehr komisch für mich. Aber, meine Güte, war das schwer, sich mündlich auszudrücken! Schreiben fiel mir viel leichter. Ich schrieb so viele Aufsätze, daß ich Angst hatte, dem Lehrer könnte das Korrigieren zu viel werden.

Zu der Zeit fing ich auch mein Tagebuch an, lauter handgeschriebene Zettel, so daß es nach und nach furchtbar viel Papier wurde, aber ich warf nichts weg. Nachdem meine Freundin mir geraten hatte, an einem Romanwettbewerb teilzunehmen, fing ich an, alles abzutippen. Heimlich nachts an meinen Arbeitsplätzen. Ich wechselte dauernd die Maschine, damit keiner merkte, daß ich, die ›Reinmachefrau‹, ohne Erlaubnis tippte.

Ich bin sicher, daß viele andere auch schreiben könnten, wenn sie nur den Mut hätten. Als ich den Preis bekam, 25 000 Kronen, konnte ich endlich unsere Ölheizung bezahlen. Da dachte ich, Mensch, hättest du doch das Geld gehabt, als die Kinder noch klein waren. 20 Jahre lang habe ich täglich Holz gesägt, Holz geschleppt und Öfen gesäubert. Wenn ich da war, nachts immer wieder aufgestanden, um nachzuheizen. Wenn ich zum Arbeiten weg war, halbtot vor Angst, daß die Kinder mit dem Häuschen abbrennen würden. Jetzt habe ich meine schlimmsten Schulden bezahlen können und auch der Befreiungsfront von dem Geld etwas abgegeben. Kleider und Möbel habe ich nicht gekauft. Wozu auch? Ich habe in meinem ganzen Leben noch nie ein Kleidungsstück für mich gekauft, nur Abgelegtes getragen. Finde trotzdem, daß ich zuviel habe. Welcher Stuß auch, daß Leute zehn Pullover im Schrank haben, wenn sie doch nur einen zur Zeit anziehen können.

Ob ich jetzt glücklich bin? Nein. Richtig glücklich werde ich nie sein können, solange die Welt so ist, wie sie ist. Massenmord, Tortur, Hunger. Meine einzige Leistung hier im Leben ist, daß ich den Mut gehabt habe, dagegen offen zu demonstrieren.

Wie meine Zukunft aussieht? Nach meiner kleinen Pause werde ich bald gezwungen sein, meine Arbeit wieder aufzunehmen. Ich kann ja nichts anderes und muß leben. Ich habe zwar inzwischen ein akademisches Zeugnis, aber das verhilft mir in meinem Alter auch nicht zu einem neuen Beruf. Schön wäre es, wenn jeder zwei Berufe hätte, einen geistigen und einen manuellen. Ich finde jede Arbeit wichtig, auch meine, obwohl sie mir so zum Halse raushängt. Man muß nur daran denken, wie es in New York aussah, als die Müllabfuhr eine Woche streikte. Wenn niemand den Dreck wegschafft, ist eine Stadt schnell zerstört.

Mit intellektueller Arbeit meine ich natürlich nicht, was ich neulich im Fernsehen sah. Ein literarisches Programm direkt nach den Nachrichten, die Kriegspläne und Katastrophen aller Art dieser Welt durchgaben. Ein Professor diskutierte mit zweien seiner Schüler. Sie nahmen ein modernes Gedicht auseinander. Ach, sind die Akademiker glücklich dran! Drei große starke Kerle dürfen da rumsitzen und überlegen, was jedes einzelne Wort im Gedicht zu sagen hat. Sie deuten hin, sie deuten her. Solche ›Arbeit‹ könnte man sich sparen.

Mein ständiger Traum ist, in einem Kollektivhaushalt zu leben. Dann wäre das Leben einfacher. Mein ewiger Kreislauf zwischen dem großen Haushalt und den unterbezahlten Putzstellen ist kaum zu ertragen. Ich war schon öfter auf Sozialhilfe angewiesen. Das will ich nicht mehr sein. Für mich ist es weniger demütigend, die Böden der Sozialbüros zu scheuern, als dort um Hilfe zu bitten. Hätte ich jetzt nicht das Geld für den Literaturpreis gekriegt, wäre ich wohl im Wasser gelandet.«

Das Tagebuch war ihr einzig wirklicher Gesprächspartner. Sie hungerte nach Gesprächen, aber es fand sich keiner, der bereit war, über anderes als sich selbst zu sprechen:

»In Texas haben die einem Mann ein künstliches Herz aus Plastik eingesetzt. Hoffentlich wird das bei mir nie nötig, denn ich finde Plastik so scheußlich.«

»Kein Mensch, der einen Fernseher hat, kann glücklich sein. Mit so viel Wissen um das tägliche Elend überall kann man kaum überleben.«

»Jedesmal, wenn ich daran denke, ein Buch zu schreiben, muß ich lachen. Ich mache auch in einer Bibliothek sauber und weiß daher, wie überschwemmt der Büchermarkt ist.«

»Sicher, ich bin aus meiner Straße kaum rausgekommen. Trotzdem habe ich Tibet und Lhasa, Arabien und England, ganz Schweden und China und Alt-Ägypten bereist. Aber meine Bücher haben mich auch in die Konzentrationslager und Gefängnisse vieler Länder geführt.«

»Wenn aktive Jugendliche fluchen, ist es verzeihlich. Es ist nicht leicht, wohlerzogen zu sein, wenn das Haus, in dem man wohnt, brennt.«

»Heute habe ich 235 Kronen für Licht und Wasser bezahlt. Jetzt hab ich noch den Fünfziger vom Funk. Toll, daß ich das, was ich schrieb, bezahlt kriege. Dachte, für so was kriegt man kein Geld.«

»Ich möchte nicht einen einzigen Tag meines Lebens zurückhaben. Weder Kindheit, Jugend oder Mittelalter, in dem ich wohl jetzt stecke.«

»Am liebsten besuch ich die Leute im Altersheim. Die Glücklichen, schon über 75! Dann muß man ja wohl nicht mehr so lange leben! Ich bin erst 50. Ach ja!«

»Ich fühl mich mehr und mehr unwohl in Karlskoga. Ich beneide alle, die Sprachen gelernt haben. Wenn man Sprachen könnte, müßte man nicht immer an einem Ort kleben.«

»Ich beneide auch alle, die die Kraft hatten, die Abendschule weiter zu besuchen. Aber auch wenn ich noch tausend Semester hinginge, bekäme ich keine andere Arbeit. Keiner will einen Menschen mit großen, geschwollenen Händen, wäßrigen überanstrengten Augen und abgenutzten Kleidern einstellen. Nicht in unserer feinen Gesellschaft. Nein, Putzfrau zu Hause und außer Haus, das ist meine Zukunft.«

»Die Sowjetregierung verkauft Magnesium an die USA. Magnesium, das dann in Form von Brandbomben über Vietnam abgeworfen wird. Die USA und die Sowjetunion sind eine FRIEDLICHE Koexistenz eingegangen.«

»Hab heute ›Opfer des Verkehrs‹ im Fernsehen gesehen. Vor vielen Jahren schickte ich den sechs Gelehrten in Lund einen Vorschlag zur Lösung des Verkehrsproblems. Ich schlug vor, daß man alle Privatautos verbietet. Sind doch völlig überflüssig. Taxis, Züge, Schiffe und Busse sollten verstaatlicht werden. Privatwagen sollten nur auf Rennbahnen erlaubt sein. Man antwortete mir, daß dies eine politische Frage sei.«

»Ich würde jedem Mädchen raten, sich auf keinen Fall eigene Kinder anzuschaffen, sondern sich der vielen, schon vorhandenen Kinder anzunehmen. Es gibt so viele, die eine Mutter brauchen. Dann sollte man dafür sorgen, daß die Kinder Großeltern haben. Nicht unbedingt biologische. Es wimmelt von Rentnern. Brücken zwischen ihnen und den Kindern schlagen, zur gegenseitigen Freude und Beruhigung.«

»Dauernd fragen Leute mich, ob ich nicht froh und stolz bin, das Buch geschrieben zu haben, berühmt geworden zu sein und zum Fest nach Stockholm mit lauter Berühmtheiten geladen zu sein. Die kapieren nichts.«

Maja hat inzwischen noch ein Buch herausgebracht: »Briefe«. Ihre Korrespondenz mit dem schönen, 36 Jahre jungen, in Schweden landauf, landab bekannten Großbetrüger Tony Rosendahl.

Ruhm macht auch schön. Ruhm öffnet Türen und sogenannte Herzen. Tony war einer der zahllosen, die ihr schrieben. Maja dachte zwar, daß sie bis ans Ende ihrer Tage nichts als scheuern dürfe. In Wirklichkeit wurde sie aber als Rarität hofiert und herumgereicht. Funk, Fernsehen und Zeitungen rissen sich um Wort und Bild von ihr. Dadurch wurde auch Tony, der Anziehende und Einfühlsame, auf sie aufmerksam. Vor ihr spielte er den nicht Unrevolutionären. Und stilisierte seine Großgaunereien zu einem Politikum hoch.

Tony, laut Gefängnisbehörde und Polizei, der vielleicht gefährlichste Wirtschaftsverbrecher Schwedens, und Maja Ekelöf, Putzfrau und preisgekrönte Erfolgs-Schriftstellerin, tauschten schon ein Jahr lang Briefe, als das Buch in Satz ging, Briefe über Gott und die Welt, sprich: Privates und Politisches. 70 Briefe. Er faszinierte Maja durch seine angeblich kritische Haltung, seine hohe Intelligenz und seine Kompromißlosigkeit. Nachdem sie ihn nach einem Jahr Korrespondenz zum ersten Mal besuchen durfte, schrieb sie:

»Jahrelang war ich äußerlich nichts als eine alte Hexe. Und in mir drin eine Eisschicht auf der anderen. Meine Tränen waren alle. (Die liefen mal drei Jahre lang, ununterbrochen, Tag und Nacht.) Keine Tränen mehr zu haben, macht einen zu Stein. Ich dachte ja immer an all die Unterdrückten, also ganz tot war ich vielleicht doch nicht. Aber als Frau.«

Seine Briefe nach ihrem Besuch konnte man auch als Liebesbriefe deuten. »Ich bin so froh, daß ich Dir nach dem Besuch gefiel. Maja, Du bist so verdammt gut. Ich möchte Dich umarmen. Für immer. Und viele Male. Ich fühle mich, als hätte ich Dich mein ganzes Leben lang gekannt. Und

Dich gemocht und mag dich — auch mein ganzes Leben. Es war so schön, Dich zu sehen, Dich umarmen zu dürfen. Ich brauche Dich ganz verdammt. Du warst so weich und warm.«

Dies und vieles andere auf mehrere Briefe verteilt.

Jetzt ist Maja aufgetaut. Sie, die über so vieles in der Welt verzweifelte — sie, die schon mit so vielem Mist fertig wurde, droht zum ersten Mal an einer privaten Leidenschaft kaputtzugehen; an ihrer unerfüllten und enttäuschten Liebe zu Tony.

Tony nahm letzten Herbst an einem Massenausbruch teil. Jetzt, Ende Januar, wurde er als Letzter geschnappt. Er brach nicht aus, um Maja zu lieben. Er brach aus, um für eine andere Frau frei zu sein, über die zu berichten er wohl in seinen vielen Briefen vergessen hatte: ein Fotomodell, das er im Gefängnis, während seiner Korrespondenz mit Maja, ganz plötzlich heiratete. Majas zweites Buch läuft nicht so gut wie das erste. In den »Protokollen« klagt sie an. Das geht ja noch. In den »Briefen« will sie verändern. Das wiederum geht zu weit.

April 1973

P. S. Maja schreibt nicht mehr. Nach all dem Trubel um ihre Person hat sie sich auf Kinder und Enkelkinder zurückgezogen. Wenn ich sie anrufe, jetzt 1983, jubelt sie immer noch erstaunt: »Phantastisch, wunderbar. Was für eine Erfindung! Deine Stimme klingt, als wärst du hier in Schweden.«

Höhere Politik

*K*urz vor Abfahrt bekomme ich noch schriftlich »eine kleine Packhilfe« für mein Seminargepäck: Langes Kleid oder langer Rock, Stola oder Pelzjäckchen, Trikot und Turnschuhe für Gymnastik, Perücke oder Haarteil. Eine Pinzette.

In Goslar wartet der Hotelbus auf mich. Eine nettaussehende, sehr schüchterne Blondine sitzt schon drin. »Mein Mann hat mich hergeschickt«, sagt sie, »weil er über Politik mit mir diskutieren will«. Ich wollte ihr und mir etwas Vorfreude bereiten: »Das ist ja ein tolles Hotel. Mit Swimmingpool, mixed Sauna und Solarium.« Sie, leise: »Jaah. Haben wir auch zu Hause.«

Es tröstete noch so einiges über die Abwesenheit von Haus und Hof hinweg. Die hübsch verschneiten Wege in die Miniberge. Die warmen Farben in dem Riesenhotel. Ein herrliches Appartement mit Fernseher, Radio, Telefon (50 Pfennige pro Einheit), Mini-Bar, Super-Bett und -Bad. Viel zu schade für einen allein.

Zu früh angekommen hocke ich mich zu einigen gepflegten Damen. Versuche rauszuhören, wer was ist. Die mit Abstand schönste und charmanteste ist Susanne Erichsen, herself. Als sei die gewonnene Wahl zur Miss Germany erst gestern, nicht 1950 gewesen. »Sie werden sich zurechtmachen und umziehn wollen. Ein kleines Kleid für den Cocktail-Presseempfang im Kamin-Salon um 18.30 Uhr.«

Zieh mir bis auf den Boden wallenden Samt über den Kopf. Sehe darin genauso fehl am Platze aus wie vorher in Jeans. Jeder wird aufgefordert, sich vorzustellen und die Gründe für seine Teilnahme hier zu nennen. Einige wollen sich weiterbilden. Drei wollen sich erholen. Eine Jura-

Doktorantin meint, das lockere Programm reize sie. Eine sagt, sie müsse häufig repräsentieren. »Ich bin jetzt in der CDU. Man kann ja nicht nur reden. Man muß auch was tun.« Immer wieder heißt es: »Mein Mann wollte, daß ich herfahre.« »Mein Mann hat mich damit überrascht.«

Offensichtlich verstehen einige Manager unter »Aus alt mach neu« nicht mehr Frau auswechseln, sondern Frau nachziehen.

Leise rieselt durch, daß in relativ großem Stil mit Autos, Flugzeugen, Steuern, Möbeln, Hotels, Häusern und Zähnen Geld gemacht wird. Auch Peggy Parnass, Schauspielerin, stellt sich vor, sagt: »Ich bin aus Neugier hier. Ich möchte wissen, was man für uns Frauen in Politik und Gesellschaft für wichtig hält.« Eigentlich wollte ich ja sagen, daß mir eine Ehe mit einem Topmanager ins Haus steht, vorausgesetzt, ich lerne endlich Artischocken essen und Hummern knacken. Und den richtigen Wein ins richtige Glas gießen.

Plötzlich sagt ein Journalist unter allerlei Beifall, daß er darüber empört sei, in der Einladung die Abkürzung »BRD« zu finden. Ich, dummerweise: »Was stört Sie daran?« Er: »Soweit sind wir ja noch nicht, daß wir der DDR zuliebe auf das Wort Deutschland verzichten.« »Regen Sie sich auch über die Kürzel USA, UdSSR und DDR so auf?« Er scharf: »Sind Sie Journalistin!« Scheiße! Erwischt. Und das schon am ersten Abend.

Der Mann erhält Unterstützung von der übrigen Dorfpresse. Der Unternehmensberater und Seminar-Gastdozent Ahlefeld sagt, während er mir das Haus zeigt: »Sie mögen es komisch finden, aber wenn ich das Deutschlandlied höre, bekomme ich immer noch feuchte Augen.« Ich krieche übermüdet und angewidert in mein schönes Grande lit. Und verpasse die Ankunft der verspäteten Dozenten der FU Berlin, Frau Dr. Dörte Doering (FDP) und der Politologe Professor Günther Doeker.

Montag, 2. Dezember 1974. Um 6 Uhr sanft geweckt. 7

Uhr ist Gymnastik. Susanne E. ist auch um diese Tageszeit schon schön. Sie kommt überall hin mit Kopf, Händen, Füßen. Es sieht ganz einfach und elegant aus. Mir gelingen nicht einmal gerade Beine. Die Gelenke krachen, ein Wirbel knackt. Sehe mir an, wofür Männer bereit sind, 40 Jahre zu zahlen. Alles gut beeinander. Alles gut massiert und trainiert.

Frühstück. Ich hänge wieder ein Ohr rein: »Die FDP soll uns wohl beeinflussen. Das müssen wir uns doch nicht gefallen lassen.« Plötzlich stand die FDP als linkes Rollkommando da. Schon komisch. Die energische CDU-Dame: »Nur-Hausfrau? Davon will ich nichts hören. Bei einem 350-Quadratmeter-Haus und Swimming-pool. Und Tochter und Geschäftsfreunde, die bewirtet werden wollen.« Noch wird dezent geprotzt. »Ohne Personal käme ich natürlich nicht aus.« Ich naiv: »Warum so groß, wenn es Sie so belastet?« Die Dame von Welt und Unternehmen eisig: »Weil es uns gefällt.« Aggressiv »Und es ist wohl nicht falsch, daß einige Frauen freie Stunden für sich selbst haben«. Ich: »Nein. Im Gegenteil. Es ist nur falsch, daß nicht alle diese Freiheit haben.«

9 Uhr. Wir sitzen alle im Konferenzraum mit Blöcken und Kulis vor uns. Professor Doeker, groß, schlank, dunkel, sieht in seinem Jeans-Anzug fabelhaft aus. Doeker, der mir sagt, »ich bin ja als Linker bekannt« und aus unerfindlichen Gründen angeblich eine Benefiz-Vorstellung gibt (»Ich bekomme keinen Pfennig dafür«), legt mit seinem Vortrag los: »Die Frau und die innenpolitische Lage der BRD.« Keine versteht ihn, keine traut sich zu fragen. Er erwähnt immer wieder die Justiz. Auch die Klassenjustiz. Galt das mir? Wen soll es sonst hier interessieren?

11 Uhr 15. Körperpflege. Maniküre. Jetzt sind alle ganz dabei. Es geht ja um Wesentliches. Intensivgespräche über Party-Katastrophen durch appe Nägel. Nagelhautmassagecreme, Nail builder, Nail mender. Dann Behaarung. Unter

den Armen, Büschel weg. Auch im Antlitz, an Armen, Beinen und sonst wo. Mit Spray, Creme, Wachs. Rasieren? Da steht Aussage gegen Aussage.

Gerüche müssen beseitigt werden. Wegen der Sicherheit. Stinkende Mittel gehen rum. Intimspray wird gereicht. Stinkt auch. »Sie müssen ihre Ellbogen mit Bimstein bearbeiten. Die vergißt man immer, weil man sie nicht sieht. Sie zeigen ja nach hinten.« Oh ja, schrecklich!

Frau Susanne sagt: »Bitte, wenn es möglich ist, heute nachmittag ungeschminkt kommen.« Dann ratlos: »Aber wie machen wir das? Wir müssen ja vorher ins Seminar.« Ja, das sind Probleme für Frauen.

Ich lobe das Personal auf Schritt und Tritt, den Arbeitgebern und Kommanditisten gegenüber. Der Oberkellner: »Das haben wir nie erfahren. Uns sagt man nur gleich Bescheid, wenn sich einer beschwert.« Darauf, von mir angesprochen, die junge Frau des Hoteldirektors: »Ach der. Er muß sich langsam Unternehmerdenken angewöhnen. Wir haben ihn so gefördert. Der denkt immer noch als Kellner«.

14 Uhr 30 bis 16 Uhr. »Ehen im Stress«. Eine zarte Rose vor jedem Platz. Herr Ahlefeld spricht über die Ehe (als Bollwerk gegen den Bolschewismus). Man kriegt Lust zum Heiraten. Außer mir sind nur zwei nicht verheiratet — die junge Juristin und die Dozentin. Ahlefeld bricht eine Lanze für die Liebe. Und zeichnet eine Pyramide der wesentlichen Bedürfnisse in der Ehe an die Tafel: Selbstverwirklichung, Wertschätzung, Kontakt, Sicherheit. Sex. Alle Frauen strahlen ihn an. Ich auch. Nur seine eigene nicht.

»Sie müssen wohl seine Vorträge besuchen, um so viel Schönes zu hören?« Sie traurig: »Ja, das stimmt. Ich sehe ihn nur noch zum Hemdenwechseln.«

Ahlefeld: »Meine Frau sollte nicht arbeiten, auch nicht in den ersten schweren Jahren. Ich wollte ihr beweisen, daß ich sie liebe.« Seine Frau berichtigt: »Das war Ehrgeiz.« Dann füllen wir Testbögen aus. Sollen unseren Männern

Noten geben. Ergebnis: Alle prima. Es will wohl keine eingestehen, daß sie einen schlechten Griff getan hat.

16 Uhr 30. Wir rasen zum Make up (dafür sollten wir ungeschminkt kommen). Mein Gott, ist diese Maskerade lächerlich. Da kommt noch was und noch was und noch was drauf. Schminke für den Morgen, Schminke für den Nachmittag, Schminke für den Abend. Die Frauen arbeiten wie im Fieber. Die meisten bringen reichliche Vorkenntnisse mit, wissen, wie man den Pinsel schwingt. Lidschatten in Grün, Braun und Beige. Oben, unten, kreuz und quer. Lidstriche, Wimperntusche, Augenbrauen- und Abdeckstifte. Puder. Wie verdecke ich mein Doppelkinn? Man lernt fürs Leben.

Mir wird das alles sehr schnell zu dumm. Fall durch meine Clownerien unangenehm auf. Mache alles wieder wett, als ich erkläre, daß ich mich gründlich operieren lassen will: Fleisch ab und Fleisch ran. Ich will auch Runzeln und Nase los werden. Am liebsten den ganzen Kopp. Das trägt mir Sympathien ein.

Abends: In der Tanzbar gehts um Politik. Mindestens ein dutzendmal sagt eine Kursusgenossin anklagend zu mir, als sei es mein Fehler und als müsse sie deswegen darben: »Und für die Baader-Meinhof-Bande müssen wir noch Steuern zahlen. Glauben Sie, daß man nach zwanzig Jahren alles wieder weggenommen bekommen will, was man unter Entbehrungen geschaffen hat?« Ängste, so ganz anders als unsere. Nur um sich selbst und ihre Habe. Na ja, es ist ja auch ne Menge.

3. Dezember 1974. Dr. Dörte Doering, vehement, fortschrittsfreudig, tut allerlei, um die Frauen aufzurütteln und anzuregen. Weil alles, was sie sagt, angezweifelt wird, greift sie zu Statistiken. Sie will den Damen einen Einblick in die erschwerte Lage der Frau gönnen. Sie wagt auch, einige Vorteile der DDR zu erwähnen. »Dann sollen wir wohl alle in den Osten gehen!« sagt eine. Fast alle sprechen von ihrer

furchtbar harten Arbeit. Statt geprotzt, wird plötzlich tief-
gestapelt. Zu Diskussionszwecken hätten sie jetzt am liebsten einen 16-Stunden-Tag und Existenzminimum. Deshalb
werden manche aggressiv: »Wenn die Arbeiter nicht so faul
und auch bereit wären, Verantwortung zu tragen, anstatt
nur an ihren Feierabend zu denken, hätten sie ja auch das
gleiche wie wir.«

11 Uhr 15. Susanne E. bringt uns »aus dem Oberschenkel
gehen« bei. Damit wir innerlich und äußerlich sicher werden. Elegante Empfangsdamen-Drehungen. Wir entwickeln
uns immer mehr zum Mädchen-Pensionat. Gackern und al-
bern rum. Die Sympathie wächst. Unsicherheiten verbin-
den. Dankbar für jedes Lob, freue ich mich, daß meine Beine im Sitzen gut sind. Ich ärgere mich, daß Schwimmen,
Saunen, Sonnen, Essen und Flippern für immer mehr Ge-
meinsamkeiten zwischen den Frauen und mir sorgen. Zwei
oder drei gefallen mir sogar gut. Das erschwert das Schreiben.

Leicht ist es sowieso nicht. Sobald ich zum Block greife,
fallen sie über mich her. Als die Emanzi-Runde Auskunft
über den eigenen Werdegang geben soll, wird mir das Notie-
ren ganz untersagt. Konnte mir nur merken: Steuerberater.
Haben 20 Angestellte. Pilotenfrau. Hat Flugzeug- und Auto-
verleih. Eine andere schickt 50 Ingenieure durch die Welt.
Dann war was mit Bauunternehmen. Möbelfabrik. Drei
Frauen waren ursprünglich medizinisch-technische Assisten-
tinnen.

4. Dezember 1974. Dörte Doering läßt auf Wunsch den §
218 diskutieren. Eins haben wir doch gemeinsam: Wir sind
Frauen. Langt nicht, langt nicht. Die sind alle nicht bereit,
auch nur den kleinsten Einblick in ihr vielleicht vorhandenes
Innenleben zu gewähren.

Dann wieder Kosmetik. Diesmal unter Anleitung einer
angereisten Fachkraft aus Berlin. Da gehts um Face-peeling,
Narben abschleifen, Schnippeln und Schnappeln. Es ekelt

mich. Doch mit einer Lymphdrainage gewinnt die Dame mich ganz für sich. Während sie meine fast völlig zugeschwollenen Augen massiert, wächst mein Neid auf die Lebensumstände der anderen. Ich will auch gepflegt werden!

Die Weiber mit ihrem ewigen: »Darf man?« »Muß man?« Wenn es um Rangordnung, Vorstellen, Titulieren, Sitzordnung, Geschenke und anderen Quatsch geht. Fräulein Müller a. D. wird eventuell, wenn durch den Schwanz geadelt, zu »ihrer Durchlaucht«. Die Frau des Hoteldirektors meint, als es um einen königlichen Fatzken aus der Werbung geht: »Ich sage doch, was er hören will, wenn er das Geld da läßt.«

Ach, es gibt so viel zu lernen. Smoking mit Pullover? »Das ist nicht mehr in!« Ist: »Grüßen Sie ihren Gatten« korrekt? Welche Gläser wann? Schwenker, Weinglas, Whisky, Port. Bei der Weinprobe unter anderem elegant ausgereifte Weine der gehobenen Klasse. Wie die Seminaristinnen.

Ich frage, wie man sich als Frau verhalten soll, wenn in der Redaktionskonferenz alle Stühle von Männern besetzt sind. Ungläubige Ausrufe: »Das gibts doch gar nicht.«

Darf man Fondue-Fleisch auch auf den Teller oder nur auf Extra-Teller oder sich in die Nase schieben? Alles wird todernst erörtert.

Dann Hummer und Artischocken, ohne daß es ins Auge spritzt. Einige sind beleidigt: »Als ob wir das nicht können.« Ich kanns nicht. Und immer wieder: Darf man? Muß man? Arme Marionetten.

Wir lernen, wie man langsam überall hinblickend und nickend eine Hotelhalle betritt. Die Stola als Requisit. Die Hand, schlank mit dem Daumen nach innen, das Ding an der Schulter festhaltend. Nie mit dem Finger auf etwas zeigen, sondern den weiblichen Arm weit schwenken.

Frisurberatung. Mit mir hält sich der Experte erst gar nicht lange auf, als er was von »nur waschen und trockenrubbeln« hört.

Große Modevorführung. Der Créateur in gepunkteter Krawatte zum karierten Jackett hält mit keinem Rat zurück. Auch hier Idiotenfragen. »Ab wann kann man Pelz tragen?« Eine Altersvorschrift wünscht man, nicht einen Temperaturtip. »Rost mit Grün? Das ist zu avantgardistisch!« Alle anwesenden Damen sind schöner und graziöser als das gruselige Mannequin in den Greuelmodellen.

Dann wird es noch mal politisch. Ein Dr. Jean-Paul Picaper, charmant und leider leicht verständlich, auch wenn von der FU Berlin, macht dem Sozialismus den Garaus. Er nimmt die DDR auseinander. Als Franzose habe er wohl das Recht zu sagen, daß das NS-Problem längst überholt sei. »Wir in Europa brauchen Deutsche, die ihren Platz halten. Die Elite soll nur unfähig gemacht werden. Verunsichert, indem man ihr ein schlechtes Gewissen macht. Zu einem schlechten Gewissen aber besteht keine Veranlassung.« Natürlich fiel er auf weichen Boden. Hinterher fragt er mich lieb und voll Charme »Sind Sie jetzt böse?«

Im Abschiedssuff erzählen mir einige Damen, wie gekonnt sie ihre Männer behumpsen. Eine stattliche Person tischt sogar ihren vollfetten Liebhaber an Ort und Stelle auf. »Er ist ganz toll. Als Geschäftsmann. Und auch im Bett.«

Manöverkritik sollen wir liefern. Damit in Zukunft alles besser läuft. Eigentlich dürften wir nichts zahlen, weil sie den Kram erstmal an uns ausprobiert haben. Eine Art Nullnummer einer erhofften Serie.

Februar 1975

Die Satanei der Ungleichheit

*e*igentlich dachte ich, daß Frau-Sein für mich nie ein Nachteil war. Daß alle Schwierigkeiten, die ich hatte und habe, sozialer Natur sind und jeden ähnlich gelagerten Mann genauso treffen würden.

Ich bin in Schweden aufgewachsen und habe mich Männern, weiß Gott, nie unterlegen gefühlt. Das betonte ich auch gerne. Bis mir einfiel, daß ich die Gleichstellung als Halbwüchsige nur dadurch erreichte, daß ich mich selber wie ein Junge aufführte und mich von den Mädchen distanzierte. Was ich hatte, war also auch in Schweden nicht selbstverständlich. Es waren ergaunerte Vorrechte. Nur, daß sie den üblichen Mädchentricks entgegenliefen, da ich, anstatt meine Weiblichkeit auszuspielen, alles tat, um sie zu verdecken.

Auch daß ich von einem Jungen schwanger wurde, änderte nichts. Für mich war es selbstverständlich, daß nur ich die Verantwortung zu tragen hatte. Selbstverständlich, seine Eltern nichts wissen zu lassen, damit er keine Schwierigkeiten kriegte.

Ich selbst hatte ja keine Familie, die mir hätte Schwierigkeiten machen können. Eigentlich hätte ich auch meine Liebhaber immer gern ernährt, damit sie sich auf die Liebe konzentrieren konnten. Leider ging das nicht. Die hatten meistens Geld und ich keins. Da war ich wenigstens stolz darauf, daß kein Mann mich auch nur einen Tag ernährte. Blöde Einstellung. Inzwischen finde ich, wer hat, soll geben. Obwohl sich meine Einstellung geändert hat, hat sich an meiner Art zu leben noch nichts geändert. Krieg trotzdem keinen Klunker.

Hielt mich immer für besonders bescheiden. Eben weil ich

kein Geld wollte, keinen Schmuck, kein Haus, keine Ehe. Bis mir aufging, wie besonders anspruchsvoll ich immer gewesen bin. Ich verlangte und verlange in aller Bescheidenheit alles: Liebe!

Plötzlich geht mir auf, daß ich, seitdem ich in Deutschland lebe, ganz unmerklich eine Wandlung durchgemacht habe. Die Selbstverständlichkeit, mit der ich früher Männern begegnete, hat nachgelassen. Eigene Erfahrungen und Beobachtungen haben mich verunsichert. Will man hier erfreulich vögeln, muß man sich klein machen.

Frauen blühen auf, fühlen sich aufgewertet, wenn sie mit einem überlegenen Mann zusammen sind. Männer werden immer noch impotent in der Nähe einer starken Frau. Finden es zwar fabelhaft, wenn ne Frau was leistet, aber bitte, nicht die eigene. D. h., damit wir uns nicht mißverstehen: ackern soll sie, sie darf nur keinen Erfolg haben.

Frauen, die aufgrund ihres Hirns Potenzängste auslösen, merken oft erst da, wo sie total anonym auftreten, daß sie als Weib Gier in Gang setzen.

Ich hab schon vor Jahren Frauen geraten, zu Fremden zu greifen, statt platonisch den sich verpissenden Männern triefäugig hinterherzujammern. »Wenn sich Männer wie Grauschleier über ihre Frauen legen, laß die schwarzen Weißmacher kommen.« Ein Rat, der nur gut ist, wenn man die Fremden nicht zu nahe ranläßt. Denn auch Spanier, Türken, Griechen, Israelis, Mexikaner, Chilenen, Afrikaner, Araber und Chinesen wissen, was sie als Männer wert sind.

Mir scheint es gehupft wie gesprungen — egal, ob man sich mit nem Neunzehnjährigen ins Bett legt, der eigentlich weinen müßte vor Glück, daß er überhaupt mal darf und daß er sogar noch mal angerufen wird, oder mit einem um Vierzig, der sich noch mehr freuen sollte, daß er, eigentlich schon gesetzt, stagniert, abgehalftert, noch mal reingerissen wird in eine kleine Leidenschaft — immer halten sich Männer für die Spender.

Oder man verlangt dreist von uns Frauen, daß wir den jungen Männern höchstens ein paar Lehrjahre bieten. Damit deren Zukunft mit Mädchen im passenden Alter — das heißt bis zu fünfzig Jahren jünger als der Mann — erfolgreich würde. Wir Frauen als Steg ins gesunde Liebesleben. Recht ramponierte Stege häufig, nach immer wieder neuen Anlernlingen. Aus den Lehrjahren eines Jünglings werden allerdings bedrohlich schnell Herrenjahre — wenn die Frau nicht für eine gleichberechtigte Partnerschaft sorgt.

Sonst, noch zwanzig Jahre, nachdem der Liebste keinen mehr hochkriegt, zahlt sie für jeden gewesenen Fick. Wissend, daß, während sie jetzt seine Unterhosen und Schweißsocken wäscht, er täglich das Haus verläßt in der Hoffnung, sich andernorts in properer Unterwäsche noch mal beweisen zu können. Da, wo er wahrscheinlich dafür zahlen muß.

Nach wie vor heißt es, daß eine Frau, die einen Mann anruft, weil sie ihn sprechen, hören, sehen will, ihm hinterherrennt. Man läuft einem Mann nicht nach. Man ruft einen Mann nicht als erste an. Man schlägt als Frau kein Treffen vor und eine Heirat erst recht nicht. Man hat als Frau »seinen Stolz« nicht aufzugeben.

Und wo bleibt der Stolz einer Frau, wenn so ein Arschloch sagt: »Ich weiß noch nicht, ob ich komme. Mal sehen. Du merkst es ja dann. Wenn ich da bin, bin ich da.«

Der Softi hat ne neue Variante: »Ich ruf heut abend an. Wenn du da bist, bist du da, das merk ich dann ja.« Die Bedeutung ist die gleiche: Null!

Ruft ein Mann tatsächlich zweimal am Tag an, erzählt sies glücklich weiter. Wie sollen Frauen auch reagieren, wenn sie durch die Medien planmäßig zu Idiotinnen gemacht werden? Der Rat für Verlassene, der alles über diese Gesellschaft aussagt, lautet doch: Um einen Mann zurückzuerobern, um ihn zu fesseln, nichts Neues in den Kopf, sondern auf den Kopf.

Wenn eine Frau hier sagt, »das muß ich doch nicht mitmachen, leckt mich doch am Arsch«, wird sie so behandelt, daß sie sich zähneknirschend beugt oder solo bleibt.

Ich weiß nicht, warum Frauen so wild darauf sind, daß ausgerechnet der Mann, der sie schon seit Jahren satt hat, noch mal hinfaßt. Es ist nicht immer die Treue, die mißachtete Frauen keusch sein läßt, sondern, da sie sich mit den abgestumpften Augen ihrer Männer sehen, oft die Angst, sich vor einem Fremden auszuziehen. Die Angst, auf einen Neuen so uninteressant, wenn nicht sogar abstoßend zu wirken wie auf den eigenen. Dem Vergleich mit den Pin-Ups an den Kiosken nicht gewachsen zu sein.

Bereichert euch doch auch, indem ihr neue Eindrücke sammelt. Wo ihr die Männer hernehmen sollt, ohne zu stehlen? Ja, wo immer freie Männer gut sind. Der Griff zur Freude muß ja nicht den Kopfsprung einer anderen zur Folge haben. Nur wagt euch endlich raus!

Doch ist die Angst nicht grundlos, da die Natur so ungerecht ist wie die Gesellschaft. Zwei erleben gemeinsam, zwei gehen auseinander, nur einer ist optisch verändert. Immer nur der Frauenkörper ist versaut. Sie kann nie mehr in einer neuen Beziehung neu spielen, weil die Narben: Hängefleisch, Apfelsinenhaut, wie Fingerabdrücke der Vorgänger sind.

Nicht nur die Armen trifft es. Auch reiche Frauen sind gelackmeiert, wenn Fräulein Spitzbrust ankommt. Sicher empfinden sie das Geld ihrer Männer nicht als Entschädigung: Verlorene Selbstachtung kann nicht bezahlt werden.

Das ist ein Phänomen, das von rechts nach links durchgeht. Links ist man bloß nicht darauf gefaßt, weil da die Köpfe und Sprüche besser sind.

Während das plissierte Gesicht eines Mannes Jubel und Verlangen auslöst, zählt man bei Frauen die Jahresringe.

Ich weiß auch nicht, wie ich Leute davon überzeugen soll, daß wabbeliges Fleisch so toll ist wie knackiges — frau kann nur hoffen, auf einen Lüstling zu treffen, der Hängebrüste liebt wie verrückt.

Das ist ja eigentlich alles grober Unfug! Wie hat sich denn soviel Scheiße bei mir im Hirn festgesetzt? Vielen Männern flattern doch schon mit 20 die Haare vom Kopf, wölbt sich schon etwas später der Bauch, quillt der Nacken, prägen Fettwülste das Profil, schlabbern Kinn und Arsch. Manchen Mann hab ich schon um seine Brüstchen beneidet. Haben nicht alte Männer auch jede Menge Krampfadern? Verdienen sich Zahnärzte nicht an ihnen dumm und dämlich?

Wieso spielt denn all dies bei Männern keine Rolle? Die Glatze eines Mannes hält doch keine Frau, die ihn liebt, davon ab, eifersüchtig über ihn zu wachen. Auch Pablo Casals Aussehen zum Beispiel stand nie zur Debatte. Die Ehe mit seiner 46 Jahre jüngeren Schülerin führte nicht dazu, daß sich Leute bekreuzigten, dreckige Witze machten oder sich vor Lachen am Boden wälzten. Seine Beziehung wurde respektiert, die große Liebe erhielt gute Rezensionen.

Kürzlich starb der fünfundneunzigjährige Arthur Rubinstein in den Armen seiner 59 Jahre jüngeren Geliebten Annabelle, die genauso verzweifelt über seinen Tod war wie seine nur 22 Jahre jüngere Ehefrau.

Man spricht von dem großen Risiko solch ungleicher Paare (ungleich immer nur, wenn die Frau älter ist). Jede Liebe ist ein Risiko. Das ganze Leben ist ein Risiko. Und zum Risiko-Eingehen möchte ich ermuntern. Ohne Risiko keine Chance. Ruhe, Sicherheit und Langeweile fordern keinerlei Einsatz. Man muß wagen, Verluste in Kauf zu nehmen.

Der Witz ist, daß die Kurzzeitüberlegenheit der jungen Mädchen ihnen einen Dreck nützt, weil sie sich meistens ihrer Schönheit gar nicht bewußt sind. Auch sie sehen nur ihre Mängel.

Ernsthaft ändern wird sich erst was, wenn wir der Werbung den totalen Kampf ansagen. Wenn nicht mehr Fleisch mit Fleisch, sondern Mensch mit Mensch verglichen wird.

Bei uns Frauen muß sich was ändern. Nicht im Aussehen, sondern im Bewußtsein. Wir sorgen ja selber dafür, daß wir abgetan werden. Die meisten Frauen sind nicht in der Lage zu akzeptieren, daß ältere Frauen noch Begierden befriedigen wollen. Sie ekeln sich beim Gedanken an eine eventuelle Geilheit ihrer Großmütter. Sie sehen die Liebeslust einer Greisin als Perversität an. Finden es unappetitlich, wenn ein altes Paar sich küßt. Ich find Liebe immer schön — egal ob jung oder alt, egal in welchen Konstellationen. Ich will gar nicht wissen, ob Frau mit Frau, Mann mit Mann, Frau mit Mann — ich will nur wissen, ob glücklich. Selten genug, egal, wie die Zusammensetzung aussieht.

Noch eine Satanei der Ungleichheit ist, was ich jetzt bei vielen Freundinnen und Kolleginnen so Mitte Dreißig mitkriege: Die Angst, daß es zu spät wird, ein Kind zu kriegen. Die Sehnsucht danach. Und der Zeitdruck, wollen sie den letztmöglichen Gebärtermin nicht verpassen. Schon wieder ne Angelegenheit, die Männer mit sehr viel mehr Muße angehen können.

Andere Dinge sind wohl weniger gottgewollt: Es soll Männer geben, die sich statt vor der Umarmung erst nach der Umarmung waschen. Allein bei der Vorstellung so eines Ausmaßes an Mißachtung der Frau und der Liebe gegenüber wird mir schlecht.

So wie Männer immer schon wehleidiger waren als wir, wenn sie kränkelten, kommen sie natürlich auch aus dem Greinen nicht raus, wenn sie mal einen vor den Latz kriegen. Trotzdem reib ich mir nicht die Hände, wenn ein Männerauge naß wird. Sondern hoffe nur, daß das Ding am eigenen Leib ihm beibringt, sich humaner zu verhalten. Obwohl ich gleichzeitig weiß, daß das Quatsch ist. Weil Druck Druck erzeugt. Leider nicht den angebrachten Gegendruck, sondern weitergeleiteten. So wie unser Mißtrauen auch manchmal Unschuldige trifft.

Ich merke gerade, daß ich immer noch bei meinen Überlegungen zu Liebesmöglichkeiten ausschließlich Männer anpeile. Obwohl immer mehr Frauen — oft nach langen Jahren der Ehe, Kindergroßziehen, verlassen, geschieden oder verwitwet — sich glücklich dazu bekennen, eine Frau zu lieben. Viele schöne Lesben haben mir auch erklärt, daß sie mit reifen Mutter-Frauen zum erstenmal wirklich glücklich sind. Schöne, starke, treue Bindungen. Frauen, die voller glücklicher Begeisterung einander Schönheit preisen: Schwangerschaftsnarben, Krähenfüße, Tränensäcke. Grauen Haaren und anderen äußeren Veränderungen zum Trotz. Mir scheint, wir Frauen nehmen wirkliche Schönheit besser wahr: Blick, Bewegung, Stimme, Herzlichkeit, Wärme, Glaubwürdigkeit, Treue.

Für mich ist das totale Mißverständnis einer Emanzipation: die Umkehrung. Andere bis aufs Blut zu piesacken, ist keine Lösung. Daß Frauen von Haus aus anständiger, sozialer, solidarischer sind, ist ein Gerücht. Seit den Erfahrungen der letzten Jahre, in denen eine Handvoll Frauen es geschafft hat, erhoffte und erwünschte Führungsrollen zu übernehmen, nicht mal mehr das. So wie Frauen sich schon immer in bezug auf Sex gegenseitig in die Pfanne gehauen haben, tun sies jetzt, wo Karriere im Spiel ist. Es sieht so aus, als ob Unternehmersein an sich den Charakter deformiert und gute Vorsätze vergessen läßt.

Was lehrt uns die Geschichte? Da muß sich was ändern, lehrt sie uns. Gleichberechtigung der Frau ist nur möglich, wenn Menschen überhaupt gleichberechtigt sind. Eine Erkenntnis, die in Ost und West noch aussteht.

Berufliche Gleichstellung? Wenn ich lese, daß Musterprozesse geführt werden müssen, damit Frauen für gleiche Leistung gleich entlohnt werden, daß dazu auch noch Mut gehört — im 20. Jahrhundert, im Zeitalter der Gewerkschaften und vorhandenen Gesetze, die nur nicht angewandt werden — krieg ich vor Staunen den Mund nicht mehr zu.

Ich halte offensichtlich immer wieder Dinge für selbstverständlich, nur weil sie selbstverständlich sein müßten. Das ist übrigens auch ein Rezept, um durchzukommen. Weil vieles nur nicht akzeptiert wird, wenn man um seine Rechte bittet, statt sie sich zu nehmen.

Dadurch, daß ich dies schreibe, ist mir erst aufgegangen, wie wenig frei ich von Zwängen bin. Mir geht es hier nur so gut, weil ich den Trick, den ich in Schweden als halbes Kind angewandt habe, auch als Erwachsene wieder anwende. Bewege mich mit Männern wie ein Mann. Bin aber beruflich und privat immer häufiger und gerne mit Frauen zusammen. Hab nicht die leichten Erfolge, aber stabilere. Weil Kollegen mit mir keine sexuellen Peinlichkeiten erleben. Nur beruflichen Attacken ausgesetzt sind, die nicht als verkappte Eifersuchtsausbrüche mißverstanden werden können.

Meine ökonomischen Schwierigkeiten hab ich nicht, weil ich ne Frau bin, sondern weil ich ein Idiot bin. Und weil mir im Endeffekt meine Arbeit immer wichtiger ist als das Geld, das ich dafür kriege. Vielleicht bin ich ja doch kein Idiot.

Um ein Rezept anzubieten, weiß ich zu wenig über wirtschaftliche Zusammenhänge und zu viel über Menschen. Als Chance für uns sehe ich nur, uns gegenseitig auf allen Gebieten zu unterstützen und aufzubauen. Solidarität!

Wenn wir Frauen uns Freude, Frauen, Männer, Jobs und Selbstvertrauen zuspielen würden, statt einander Lebenswichtiges aus der Hand zu schlagen, wären wir ein gutes Stück weiter. Da ist Platz für uns alle. Alles eine Frage der Umverteilung!

Dann können wir auch wieder Männer unterstützen. Aber nicht mehr aus der Position der Unterlegenheit heraus. Unterlegenheit? Daß ich nicht lache! So unterlegen wie der Unterste in der Akrobatenpyramide!

1972—1978

»Für uns sind Sie Herr W.«

Sabine Weinheimer ist groß, blond, kräftig. Hinter der Hornbrille wache intelligente Augen. Perlen an den Ohren. Ringe und Nagellack. Lippenstift. Alles sehr dezent. Weiße bequeme Sommerschuhe. Sommerbluse. Heller Mantel. Weiße Handtasche. Sie spricht rauh und langsam. Und trotz ihrer Angst nicht ohne Energie. Sie stellt mir ihre Ehefrau vor. Das hübsche schlanke Mädchen mit dem langwallenden roten Haar ist ihre gemeinsame 23jährige Tochter Regina. Sabine ist transsexuell. Sie klagt vor dem Sozialgericht. Ihr Verteidiger ist mißmutig — erschöpft durch die Jahre vergeblicher Anläufe. Sabine kämpft um einen Arbeitsplatz, an dem sie als Frau arbeiten kann, ohne Widerstand und Ablehnung befürchten zu müssen. Im Labor, als Tierpflegerin, Personalsachbearbeiterin, Telefonistin oder Trichinenbeschauerin. Und wenn das verweigert wird, um eine Rente.

Sie hat einen Arbeitsvertrag mit der Stadt Hamburg. Da müßte vieles leicht möglich sein, da der Stadt Krankenhäuser, Sozialverwaltungen, Institute, Orts- und Bezirksämter und jede Art von Behörde unterstehen. Aber warum sollte man es Frau Sabine, die man lieber Herrn Weinheimer nennt, leicht machen? Man besteht darauf, daß sie als Schauamtsgehilfe laut Dienstvertrag zu erscheinen hat.

Sabine: »Die psychische Belastung halt ich nicht aus. Mit Hunderten von Hafenarbeitern, mit Firmenvertretern und Arbeitern vom Schlachthof, die mich alle von früher als Mann kennen. Gut kennen, da ich seit 1973 sehr aktiv im Personalrat war. Ich bin kein bedauernswerter Einzelfall. Betriebs- und Personalräte, die sich wirklich ernsthaft einsetzen im Rahmen ihrer Aufgabe, haben nun mal nichts zu lachen. Ich weiß auch, daß ich dem Behördentratsch ausgesetzt bin. Und für viele nicht ein Mensch, sondern nur ein schmutziger Witz. Darum möchte ich, wenn man mir keine erträgliche Arbeit zubilligt, nach inzwischen 13 Jahren beim Staat wenigstens meine Versorgung. Wenn ich selbst kündige, verliere ich meine Versorgungsansprüche.«

Sabines Klage wird abgewiesen: »Nicht erwerbsunfähig«. Ein Rückstoß von Tausenden. Kiloweise Akten hat sie mir gebracht. Und verzweifelte Briefe an Ärzte, Behörden, Abgeordnete und wieder an Ärzte, Behörden, Abgeordnete und wieder an Ärzte, Behörden, Abgeordnete.

Sie kommt mir vor wie jemand, der Tag und Nacht völlig außer Atem rennt, ohne voranzukommen. Wie in einem Alptraum. Kreist jetzt unentwegt um sich. Obwohl sie eigentlich eine Person ist, die ganz stark und bewußt für andere da ist. Ihr wird kein Raum gelassen für irgend etwas anderes als diesen Existenzkampf. Ihre Vitalität und Unternehmungslust werden völlig aufgebraucht von Widerständen und Unerfreulichkeiten, die alle im Zusammenhang mit der Geschlechtsumwandlung stehen. Die Behörden lassen es sich mehr kosten, dieser Frau ein Bein zu stellen, als ihr auf die Beine zu helfen.

In einer Entscheidung des Großen Senats des Bundessozialgerichts in Kassel heißt es: »Können die Rentenversicherungsträger und das zuständige Arbeitsamt einem Rentenversicherten wegen seines Gesundheitszustandes innerhalb eines Jahres keinen Teilzeitarbeitsplatz anbieten, so hat er Anspruch auf Berufs- oder Erwerbsunfähigkeitsrente.« Das Bundessozialgericht hat in seinem Spruch Transsexuelle nicht ausgeklammert. Sabine hat einen Behindertenausweis, aber dafür kann sie sich nichts kaufen.

Sabine ruft an, verzweifelt. Ich mache einen Sonntagsbesuch. Mittags zum Essen. Kleine Wohnung in einem Neubau. So penibel, sauber, bürgerlich, wie ich es häufig bei an den Rand der Gesellschaft gestoßenen Menschen vorfinde. Eine Art Revolution gegen die eigenen Lebensumstände.

Die beiden Frauen, die so lange Mann und Frau waren, sind sehr liebe Gastgeber. Sabine quillt über. Sie muß sich unentwegt Luft machen. Redet wie ein Wasserfall. Ihre Lebensgefährtin trägt das Essen auf, lächelt still.

Ich lese eine gutachterliche Stellungnahme der Abteilung für Sexualforschung der Uniklinik Hamburg: »Es handelt sich bei Rolf Weinheimer um eine transvestistisch-transsexuelle Entwicklung, die sich nicht mehr verändern lassen wird.«

»Wie hat es sich denn entwickelt? Fühltest du dich schon als Kind wie ein Mädchen?« Sabine: »Nein, aber ich wäre gern ein Mädchen gewesen. Ich spielte lieber mit Mädchen. Ich bin unehelich geboren und bei meinen Großeltern aufgewachsen. Meine Mutter starb ganz jung.

In der Schule, ich war in einer Jungsklasse, bin ich durch nichts aufgefallen. Bescheiden, zurückhaltend, nicht überragend. Mein Freund Günter war eine Intelligenzbestie. Mit ihm konnte ich diskutieren. Als er die Oberschule besuchte, stellte er mir seine Lehrbücher zur Verfügung, brachte mir Sprachen bei und weckte mein Interesse für Jazz und Swing. Diese Freundschaft hat mich angekurbelt. Sowie später in der Gefangenschaft die Begegnung und der Einfluß von Professor Wolfgang Abendroth.

Sexuell erlebte ich wenig. Mädchen waren für mich etwas Heiliges. Ich haßte schmutzige Bemerkungen und sowas. Nur beim Onanieren war ich Frau. Mit 19 war ich Soldat. Meine sexuellen Erlebnisse waren kurz, aber beglückend. Später in der Gefangenschaft, als andere bei bunten Abenden als Damenimitatoren auftraten, hätte ich nie gewagt mitzumachen. Aus Angst, ausgelacht zu werden. Als ich zurückkam, hatte ich zwar eine Menge im Kopf, aber nichts Berufliches gelernt.

Ich war ein junger Mann mit Nachholbedarf. Tanzschule. Elisabeth. Da sie gleich schwanger wurde, Hochzeit. Enttäuschung. Scheidung. Ich habe keinen Kontakt zu meinem

Sohn, der jetzt Grafiker ist, gehabt, um sein Leben nicht zu komplizieren. Vermeide jede Konfrontationsbelastung.

Dann war ich fünf Jahre allein. Partikulierte. Das heißt, ich trug Damenunterwäsche, aber noch nicht sichtbar für andere. Psychiater deuten das gern als Fetischismus. Unsinn! Ich hab nicht Wäsche von der Leine geklaut. Nicht Wäsche einer Geliebten getragen. Sondern ganz normal in der Wäscheabteilung in Warenhäusern gekauft. Nach einigen Überwindungen. Das war alles zur Zeit Adenauers nicht so einfach wie jetzt. Ich war natürlich nicht offen Gelegenheitspartnern gegenüber. Ein paar Freunde wußten Bescheid. Ich besorgte mir Fachliteratur und hielt mich für einen Transvestiten. Das hat mich weder erschreckt noch erfreut. Nur interessiert als Phänomen. Schuldgefühle und Mulmigkeit kamen nur auf, weil es als krankhaft bezeichnet wurde. Ich wurde Badewärter und Bademeister. Fühlte mich unterfordert — bis zum heutigen Tag.«

»Renate, wie ist es dir denn ergangen als Sabines Frau?«

»Er war vom ersten Augenblick an gut zu mir. Ich lernte ihn an meinem ersten Tag in Hamburg kennen. Ich war krank, ohne Arbeit, ohne Wohnung, ohne Geld. Er hat mich zu seinem Arzt gebracht, hat mich bei sich aufgenommen.

Ich hab in ihm nicht den Mann oder Geliebten gesehen, sondern Vater und Mutter. Ich fand die Sexualität mit ihm nicht widerlich, aber ich hatte nichts davon. Unsere Tochter war ein Wunschkind. Danach war ich bald jedes Jahr schwanger.

Sieben Abtreibungen und ein Kaiserschnitt. Ich wär fast verrückt geworden.

Daß er Damenunterwäsche trug, hab ich gesehen, aber nicht drüber geredet. Wir waren beide sehr verschlossen und ratlos. Dann wurde es immer schlimmer. Eine Bluse von mir war oben kaputt, weil er sie getragen hatte. Ich war wütend. Und die dünnen Träger seiner Damenunterhemden

sah man durch seine Oberhemden durch. Das hat mich belastet. Hatte immer nur Angst vor den anderen Leuten, wenn
wir unterwegs waren.« Renate rutscht, ohne es selbst zu merken, von »meinem Mann« zurück zu »Sabine« und »sie«:

»Sie ist einfach ein guter Mensch. Da wo sie schwierig ist,
liegt es an ihrer Persönlichkeitsveränderung. Unsere Freundschaft ist immer tiefer geworden. Offener.«

»Wie hat denn Regina das alles verkraftet?«

Sabine: »Ich trug Frauenkleider nur, wenn das Kind nicht
da war. Erst als sie zwölf war, hat sie mich mal überrascht.
Da hab ich ihr alles ganz deutlich erklärt. Sie zeigte weder
Erstaunen noch Entsetzen. Sie nennt mich auch Sabine. Sie
versteckt mich nicht vor Kollegen und Kommilitonen. Sie
ist Krankenschwester und studiert Sozialpädagogik. Sie ist
selbst politisch aktiv und ist stolz auf mich und meine politischen Aktivitäten. Das heißt nicht, daß wir keine Debatten
haben.«

»Sind deine Brüste echt?«

Sabine: »Ja, 1969 begann die Brustbildung. Ohne Spritzen. Jetzt helfen Östrogene nach. Seit 1975 kämpfe ich um
die Operation.«

»Warum? Um Himmels Willen! Was ändert das?«

Sabine: »Ja, was meinst du was los ist. Wenn ich mal ins
Krankenhaus muß. Oder nur auf eine öffentliche Toilette.
Oder ins Freibad gehe, ohne daß das gemacht ist. Und ich
möchte glaubwürdig sein, vor anderen und mir selbst. Erst
wenn ich keinen Penis mehr hab, kann ich sagen, ich bin
die, die ich bin. Aber man verweigert mir den Eingriff, läßt
mich auf halbem Wege stehen. Bin eben kein Akademiker
und nicht freiberuflich. Nur ne kleine Laus bei der
Behörde.«

Ich habe Sabines Arzt gefragt, warum ihr so starr der Eingriff verweigert wird.

Dr. Schoff: »Wir können die Verantwortung dafür nicht
übernehmen. Wer garantiert uns, daß sie es nicht eines Ta-

ges bereut. Ich bin so weit gegangen wie möglich, um ihr zu helfen!«

Wer jahrelang um eine solche Verstümmelung kämpft, um das Gefühl zu haben, ich bin endlich heil, der sollte nicht mehr hinterfragt werde, finde ich.

»Da kannst du Hunderte von Gutachten haben und kriegst nach wie vor zu hören: ›Für uns sind Sie immer noch Herr Weinheimer!‹ Wenn man mich nicht durch Psychoterror gezwungen hätte, mich zu offenbaren, hätte ich mein Männchen zu Ende gespielt, um meine Familie besser schützen zu können.

Ein Freund von mir, der es nicht mehr ertragen konnte, in allen Ausweispapieren immer weiter als Frau zu stehen, hat alle seine Ausweise und Papiere zerrissen und weggeschmissen. Um konsequent zu sein. Das würde ich nie tun. Wer blamiert sich denn eigentlich, der Staat oder ich?«

Der Staat natürlich. Nicht ein Mensch, der seinen Hormonen und seiner Psyche unterworfen ist. Sondern eine dummbrutale Gesellschaft, die ihm das Leben noch zusätzlich zur Hölle macht. Aber nicht der Staat und nicht die Gesellschaft zerbrechen an diesen schwachsinnigen Gesetzen, sondern die wenigen davon Betroffenen und ihnen Ausgelieferten.

Ein Jahr ist seit dem Prozeß vergangen. Da Sabine trotz allem nicht zu entmutigen war, hat sich ne Menge ereignet:

»Stell dir vor, ich arbeite jetzt schon die ganze Zeit in der Administration meiner Behörde. Selbständig im eigenen Zimmer. Unter meinem Namen.«

»Welchem?«

»Sabine natürlich, nicht Rolf. Fast 35 Mitarbeiter stehen hinter mir. Außerdem hab ich das erste amtliche Papier, den Führerschein Klasse 4 auf meinen Namen. Übe auf ner Honda, um eine Vespa fahren zu dürfen. Renate hinten drauf. Macht helle Freude. Hab sofort meine sämtlichen Sparkonten und Versicherungspapiere auf meinen Namen geändert. Das vorher war ja ne echte Namensverdrängung.«

»Willst du dich immer noch amputieren lassen?«

»Amputation würde ich dazu nicht sagen.«

Am 6. September war die Abschlußuntersuchung. Damals hat Dr. Schorsch der Operation mündlich zugestimmt. Die Frauenärztin Dr. Pröscher wird es in ihrer Privatklinik machen. Zu ihr hab ich das größte Vertrauen.«

Vertrauen muß die Arme schon haben. Denn auch sie weiß, wie vielen bei dem erkämpften Eingriff ganz am Rande auch der Harnleiter zerschnitten wurde. So löst dann ein Leiden das andere ab. Aber ich hab inzwischen den Eindruck, daß es kein Risiko auf der Welt gibt, das einen Transsexuellen schreckt, wenn es darum geht, den Körper der Person anzupassen.

Ein Freund von Sabine, Martin Schlörmann, Taxiunternehmer und Journalist, früher Frau, sagte mir: »Wenn ich nicht endlich durchgekriegt hätte, daß man mir die Brüste abnimmt, hätte ich versucht, mich mit Krebs zu infizieren. Wenn das auch nicht geklappt hätte, hätte ich mich eben umgebracht.«

1978

Konrad

*V*or einigen Jahren, als ich mit dem brasilianischen Tänzer Derval lebte, hatte ich ein einschneidendes Erlebnis. Nicht mit dem schönen Derval, sondern mit dem armen Konrad. Eines Tages klingelt ein Bettler an meiner Tür und fragt, ob ich ein Glas Wasser und ein Stück Brot für ihn habe. Ich sag: »Komm rein. Du kannst selbstverständlich mit uns essen.« Konrad sträubt sich. Bittet mich, ihm lieber so ein Stück Brot auf die Treppe rauszugeben. Ich erklär ihm, daß meine Freunde es nicht gewohnt sind, vor der Tür auf der Treppe zu essen, sondern in meinem Zimmer an meinem Tisch.

Nehm ihn bei der Hand und zieh ihn hinter mir her. Auf dem Weg durch den Korridor frag ich schnell nach seinem Namen. Stelle ihn dann einer Handvoll Freunde, die gerade zum Essen bei mir sind, als meinen Freund Konrad vor. Keiner wagt, eine Frage zu stellen. Obwohl Konrad in Fetzen gehüllt ist und sich sicher wochenlang nicht gewaschen hat. Er ist so schwach, daß er seine Tasse kaum heben kann. Die Gabel fällt aus der Hand. Er hat furchtbare Zitteranfälle. Kann kaum schlucken. Er ist wohl zu hungrig.

Ich frag: »Bist du vielleicht müde? Willst du ein bißchen schlafen? Hast du Lust, ein heißes Bad zu nehmen? Das würde dir guttun.« Dann hab ich ihn in die Wanne gesteckt. Ein schönes Schaumbad vorbereitet.

Meinem Brasilianer, der in seiner Eitelkeit viele wunderschöne Kleidungsstücke hat, sage ich, daß er sich von einigen trennen muß. Er protestiert erst lautstark, rückt dann aber ein paar seiner feinen Sachen raus: Hemd, Unterwäsche, Socken und eine Hose. Beide Männer haben etwa die gleiche Größe, ungefähr 1,85.

Ich führe den in Handtücher gehüllten Konrad ins andere

Zimmer, lege ihn da zum Schlafen hin. Er schläft fast zwei Tage. Als er aufwacht, lasse ich ihn wieder baden und geb ihm Dervals Rasierapparat. Stelle fest, daß Konrad, den ich für mindestens 70 gehalten habe, nicht mehr als ungefähr 50 Jahre sein kann. So verändert ist er nach Schlaf und Erholung. Essen kann er auch schon wieder. Unendliche Mengen. Während er ißt, fängt er immer wieder an zu weinen. Er kann es nicht fassen. Er sagt nur immer wieder, daß er sich vorkomme wie im Traum: »Das kann doch alles nicht wahr sein.« Er erzählt, daß er seit vier Jahren obdachlos ist und seitdem nicht gearbeitet hat. Seine Frau ist damals gestorben, und er hat sich danach nicht fangen können.

Ich lasse Konrad, gegen Dervals Protest, weiter bei uns wohnen. Er hält mich erst für steinreich, weil ich ihm alles gebe. Als er dahinterkommt, daß ich selbst nichts habe, sagt er, daß ich nie im Leben wieder arbeiten müsse, nie wieder Sorgen haben werde. Er werde ab sofort die Verantwortung für mich übernehmen: »Ich gehe in den Hafen arbeiten.« Das tut er tatsächlich. Er arbeitet zwei Schichten pro Tag. Das sind 16 Stunden. Kommt dann glühend und strahlend nach Hause. Mit den Armen voll Bananenstauden. Und Kuchenbergen. Weil er raushat, daß ich gern Kuchen esse.

Ich bin ganz euphorisch. Es ist, als hätte ich ihm sein Leben wiedergegeben. Derval ist eifersüchtig, weil er merkt, daß Konrad meine Aufmerksamkeit schluckt. Eine Begeisterung in mir auslöst, die auf einer ganz anderen Ebene liegt als meine Triebhörigkeit ihm selber gegenüber. Es kommt so weit, daß Konrad sogar sein Zimmer bezahlen will. Nur um sein Selbstgefühl zu stärken, nehme ich das Geld an, lege es aber in einer Schachtel für ihn zurück. Damit er was auf Lager hat. Daß Konrad Alkoholiker ist, habe ich erst später erfahren. In all der Zeit, in der er bei uns wohnt, rührt er keinen Tropfen an. Seine erste Alkoholpause seit vier Jahren. Er wird immer glücklicher, stolzer, strahlender.

Derval und einige andere, die schon lange bei mir nassauern, tun ihr Bestes, um Konrad rauszuekeln. Konrad belegt ja immerhin eins der zweieinhalb Zimmer. Konrad wird beachtet. Das wollen die anderen nicht dulden. Aus Angst, ihnen könne was verlorengehen. Ich habe zwar kein Geld, aber auf Kredit kann ich immer so viel herbeischaffen, daß andere mithausen und mitleben können. Und die sehen sich und das, was ihnen schon Gewohnheitsrecht geworden ist, gefährdet. Tun deshalb alles Erdenkliche, um ihn hinter meinem Rücken loszuwerden. Bis Konrad eines Tages in Tränen aufgelöst ruft: »Ich darf hier ja nicht mehr bleiben. Ich gehe jetzt! Mich will ja keiner hier haben«. Daß ich fieberhaft versuche, ihm klarzumachen, wie gern ich ihn dahab, nützt nichts. Also suche ich die Schachtel mit dem gesparten Geld. Die ist leer.

Das führt zum ersten ganz großen Bruch zwischen meinem Liebhaber und mir. Er hat das Geld geklaut. Von mir zur Rede gestellt: »Was heißt da Konrads Geld? Warum soll für Konrad gespart werden? Schließlich hat er es dir ja gegeben, dafür, daß er bei dir wohnen durfte. Also gehört es uns.« Uns heißt ihm, also ist es kein Diebstahl. Ich muß schon sehr bedrohlich gewirkt haben. Denn Derval, gegen den ich sonst nie ankann, weil er der Stärkere von uns beiden ist, gewalttätig und ich ihm hörig, sieht sich gezwungen, das ganze Geld wieder rauszurücken. Er hat es noch nicht ausgegeben. Allerdings, ich drohte, micht sonst von ihm zu trennen. So bekommt Konrad doch sein Geld und wandert davon.

Ich mache mir Sorgen um ihn. Stelle mir dauernd vor, daß er wieder in den Rinnstein zurückfällt. Und versuche alles mögliche, um ihn zu finden. Ich lasse ihn ihm Obdachlosenasyl suchen. Im Hafen. Überall. Ich telefoniere herum, ohne seinen Namen zu wissen. Kein Konrad zu finden. Dann, nach Monaten, ist er auf einmal wieder da. Nachts. Sternhagelvoll und genauso heruntergekommen wie beim ersten Mal. Ich stopfe ihn wieder in die Badewanne, laß ihn wieder schlafen. Gebe ihm wieder zu essen. Sage ihm aber, daß er nicht wieder davonlaufen darf. Und daß er nie wieder betrunken ankommen darf, nie wieder mitten in der Nacht. Das würde mich zu sehr erschrecken: »Tagsüber immer. Dann kannst du hier auch bleiben. Trinken mußt du woanders«.

Damals war ich noch totale Anti-Alkoholikerin, und mit Betrunkenen hab ich nie umgehen können. Ich weiß nicht, welche Sprache man sprechen muß, um zu ihnen durchzudringen. Bin ihnen gegenüber hilflos. Konrad bleibt nur zwei Tage, wandert wieder ab. Kommt irgendwann wieder. Nachts. Trotz meines Verbots. Wieder restlos betrunken. Nach ungefähr einem Jahr taucht er noch einmal mitten in der Nacht auf. Bringt diesmal einen Tippelbruder mit. Einen jungen. Beide betrunken. Beide mit geklauten Konservendosen und Kaffee. Er sagt: »Ich wollt dir doch nur eine Freude machen und hab darum die ganzen Sachen geklaut.« Und seinen Ausweis, irgend so einen Ausweis, hat er verloren bei der Gelegenheit, beim Weglaufen. »Du darfst mich nicht rauswerfen. Du mußt uns hier bleiben lassen«. Und seinem Freund sagt er: »Da siehst du, du hast immer gesagt, ich habe gelogen, ihr habt mir alle nicht geglaubt. Da steht mein Engel! Das ist mein Engel!« Der andere hohnlacht und sagt: »Das soll ein Engel sein? Das ist ein Engel? Und dann will die, daß wir wieder gehen?«

Als mir klar wird, daß die beiden inzwischen von der Polizei gesucht werden, kann ich sie gar nicht rausschmeißen. Ich muß sie also, obwohl sie randalieren, bei mir behalten. Die Wohnung ist knallvoll mit anderen Leuten, die hier schlafen. Alle Ecken belegt. Also muß ich die beiden in die Küche legen. Auf den Fußboden. Wo sie noch eine Flasche Korn kippen. Sie sind so laut, daß ich nicht schlafen kann. Zum Teil aus Angst vor den Nachbarn, die sowieso gesagt hatten, daß, wenn ich Penner bei mir aufnehmen würde, sie ihrerseits zusehen würden, daß ich meine Wohnung verliere. Also gehe ich immer wieder mal in die Küche, um zu bitten, daß sie leiser sind.

Als die beiden endlich schlafen, ist es trotzdem laut. Es ist Konrad. Der wälzt sich vor Angst im Schlaf auf dem Fußboden und schreit. Dinge über Rußland. Dadurch hab ich erst erfahren, daß er in russischer Kriegsgefangenschaft gewesen sein muß. Daß er überhaupt als Soldat wohl in Rußland war und daß ihn das verfolgte. Mehrere Male wecke ich Konrad. Nicht um selber Ruhe zu haben, sondern um ihm Ruhe zu geben.

Morgens um sieben brechen die beiden auf. Trotz Polizei. Durch mein großes Fenster sehe ich ihnen lange zu, wie sie auf der Wiese hinter dem Haus Ringelreihen tanzen. Von der Sonnen beschienen, wie zwei Faune, Hand in Hand im Kreis hüpfend und springend. Von weitem sehr viel poetischer als aus der Nähe.

Meine letzte Begegnung mit Konrad ist eine, die mich nicht losläßt und für die ich mich sehr schäme. An einem Neujahrsmorgen komme ich nach Hause von einer Silvesterparty. Da liegt Konrad auf meiner Treppe, schlafend. So quer über die Stufen. Ich hab ihn wachgerüttelt und angebrüllt: »Wie kannst du es wagen! Du weißt doch, daß ich meine Wohnung verlier, wenn du dich so auffällig benimmst«. Und Konrad, schlaftrunken, betrunken und hilflos, sagt nur immer wieder: »Ich wollte dir doch nur Glück zum neuen Jahr wünschen, Peggy!« und versucht, in die Wohnung zu kommen. Da hab ich ihm einen Stoß vor die Brust versetzt und geschrien, daß ich mich nicht mehr damit abfinde, daß er besoffen ankommt und dann wieder Monate nichts von sich hören läßt. Er habe sich, wenn er meine Hilfe haben möchte, auch nach meinen Lebensregeln zu richten, und nicht mein Leben zu zerstören, nur weil er mich in irgendeinem Moment sehen will. Wieder versucht er, in die Wohnung zu kommen. Leiert immer weiter nur hilflos: »Aber ich muß dir doch ein schönes neues Jahr wünschen.«

Da hab ich ihn so heftig vor die Brust gestoßen, daß er fast umgefallen ist, und die Tür zugeknallt.

Ich schäme mich heute noch. Und ich weiß überhaupt nicht, wie ich das wieder gutmachen soll. Wie soll Konrad je wieder Fuß fassen können, nachdem ich ihn weggestoßen habe? Ich hab danach auch wieder versucht, ihn zu finden. Hab ihn wieder durch Freunde suchen lassen.

Jahrelang und ihn nie wieder gefunden.

1969

Josef und ich

*W*enn man allein durch die Straßen schlurft oder durch einen Park stapft, sieht man brennenden Auges Paare, nichts als Paare. Man sieht Hände und Hüften sich berühren. Blicke sich treffen. Flüchtige Küsse auf Auge, Nase, Mund und Ohr.

Da girrt und gluckert und lacht es. Aus zwei Kehlen, als wäre es aus einer. Kopf im Schoß, Hand im Haar. Haar, in dem Finger spielen, wirkt immer gleich weicher, voller, lebendiger. Oh, dieses Glück, Glück, Glück! Dies für einen selbst nicht zu erreichende Glück. Da löst die Sonne, die in die Augen sticht, nur Migräne aus.

Schon wieder gehen zwei im gleichen Rhythmus. Es schnürt den Frierenden die Kehle zu. Liebe, überall Liebe, an die man nicht ran kann. Und ringsum Augen. Gerührt, sehnsüchtig oder krank vor Neid. Und man weiß, daß all die Gerührten, Sehnsüchtigen, Kranken auch irgendwann mal die Beneideten waren. Die Geküßten, die Gestreichelten, die Gekosten. Denen Herrlichkeiten ins Ohr geflüstert wurden.

Man betritt Wohnungen, die einen gefangennehmen. Wärme hüllt einen ein. Die Wärme Liebender, die ihre Wohnung nicht zu einer Möbelausstellung, sondern zu einem Heim machten. Viel Persönliches, Selbstgepinseltes, Buntes oder Mattes. Viel Eigenes. Und wieder sagt man sich: Wie herrlich! Oh, wie beneidenswert!

Und alle, die Josef und mich an der Uni sahen, in Kneipen und wo immer wir ansonsten zusammen auftauchten — hier und auf Reisen — sagten auch immer wieder: »Oh, so wie ihr beiden! So leben, so lieben, so eins sein!«

Wir gingen wie auf Wolken. Ich allerdings nur mit einem

Fuß. Nie vergessend, daß Erregung und Glück, Hingabe, Inspiration, ach, einfach alles, was das Leben lebenswert macht, vergänglich ist. Daß da, wo gerade noch das Atemlose eines Anlaufs, der Freude, der Begeisterung einen jubeln läßt, sich Enttäuschung, Skepsis und Lähmung breitmachen, die Geborgenheit nur eine Scheingeborgenheit ist. Was nicht heißt, daß ich die Vergänglichkeit auch nur eine Sekunde akzeptiere. Durch mein Wissen um die Dinge wohl nur die Hoch-Zeit verkürze.

Warum geht alles zu Bruch? Ist es die Hoffnung auf mehr und mehr und mehr? Immer und überall, bei jedem und jeder das gleiche: Anfangs kann man sich gar nicht so schlecht benehmen, daß es nicht immer noch als hinreißend empfunden würde. Dafür kann man später geradezu traumhaft sein, ohne auch nur als halbwegs erträglich zu gelten.

Erinnert Ihr Euch noch an unsere vielen duften Freunde bei der APO und im SDS? Alles stimmte. Keine bedrohlichen Diskrepanzen, die ein Unheil vorausahnen ließen. Nichts von alledem, wo es hinterher heißt: Naja, es mußte ja so kommen. Ist doch klar. Bei dem Bildungsunterschied. Dem Altersunterschied. Oder bei so unterschiedlichen Zielen. Dem Unterschied, Unterschied, Unterschied.

Nein, es waren meist interessant aussehende Leute gleichen Alters. Von ähnlicher Intelligenz. Häufig mit gemeinsamem Studium. Auf jeden Fall gab es gemeinsame Freunde, gemeinsame Ziele, gemeinsame Wünsche und Hoffnungen. Auch gemeinsame Ängste. Gemeinsames Bedrohtsein und gemeinsamen Einsatz.

Doch ohne daß unsere Freunde häßlicher, dümmer oder uninteressanter wurden, ist auch da alles inzwischen Bruch. Egal wo man hinguckt. Trauer, Verzweiflung, Ärger, Verbitterung. Gelegentlich — wo Gefühle noch heiß sind — Haß.

Wie erklärt sich diese Unfähigkeit, etwas Schönes festzuhalten? Oder anders: Wie erklärt sich die Unfähigkeit, etwas

Gutes als gut zu erkennen? Was wird aus der Liebe? Woran zerbricht sie?

Die große Story von den sexuellen Schwierigkeiten — wann fängt man an, sie zu erzählen? Da kann mir doch keiner weismachen, daß all die anderen sexuell soviel weniger glücklich waren, als ich es bin, solange es gut läuft. Aufgeklärt, unbefangen — dementsprechend auch einigermaßen ehrlich.

Ist es die Neugier auf kleine Beziehungen, die die große Beziehung kaputtmacht? Ja, verdammt nochmal, wo kommt die denn her bei Leuten, deren Neugier schon seit Jahren reichlich befriedigt sein müßte? Es ist ja nicht die geistige Neugier, die trennt! Das dämliche Gelaber von »Ich brauch eben ab und zu Selbstbestätigung«. Welche Bestätigung? Durch wen? Ein schneller Fick? Irgendwelche Pimpergeschichten, Biertischbekanntschaften? Oder Partnertausch auf Feten? Wer kann denn so was noch für Bestätigung halten? Bestätigung kann doch eigentlich nur durch einen gesteigerten Schwierigkeitsgrad entstehen.

Und was kann anerkennender sein, als daß jemand, den man liebt, sich auch noch nach Jahren gern zu einem bekennt? Einen auch noch nach Jahren wissen läßt, daß er sich Tag und Nacht freut, mit einem leben zu dürfen. Trotz aller inzwischen sattsam bekannten Mängel, Unzulänglichkeiten, Krisen und Kränkeleien.

Was macht ein Mann mit zwei Frauen? Kommt mir vor, wie ne Decke, die zu kurz ist. Meistens sogar zu kurz für nur eine. Der Versuch »aufgeklärter« Leute, zu viert, zu zwanzig, in Wohngemeinschaften oder sonstwie der Misere durch Multiplikation zu entgehen, hat auch zu nichts geführt. Es multipliziert sich ja auch der Müll. Die Ekelschwelle beim Abwasch wirkt sich dann stärker aus als die Reizschwelle bei der Möglichkeit zum Fremdgreifen.

Alles keine Lösungen. Irgend etwas oder irgend jemand bleibt immer auf der Strecke. Dabei ist es ganz egal, ob Ehepaar oder Paare, die »nur so« zusammenleben. Und sich bloß vormachen, keine Ehe zu führen. Der einzige Unterschied: Mit Scheidungen wird etwas länger gezögert, weil dann Finanzen ins Spiel kommen. Und das gerechte Zerhacken der Möbel. Ansonsten das gleiche in Grün. Oder womöglich: »Um der Kinder willen.« Arme Kinder.

Auch ganz andere Leute als ich — die »unabhängig« spielen — wollen am liebsten sterben, wenn eine angeblich längst überholte Zweierbeziehung in die Binsen geht. Erst beim Liebesentzug, wenn der hellodernde Wahnsinn ausbricht, wird das Suchtverhalten in der Liebe sichtbar. Eine Sucht, nicht weniger zerstörend als Heroin, Opium, Kokain. Liebe, die härteste Droge.

Vielleicht liegt es an der übergroßen Nähe — und an dem nie Nahegenug-Herankommenkönnen. »Oh, mein Gott, rückt der mir auf die Pelle!« — »Ach, nie, nie kann ich ihm unter die Haut!«

Warum macht gerade das, was eine Beziehung wertvoll macht, die gleiche Beziehung kaputt? Da es ja die Qualität einer Beziehung ausmacht, man selbst sein zu dürfen, erkannt zu werden. Durchschaut zu sein und trotzdem geliebt und akzeptiert. Aber grade die Tatsache, daß man sich durchschaut weiß, treibt einen immer wieder zu anderen, denen man noch dies oder das vormachen kann.

Wieso ist fast jeder von uns so dumm, daß er lieber seine Fassade beachtet wissen will als sein eigenes Ich? Daß fast jeder immer wieder lieber die Firlefanztänze der Oberflächlichkeit und der Tarnung aufführt, als sich mit jemandem zu sich selbst zu bekennen? Die Flucht vor dem anderen ist doch nichts anderes als die Flucht vor sich selbst.

Ich versteh nichts. Ich begreif nichts. Ich will das auch gar nicht begreifen. Ich weiß nur, daß ich diese Zwangsläufigkeit des Zerbrechens nicht akzeptieren kann oder will. Daß ich bereit wäre — wenn ich wüßte wie —, alles zu tun, um dagegen anzukämpfen. Weil ich mir nichts Schöneres vorstellen kann als Gemeinsamkeit — dazu noch gekoppelt mit Erotik. Daß ich es nicht mehr ertrage, Menschen aneinander zerbrechen zu sehen.

Um Sachbesitz muß man kämpfen. Jeder würde jeden für einen Idioten halten, der sich sang- und klanglos sein bißchen Zusammengekratztes wegnehmen ließe.

Aber man macht sich lächerlich, wenn man verzweifelt um Gefühle, Leidenschaft, Glück und Zusammensein kämpft. Es gilt als gottgegeben, mühselig Aufgebautes, unendlich viel Investiertes an Anteilnahme, Gefühl, Anregung, Ängsten, Mutmachen wieder sausen zu lassen.

Um einen Menschen zu kämpfen mit allem, was dazugehört, ist ja würdelos. Der nicht mehr so recht Geliebte ist lächerlich. Kein Wunder! Leidet er nicht vornehm in sich hinein und verzichtet mit Würde, bietet er den Zuschauern und Zuhörern ja auch allerhand. Absurdes, Tragikomisches.

Ob seine Verzweiflungsausbrüche nun bühnenreif sind, er vor lauter Leid in Wahnsinn verfällt, aller Fesseln ledig, mit Mord und Selbstmord, mit Brandstiftung, Haus-in-die-Luft-Jagen, Salzsäure oder Kastrierung droht — für jeden, der selber grade nicht in der Verzweiflung steckt, alles unfaßbar.

Dabei gehört doch der negative Wahnsinn zur Liebe genauso wie der positive. Die Selbstverleugnung, die totale Hingabe an eine fremde Person ist ja an sich schon eine Art Wahnsinn.

Später, wenn der Wahnsinn sich ausgetobt hat, man aus den Krallen und dem Schüttelfrost der Verzweiflung wieder entlassen ist, ist es wie bei Zahnschmerzen, Geburten, Kopfweh: Man kann sich nicht mehr so recht erinnern. Lacht vielleicht sogar darüber. Nur — was gibts da eigentlich zu lachen?

Wenn sich der Leser fragt, wo denn nun die Gebrauchsanweisung bleibt... Weiß ich nicht. Ich wollt mich nur mal ausweinen. 1974

Orgasmus

Ich soll über den Orgasmus schreiben. O Gott! Wessen?
Meinen? Frau Meiers? Den meiner Freundin?
Den meines Geliebten?
Für wessen Orgasmus soll ich Rechenschaft ablegen?
Orgasmus en gros? En detail?
Weltbewegend?
Als Parteiprogramm
Als Resultat einer chemischen Verbindung?
Für die Statistik? Für Gynäkologen? Für Psychologen?
Ich denk doch gar nicht dran.
Bin ich verrückt und mach mir meine eigenen Illusionen
kaputt?
Hab jetzt im Auftrag ein paar Fachbücher gewälzt.
Zum Kotzen!
Nee, dazu kein Wort von mir.

1972

Literatrubel 1977

*L*iteratrubel 1977 gleich eine Woche Euphorie, eine Woche angetörnt sein.

Die Sonne scheint wie nichts Gutes, als hätte sie in Hamburg nie was anderes im Sinn gehabt. Ist ne klasse Requisite. Der Gerhart-Hauptmann-Platz hats in sich. Obwohl immer noch umzingelt von Commerz-Bank, Karstadt, Thalia-Theater und Mönckebergstraße.

Verwandelt. Dicht aneinandergepreßt lustiges Volk und Literaten deutscher Zunge — einheimische und angereiste. Die meisten Freunde schon so lange, daß man Jahreszahlen ausweicht:

»Jetzt kennen wir uns doch schon seit — nee, das ist nicht möglich Engelchen, du siehst ja noch jünger aus als damals«, während man sich an der Brust liegt, sich innerlich aneinander wärmt, und die gottbegnadeten Häupter und durchgeistigten Antlitze kost.

Die Freunde lesen aus ihren Werken. Mein Herz klopft vor Begeisterung und Teilnahme. Ja, das da oben, das sind meine Hirnallerliebsten, die wahren Verwandten.

Egal, wo ich den Kopf hindreh, hübsch anzusehende, worttrunkene Musenjünger. Ein einziger Taumel.

Dies ist meine Welt. Was heißt meine Welt — das ist die Welt.

Das Leben ist nur noch schön und saftig. Keine Bedrohung. Wir sind ja so viele!

Acht Tage Sichtverschiebung.

Auch noch am fünften Tag steh ich neu angekommenen Freunden triefäugig vor Glück gegenüber. »Du hier?!«

Küssen einander Hände, Augen, Nasen. »Wie schön du bist!«

Benutzen uns als Bestätigung dafür, daß wir leben. Tristessen? Man unterläßt vor Lust, die Freunde zu fragen, was mit ihnen ist: unterbezahlt sein, die falsche Frau ficken, aus der Wohnung fliegen, Fehlgeburten, Niere oder andere Eingeweide raus, Stagnationen, Abhängigkeiten.

Alle kommen mir ungeheuer sexy vor. Logo, ein Jahr meiner eigenen Realität hat sie sexy für mich gemacht.

Zum Glück taumeln wir nicht auch noch ins Bett miteinander. Kommen also nicht in die Verlegenheit, durch zu große Nähe und unvermeidliche Gespräche vom Trapez abzukippen.

Wir schweben durch die Tage. Geht gut, wenn man den Blinden mimt und nicht aus Versehen in Warenhaus oder Bank gerät.

Jeden Abend köstliche Talk-Shows im Kunstverein. Begleiten mich Freunde, hält sich mein high bis dahin. Die Podiumsgespräche geben den Blick frei ins Vorzimmer des Inneren der Vielschreiber und Knappredner. Ist die Nacht lau, die Getränke kalt, die Gespräche heiß, dauert das Glück bis in den Morgen. Und die Perle des nächten Tages reiht sich selbstverständlich ein.

Bis plötzlich alles vorbei ist. Der Gerhart-Hauptmann-Platz wieder der Gerhart-Hauptmann-Platz ist und sonst gar nichts. Bücher sind wieder etwas, das in Läden und zu Hause die Wände zudeckt. Wer hat Zeit zu lesen?

Inzwischen ein Jahr Dauerversuch, den Strick um den Hals zu lockern. Und schon wieder Literatrubel-Trubel. Möchte mit den Freunden enger zusammenrücken. Nicht nur, um mich acht Tage zu betäuben.

Ich bin Peggy Parnass

*f*reiberuflich — nicht zufällig, sondern weil ich nicht will, daß einer den Daumen drauf hat; Junggesellin — genausowenig zufällig, sondern aus dem gleichen Grund. Ich lebe allerdings zum ersten Mal in meinem Leben allein, seit sechs Jahren. Ganz bewußt. Freiwillig. Und möchte es wohl nie mehr anders haben.

Bis dahin habe ich entweder meine Wohnung mit andern geteilt oder mit anderen in deren Wohnung zusammengelebt. Zeitweise natürlich auch mit Männern. Das dauerte im Durchschnitt immer ein Jahr. Und meist war ein Jahr schon elf Monate zuviel. Das heißt, wenn es nach mir gegangen wäre, hätte ich das Jahr auch noch verlängert und weiter verwässert, weil ich nie wahrhaben wollte, daß die Seligkeit, der Rausch der allerersten Zeit nicht wiederkehren. Ich habe meine Zeit damit verbracht und meine Kraft dabei verbraucht, diesen Urzustand wieder herstellen zu wollen. Das war natürlich Quatsch.

Gleichzeitig hab ich immer arbeiten müssen. Aber die Männer, mit denen ich meine illegalen Ehen führte, waren keine Partner. Nicht nur haben sie mich nicht ernährt, sondern sie haben auch alles getan, mir meine Arbeit zu versauen. Das Zusammenleben erschwerte die Arbeit, statt zu erleichtern. Soweit ich begreife, haben die Männer mich sabotiert, weil sie den Erfolg der Frau, mit der sie zusammenleben, nicht ertragen können. Oder nur aus der Ferne. Denn sie lassen sich anziehen vom Erfolg einer Frau und empfinden es als Aufwertung, mit einer erfolgreichen Frau schlafen zu dürfen. Aber wenn sie mit ihr leben, wird ihnen die Leistung der Frau schnell zur eigenen Blamage.

Ich habe nie die ruhige Liebe erlebt, ich habe von Männern nur den Rausch und das totale Vergessen erhofft und erwartet. Das ist im Grunde das einzige, was ich mir von Männern wünsche. Ich will kein Geld von ihnen, ich will keinen Ehering, ich will alles mögliche nicht, aber das will ich: das Eine, wofür sie beschimpft werden, das Eine, was sie angeblich immer nur wollen — das will ich und sonst nichts.

Und wenn ich ungeschickt bin, wenn ich auch noch anfange, mit den Männern zu reden — dann ist es aus. Das erste Gespräch ist das Ende. Nicht: Dumm fickt gut, das wäre ungerecht: Die meisten Männer waren auf ihrem Gebiet nicht dumm. Doch da, wo ich meinen eigenen Kopf einschalte, setzt die Ekstase aus. Erst bei mir, und wenn Männer mitkriegen, was sich in meinem Kopf abspielt, auch bei ihnen. Das beste wäre also, wenn ich schon mit Liebhabern rede, was ich eigentlich nicht sollte, nur über Liebe zur reden, über Lust und Verlangen, über alles, was die Erregung steigert, und jedes andere Gespräch zu meiden. Doch daran habe ich mich nie halten können, weil die Männer schwächer waren als ich — auch wenn sie stärker aussahen. (Es waren riesengroße Männer, mir körperlich weit überlegen.) Um sie aufzubauen, damit sie sich nicht mehr unterlegen fühlten, mußte ich auf sie eingehen.

Ich erlebe auch ruhige, anhaltende Lieben, aber nur mit Männern und Frauen, mit denen ich befreundet bin, mit denen ich sexuell nichts zu schaffen habe. Meine Freunde liebe ich, und ich fühle mich auch von ihnen geliebt. Das sind echte und treue und durch nichts auszulöschende Lieben. Die haben nichts vom Drogencharakter meiner sexuellen Beziehungen an sich. Liebhaber waren für mich immer Drogen, und ich brauche immer stärkere Dosen. Es genügt nicht, das Anfangsstadium zu halten, es muß sich verdoppeln, vervierfachen, vervielfachen. Das klingt, als ob ich totgefickt werden möchte. Möchte ich auch. Nicht von irgendeinem, nur von d e m einen. Nicht aus körperlichen, sondern aus psychischen Gründen. Ich habe solche Verhältnisse auch erlebt, ohne daß der Mann am gleichen Ort war. Die Droge konnte auch durch Briefe verabreicht werden oder durch Telefonate. Es ist das Ausgelöschtwerdenwollen und der Wunsch, den andern auszulöschen. Nicht zu vernichten! Aber das sich ineinander auflösen. So, daß es mich wahnsinnig macht, daß man Haut hat, daß dem Durchdringen Grenzen gesetzt sind. Daß ein Schwanz nur so viele Zentimeter, wie er hat, eindringen kann. Daß man sich nicht gegenseitig völlig durchbohren kann. Ich hätte also auch gern einen Schwanz — das nicht aus Penisneid —, um reinzukönnen, um in dem andern drin zu sein. Am liebsten in tausend Öffnungen.

Diese Intensität zieht wahrscheinlich Männer erstmal mit rein, überwältigt sie und macht ihnen dann Todesangst. Es ist für mich auch etwas auf Leben und Tod. Ich bin dabei immer die Unterlegene, die Abhängigere, weil ich es dringender brauche. Was meine Männer brauchen, können sie an jeder Ecke haben. Was ich brauche, ist Wahnsinn. Und es läuft mit Männern auch nur, solange sie sich auf den Wahnsinn einlassen, vorübergehend selber wahnsinnig sind. Wenn sie sich wieder normalisieren, ist alles aus. Mit einem ganz normal und gesund funktionierenden Mann kann ich eigentlich gar nicht ins Bett gehen. Sexuelle Techniken oder Praktiken rufen den Wahnsinn nicht hervor. Es genügt also nicht, daß ein Mann jung ist, daß er schön ist, daß er groß ist — das alles waren die meisten —, es muß der Wahnsinn hinzukommen, oder es geht nicht.

Ich sehe es immer mehr als Krankheit und mich selbst als rückfällig in die Sucht. Jetzt passiert es so ungefähr einmal im Jahr. Aber jetzt verbringe ich nicht mehr das Jahr mit dem Mann. Und da ich nicht mehr mit ihm lebe, muß ich den Niedergang, den Alltag nicht mehr so erleben. Sondern nur noch den Höhepunkt und fast sofort die Katastrophe. Dann mach ich wieder dicht.

Wenn ich von Liebe spreche, kann ich keinen Geschlechts-
unterschied machen. Es gibt Frauen, die ich mit aller Kraft
liebe und ohne die ich nicht sein möchte. Ich brauchte keine
Frauenbewegung, um zu sehen, wen ich liebe. Ich wäre sehr
ungern Mann, wenn ich mir sagen lassen müßte, es sei eine
Strafe, mit mir zu schlafen, und daß ein Schwanz »pene-
triert« wie ein Skalpell. Ich könnte keine Frau mehr anfassen, aus Angst, daß sie sich hinterher bei ihren Freundinnen
darüber beschwert, daß sie geliebt worden ist.

Im Bett haben für mich Männer den Frauen voraus, daß
sie wenigstens diese paar Zentimeter mehr haben, daß ihr
Glied im wahrsten Sinne des Wortes ein Binde-Glied sein
kann. Es hat was von einem Puzzle, das paßt.

Ich kenne sehr wenige Männer, die stark genug sind, eine
Liebe zu leben. Ich spreche jetzt gar nicht von meinen komischen, unkomischen Geschichten, sondern von Liebe, die
ich beobachte. Es sind, bis auf wenige Ausnahmen, immer
die Frauen, die tragfähiger sind, stärker, aufbauender. Die
Ängstlichkeit der Männer macht mich verrückt. Zu sehen,
daß ich einem Mann Angst einflöße statt Hoffnung, macht
mich verrückt. Sie rennen um ihr Leben, sobald sie sehen,
daß eine Frau nicht eine totale Null ist.

Ich weiß nicht, wie es ist, wenn Frauen miteinander leben.
Ich habe nie mit Frauen zusammengelebt. Nur mit einigen
Frauen geschlafen. Und das nur mit Frauen, die mir nicht zu
wichtig waren. Aus Angst, mit meiner Hemmungslosigkeit
etwas Wichtiges kaputtzumachen. Aber ich sehe ja viele
Frauen, die miteinander leben, und es ist ganz selten, daß
sich dort nicht die bekannten Machtverhältnisse breitmachen. Ich weiß trotzdem, daß Frauen für mich besser wären
als Männer. Natürlich nicht die, die einen für einen Mann
oder eine Frau in die Pfanne hauen. Richtige Liebesverhält-
nisse zu Frauen werde ich wahrscheinlich erst haben, wenn
ich besser mit Liebe umgehen kann.

Aber man lernt nicht aus seinen Fehlern, auch ich nicht.

Man macht immer wieder den gleichen Scheiß, es sei denn, daß man jetzt, wie ich, aus reiner Notwehr dicht macht. Und dicht hält, bis einem der nächste Mann wie ein Stein auf den Kopf fällt oder einen wie ein Auto überfährt. Einem zustößt wie ein Unglücksfall.

Ich habe mir überlegt, wie ich das bekommen kann, was ich brauche, und ich bin auch drauf gekommen. Ich muß jetzt nur noch lernen, wie ich es anstelle: nicht einen Liebhaber zu haben, sondern drei oder vier oder fünf. Dann wird jeder froh sein, wenn er mal kommen darf, und sein möglichstes tun, um mich zu begeistern, denk ich, denn dann ist er ja nicht überfordert. Und vielleicht kommt es dann grade hin. Vielleicht kann er mir dann die Illusion geben, die ich brauche: daß er ohne mich zugrundegeht wie ich ohne ihn.

Mich hat noch keiner emotional und sexuell überfordert, sondern nur in allem andern, was ich zu investieren hatte an psychischer Kraft, an Leistung, an Phantasie, an Existenzrettung — wobei ich nie Geld hatte, aber meine Einfälle sind ja auch Gold wert. Ich wäre sehr dankbar gewesen, wenn andere mir einen Teil dieser Arbeit, einen Mann zu tragen, abgenommen hätten. Was ich mir jetzt ausgedacht habe, sehe ich deshalb auch nicht als Untreue an. Die Herren können sich doch gegenseitig dankbar die Hände schütteln. Und wenn es sie quält, müssen sie ja nicht voneinander wissen. Wenn ein Mann sich dadurch so gedemütigt fühlt, wie er sonst andere demütigt, kann man ihm das ja ersparen. Wenn er Angst davor hat, verglichen zu werden. Sonst scheitert es ja immer an der Überforderung der Männer — ich würde ihnen nur den Teil abnehmen, der ihnen zuviel ist. Dagegen: wenn ein Mann fremdgeht, heißt das, daß er von dem bißchen, das er einem zuteilt, noch etwas abzwackt für andere, die davon auch nicht satt werden. Hermann Gremliza hat mir mal zwei Zeilen von Karl Kraus zitiert: »...um seine Zigarre anzuzünden, entfacht er ihren Höllenbrand.« Das ist es. Sie gehn als Brandstifter herum, kokeln überall alles an, ohne jemals den Brand löschen zu wollen oder zu können.

Ich habe nicht immer so süchtig geliebt wie heute. Ich bin in Schweden aufgewachsen, dort erzogen, und — eigenwillig, wie ich war — hatte ich den Mut, nein zu sagen zu sexuellen Erlebnissen mit 11, 12 oder 13 Jahren. Als ich es dann doch tat, bewußt und selbst die Initiative ergreifend (ich bin in meinem Leben nie verführt worden, ein paarmal wurden Vergewaltigungen versucht, da haben die Jungs einen in die Eier gekriegt, ich hab also noch nie mit jemandem geschlafen, ohne daß ich es selber wollte), war das eine lustige Sache, ein angenehmer Körperkitzel. Da hatte ich auch eine Anzahl von Jungs nebeneinander. Treu war ich meinem Bruder, treu war ich ein paar Freunden, aber bestimmt nicht irgenwelchen hübschen Jungs, die ich mir fürs Bett griff. Erst die erste Liebe, die viel später kam, setzte Maßstäbe und machte es mir unmöglich, mich noch auf Kinkerlitzchen einzulassen.

Anfangs dachte ich noch, daß der Rausch Freiheit bedeutet, denn es war ja meine freie Entscheidung. Es schien die optimale Freiheit, mit dem zusammen sein zu dürfen, der mir diesen Rausch verschaffte. Heute fühle ich mich nur noch frei in den Phasen, die ich ohne Mann lebe. Frei im Kopf, das brauche ich, um arbeiten zu können, frei mit meinen Freunden, mit denen ich so oft und so lange zusammen sein kann, wie ich möchte. Wenn ein Liebhaber da ist, habe ich keine Freude daran, ich warte dann nur, daß er zu mir kommt oder daß ich zu ihm gehe. Das ist dann stärker als andere Beziehungen, die ich habe, bessere Beziehungen.

Das dazwischen, das sind wirklich nur noch Krankheitsphasen. Vor einigen Jahren hatte ich noch eine Liebe zu dieser Krankheit, ich bat alle Freunde, mir zu helfen, mir meine Krankheit zu erhalten. Wenn es mir jetzt zustößt, bitte ich meine Freunde wieder, mir zu helfen. Anders. Rauszukommen aus dem Tief. Liebe gleich Tief... Ich komm mir dann auch vor wie ein Rekonvaleszent, der wieder gehen lernt, sehen lernt, riechen und schmecken lernt. Es hatte ja nur das Essen geschmeckt, zu dem ER ja sagte.

Ich brauch viele Dinge für mich. Eine Menge Dinge für den Kopf. Ich brauch maßlos viel für den Körper. Ich brauch eigentlich auf allen Gebieten maßlos viel. Es ist leichter für mich, ganz darauf zu verzichten, als nur ein bißchen zu haben. Ich glaub, daß ich den Männern und mir einen Gefallen tu, wenn ich meine Bedürfnisse und Leidenschaften auf mehrere verteile. Es gibt so einen Ausspruch: Weniger wäre mehr.

Das ist es. Ich bin auf allen Gebieten unendlich hungrig. Zu hungrig.

Frühjahr 1979

Angriff auf die Seele

*U*m es vorwegzunehmen, ich hab mir den Film »Schrei aus der Stille« angesehen. Einen Film über Vergewaltigung. Weil mir Freunde sagten, es wird nicht nur die Vergewaltigung ausgiebig gezeigt, sondern auch sehr deutlich, wie es der vergewaltigten Frau hinterher geht. Was ihr passiert, was sie durchzumachen hat. Wie es in ihr aussieht und wie um sie herum: daß auch die Gerichtsverhandlung gezeigt wird. Mit anderen Worten, daß die Folgen der Vergewaltigung nach der ersten halben Filmstunde deutlich würden. Vergewaltigung dachte ich; na ja, ne Art Porno. Als Anreißer für die Zuschauer. Und hinterher der Ernst des Lebens. Der kleine Kitzel als großer Heißmacher, erstmal.

Es ist mir etwas schwergefallen, an Vergewaltigungen zu glauben. Ich bin fast immer erstmal mißtrauisch gewesen, wenn ich von einer Vergewaltigung hörte. Dachte dann, eine Frau, die sich wirklich wehrt, kann keiner vergewaltigen. Dachte daran, daß die Male, wo man versucht hat, mich zu vergewaltigen, für den Mann erfolglos verliefen, weil ich mich sehr heftig gewehrt hab. Erinnere mich daran, daß ein Mann mal sagte: Du sollst bluten, du Sau, nicht ich, als ich ihn zerbissen, zerkratzt und durch Schläge verletzt hatte. Ein anderer, der sich fluchend krümmte, weil ich ihm in die Eier getreten hatte, war auch nicht sehr froh.

Inzwischen weiß ich schon lange, daß es Arten von Vergewaltigung gibt, gegen die man sich nicht wehren kann, weil die Angst einen lähmt. Wo Waffen im Spiel sind. Wo mit Drohungen gearbeitet wird. Wo ein Messer hingehalten wird. Wo Todesangst den Hilfeschrei erstickt.

Wenn ich in Zeitungen las oder hörte, daß eine Vergewaltigung über Stunden ging, vielleicht sogar über Tage, hab ich gar nichts mehr geglaubt. Weil ich mir nicht vorstellen konnte, daß jemand so stark ist, daß er noch mal und noch mal eine Frau niederhalten und vögeln kann, die nicht will. Oder wenn zwei Frauen im Spiel sind, daß das überhaupt geht. Wieso hilft dann nicht eine Frau der anderen? Vielleicht schaltet sich meine Phantasie prompt da aus, wo es mir widerlich wird. Weil ich soviel von Liebe und Lust halte, von Zärtlichkeit und Sex und so wenig von Brutalität.

Dieser Film nun, »Schrei aus der Stille«, hat meinen Mangel an Vorstellungsvermögen durchbrochen. Ich hab dazugelernt. Es wurde mir etwas gezeigt, das mir klarmacht, was wirkliche Gewalt ist. Eine Gewalt, die nichts mit Lust zu tun hat. Auf seiten der Frau schon gar nicht, aber nicht mal auf seiten des Mannes. Eine Vergewaltigung, die nichts zu tun hat mit Liebe-Machen, sondern ausschließlich mit Haß-Ausleben.

Was ich mir nicht vorgestellt hab, ist, daß die Vergewaltigung nicht mit dem Schwanz stattfindet, über Stunden und Tage. Sondern fast mühelos über eine beinahe unbegrenzte Zeit gehen kann, indem Frauen gefesselt, geschlagen, beleidigt, gedemütigt und, wie hier im Film z. B., auch angepinkelt werden. (Man siehts nicht genau, aber ich glaub, ihr wurde in den Mund gepißt.) Also alles Dinge, die die Manneskraft nicht lahmlegen, die Frau aber total entwürdigen.

Gewalt — keine Lust? Da muß ich vergessen haben, daß zahllose Sexualkrüppel dafür sorgen, daß Sado ein Hit aller Sexmessen und -keller ist. Hier, in England, in Amerika, wo immer man hinkotzt. Eine ganze Schweine-Industrie lebt gut davon.

Es wird ein junger Mann gezeigt, der eine Frau in einen Lastwagen reinzerrt, eine Krankenschwester, die nachts auf dem Heimweg ist. Eine Frau, die durch gar nichts anderes provoziert, als dadurch, daß sie eine Frau ist. Eine Frau, die kein tief ausgeschnittenes Kleid trägt, die keinen Minirock trägt, die keinen wippenden Gang hat, die nicht ihre herrlichen Locken in den Nacken wirft, nicht grell geschminkt ist. Eine Frau, die alle Dinge nicht tut, die häufig als Anlaß für eine Vergewaltigung angeführt werden. Eine Frau, die schnellen Schrittes geht, auf dem Heimweg. Also nicht mal das tut, was uns auch gestattet sein müßte: langsam schlendernd Schaufenster betrachten — egal zu welcher Tageszeit.

Der Mann überfällt die Frau von hinten. Er treibt die unter Schock stehende voran, schmeißt sie rein in seinen Lieferwagen und fällt über sie her. Nicht, indem er ihr die Kleider vom Leib reißt und gewaltsam in sie eindringt, sondern indem er sie so schlägt, wie ich sonst nur Boxer im Boxring beobachtet hab. Nur daß es einseitig verläuft, weil die Frau sich nicht wehren kann. Und die ganze Geschichte hat weiß Gott nichts Sportliches an sich. Er schlägt so heftig und hemmungslos auf sie ein, mit einem so bodenlosen Haß, daß ich mir gar nicht vorstellen kann, daß es überhaupt noch zu irgendeiner Art von Beischlaf kommen wird. Da macht nichts deutlich, daß er die Frau begehrt. Ich hab nur den Eindruck, daß er sie beseitigen will, als Symbol für alles, was Weib ist.

Was dieser Film an guten Dialogen vermissen läßt, alles, was diesen Film ärgerlich macht, weil der Text so holprig und ungeschickt ist, häufig sogar so, daß er meinen Widerspruch herausfordert, macht er mit diesem ganzen ersten Teil wett. Unter anderem dadurch, daß der Vergewaltiger und die Vergewaltigte nicht als Paar gezeigt werden, nicht gemeinsam, sondern fast die ganze Zeit nur der Mann in Großaufnahme. Das führt dazu, daß sich sicher jede Frau diesem Mann und seiner bodenlosen Brutalität ausgeliefert sieht. Daß sie automatisch in die Rolle der Vergewaltigten versetzt wird. Das führt auch dazu, daß man begreift, was eine Vergewaltigung wirklich ist. Und daß es eigentlich scheißegal ist, wie unbeholfen die Monologe dabei und alle Dialoge danach sind und wie ungeschickt die symbolhaften Szenen in einem symbolischen Gericht.

Weil man inzwischen weiß, was in der Frau vorgeht, weil man durch das, was man meint, an sich selber mitzuerleben, weiß, was in ihr zerbrochen worden ist. Weiß, was es heißt, seiner Würde beraubt zu sein. Begreift, was in dem Film immer wieder betont wird: Daß die Scham der Frau, nicht die des vergewaltigenden Mannes, einsetzt mit der Vergewaltigung. Verkehrte Welt! Eine Scham, so entsetzlich, daß zahllose Frauen von einer Anzeige absehen und nicht mal mit ihren engsten Verwandten über die Vergewaltigung sprechen können. Eine Scham, so schlimm, daß sich die Frau danach nicht nur vor Männern, sondern auch vor sich selber ekelt. Eine Scham, die oft zu Waschzwängen führt.

Ich hab oft meine kleinen Witze gemacht, z. B. Dinge gesagt wie: »Alle werden vergewaltigt, Blinde, Lahme, Achtundneunzigjährige — was mach ich denn falsch?« Und, ja, den Gedanken an Vergewaltigung mit einem kleinen Gedanken an Lust gekoppelt. Mitkriegend, wie überfordert immer gerade der Mann ist, den wir am meisten begehren. In einer Welt lebend, übervoll überwilliger Mädchen, allzeit bereit, fiel es mir schwer zu glauben, daß Vergewaltigungen überhaupt notwendig sind. Wissend, daß die meisten Männer von irgend jemandem oder sogar von mehreren geliebt werden. Nur ist es so, daß vergewaltigende Männer ja nicht die Bereitwilligkeit begehren, sondern den Widerstand, die Panik, die Todesangst.

Wunschtraum? Vergewaltigung als Wunschtraum? Von uns Frauen? Was ich mir sicher wünsche, ist, von dem Mann, den ich stark begehre, heftig geliebt zu werden. Unmißverständlich mitzukriegen, daß auch ich heftig begehrt werde. Von gerade diesem Mann. Was es mit Sicherheit nicht heißt, ist, von einem Wildfremden, den ich mir nicht ausgesucht habe, überwältigt und mißbraucht zu werden, total entmachtet, meiner eigenen Entscheidungen beraubt. Nicht das Eindringen des Schwanzes ist das Schrecklichste, sondern der Angriff auf die Seele.

Neulich gab es einen Mann, der freigesprochen wurde, weil er impotent ist. Obwohl klar war, daß die Frau nicht log. Impotent ist so mancher Vergewaltiger. Allerdings im Laufe einer Vergewaltigung vorübergehend potent, da allein das, was er bei einer Frau an Entsetzen auslöst, ihn anregt.

Ich muß schon sehr dumm sein. Mir hätte schon immer klar sein müssen, daß es bei Vergewaltigungen nicht um Sinnlichkeit geht, sondern um Macht. Daß es bei Vergewaltigungen um die gleiche Geschichte geht, wie bei Mißbrauch und Macht-Geilheit auf allen anderen Gebieten auch.

Gewalt. — In dem Film wird auch die Beschneidung eines kleinen Mädchens gezeigt. Ich weiß, daß zur Zeit Frauen hier und in anderen Ländern aktiv sind, um solche Unsitten abzuschaffen. Ich hatte mir aber auch nie davon ne richtige Vorstellung machen können. Bis ich diese offensichtlich authentische, dokumentarische, gruselige Filmaufzeichnung sah. Das wehrlose Kind mit den zu ihm gehörenden jungen und alten Frauen um sich herum. Frauen, denen Leid, Mitleid und Trauer im Gesicht geschrieben stehen. Die gleichzeitig, dem Kodex gehorchend, offensichtlich gezwungen sind, das kleine Mädchen festzuhalten, während die Beschneidung ohne Betäubung erfolgt. Mir wurde ganz schlecht. An dieser Stelle haben viele Frauen in den Ländern, in denen der Film schon gezeigt wurde, lauthals geweint.

Der Film ist für mich aus noch einem Grund ganz besonders glaubwürdig. Trotz der Dialoge. Weil deutlich wird, daß nicht eine Frau, die die Männer pauschal haßt, diesen Film gemacht hat. Denn die Regisseurin zeigt, wie die total zerschundene, zerschlagene junge Frau nach Hause kommt, ans Telefon taumelt, nicht die Polizei anruft, nicht einen Arzt, sondern ihren Geliebten. Ihn schluchzend anfleht, sofort zu kommen. Sie zeigt, wie der geliebte Mann seine Frau in der Wanne ganz zart, wie ein Kind badet, sehr vorsichtig und streichelnd seift, das zerschundene, von Prellungen übersäte, von Wunden bedeckte Gesicht mit unendlicher Zärtlichkeit wäscht, während ihm die Tränen übers Gesicht laufen.

Sie hätte genausogut einen Mann zeigen können, der sich vor der vergewaltigten Frau ekelt und ihr die Schuld gibt an ihrem Elend. Kommt auch oft genug vor. So aber gerät kein Zuschauer in die Versuchung, Mann gleich Mann zu sehen oder Mann gleich Macht oder Mann gleich Vergewaltigung zu setzen. Wäre es so, hätte der Film für mich keine Aussagekraft gehabt.

Ich weiß, daß seit einiger Zeit in der Presse und innerhalb der Frauengruppen heftige Kämpfe mit Strafverteidigern entbrannt sind. Strafverteidiger, die der Vergewaltigung Angeklagte verteidigen. Was nicht das gleiche ist wie Gewalt-in-Schutz-nehmen. Das scheint frau zu verwechseln. Außerdem: Es wäre leider dumm, davon auszugehen, daß alle Frauen immer die Wahrheit sagen. Es muß untersucht werden, ob der beschuldigte Mann es wirklich war, ob es überhaupt einen Täter gibt. Zumindest hab ich bei allerlei Gerichtsfällen mitgekriegt, daß Verwandte, Eltern von Minderjährigen, Verlobte oder Ehemann Anzeige erstatteten. Weil das Mädchen oder die Frau aus Angst vor Strafe bei Schwangerschaft, Geschlechtskrankheit oder nur beim Zuspätkommen nach Hause eine Vergewaltigung vorgaukelte. Leider auch noch mit Angabe eines bestimmten Mannes. Solche Geschichten fliegen meist erst im Prozeß auf.

In dem Film wird an einer Stelle ganz richtig gesagt, wenn einer einen Schlag auf den Kopf kriegt, haut man nicht noch mal drauf, um zu wissen, ob es ihm wirklich weh tut. Aber nach einer Vergewaltigung wühlt man weiter rum, in Körper und Seele. D. h., der Arzt kommt dran, muß ja dran. Nur ist es scheußlich. Es müssen Aufnahmen gemacht werden von den Verletzungen, von den Prellungen. Scheußlich, wenn ein junger Fotograf alle Intimbereiche knipst. Die Vernehmungen, die fast immer an Mißtrauen gekoppelt sind, müssen schier unerträglich sein. Im Fall dieses Films sicher nicht ganz so übel wie sonst oft, weil die Frau so viele sichtbare Verletzungen hat. Hat eine Frau aufgrund der Drohungen stillgehalten, sind keine Verletzungen am Körper zu entdecken, wird fast immer vorausgesetzt, daß sie eigentlich gern mitgemacht hat. Trotzdem: Man muß Schuld oder Unschuld feststellen, bevor man urteilt. Und ist einer schuldig, muß auch untersucht werden, was mit dem Mann los ist. Hängen, erschießen, grillen, in Scheiben schneiden tuts nicht!

Es ist leider häufig sehr schwer, einen angezeigten Mann zu überführen. Ich meine jetzt jemanden, der tatsächlich die Vergewaltigung begangen hat. Oft ist es erst möglich, wenn er beim vierten oder fünften Mal über jemanden stolpert und endlich verurteilt werden muß. Erst dann stellt sich raus, daß die Male vorher, als man ihm nichts nachweisen konnte, wo er vielleicht überlegen, weltmännisch dastand und das Mädchen noch lächerlich machte, gekonnt log.

Ich hab neulich so einen Fall erlebt. Ein Mann suchte angeblich für seine Familie ein Kindermädchen. Eine Schülerin von 16 fuhr hin, aufs Land, stellte sich vor. Sie wollte einen Ferienjob haben, wie schon öfter vorher. Der Mann bot an, sie nach Hause zu fahren und vergewaltigte sie unterwegs. Im Gericht war lange unklar, wer von den beiden nun die Wahrheit sagte. Er war ihr erstmal so überlegen, spielte den Ehrenmann, sagte: »Wissen Sie, ich mach mir nichts aus so jungen Dingern, wirklich nicht, das können Sie mir glauben. Ich bin ungewöhnlich glücklich verheiratet.«

Seine Ehefrau saß hinten im Zuschauerraum und freute sich, das zu hören. Er sagte: »Ich hab mir eigentlich noch nie was aus jungen Mädchen gemacht. Eher im Gegenteil. Für die Kinder, dachte ich, wäre es vielleicht schön. Im Wagen allerdings, knöpfte sie plötzlich ihre Bluse auf. Ich sagte: ›Mein Kind, nun mach mal deine Bluse schön wieder zu.‹ Sie fing auch an, mich anzufassen. Ich sagte: ›Du wirst doch nicht wollen, daß ich einen Unfall baue. Laß das jetzt sein.‹ Ja, ich weiß, man sieht das diesem Mädel hier nicht so an. Sie macht ja vor Gericht einen sehr ordentlichen Eindruck. Ich bin auch sehr überrascht. Sie schien sehr verärgert zu sein, weil ich nicht auf ihre Wünsche und ihre Angebote einging. Darum habe ich sie dann auch nicht bei mir arbeiten lassen.«

Das Mädchen weinte.

In diesem Fall konnte das vergewaltigte und auch noch in aller Öffentlichkeit so beleidigte, lächerlich gemachte und abgewertete Mädchen von Glück sprechen, daß um den gleichen Dreh herum dem Familienvater nachgewiesen werden konnte, daß er sich auch an andere junge Frauen mit Gewalt herangemacht hatte. Er wurde zu viereinhalb Jahren verurteilt. Aber es ist immer schwierig, wenn man weiß, daß nur einer von zweien die Wahrheit sagen kann und beide mit ehrlichen Augen aus ehrlichen Gesichtern in die Runde gucken.

In den Pseudo-Gerichtsszenen im Film wird plötzlich auch ein ganzer Haufen traurig dreinblickender Kinder gezeigt. Sie werden alle als Opfer ihrer vergewaltigenden Verwandten vorgestellt. Sollten also alles kleine Kinder sein aus Heimen und Anstalten, die von Vätern, Brüdern, Cousins und guten Onkeln vergewaltigt und dann von zu Hause entfernt wurden. Eine junge Frau erzählt empathisch, daß ihr Vater, den sie, bis sie zehn war, über alles geliebt hatte, der ihre Sonne war, ihr Ein und Alles, der ihr alles gab — ihr wieder alles nahm, indem er sie vergewaltigte. In diesem Kontext schien mir die Geschichte nicht überzeugend. Ich glaube, daß jedes Kind, das so sehr an jemanden hängt, nicht vergewaltigt werden muß, sondern ganz leicht zu verführen ist. Vorausgesetzt, ihm werden nicht Schmerzen zugefügt. Und warum sollte ein Vater, der sein Kind so liebt, brutal vorgehen? Geht ja auch anders. Da spielen für mich sowieso Gedanken eine Rolle wie Inzestparagraphen, die ich gern abschaffen möchte. Ich glaube nicht, daß Kinder zu Schaden kommen, wenn sie zu Hause geliebt werden, auch körperlich. Sondern, daß sie meistens erst zu Bruch gehen, wenn sie als Zeugen vor Gericht aussagen müssen gegen jemanden, den sie liebgehabt haben und der ihnen dann als Verbrecher präsentiert wird. Das ändert jedoch nichts daran, daß Gewalt an Kindern strafbar bleiben muß. Spätschäden verführter Kinder würden wegfallen, sobald mit gesellschaftlichen Tabus aufgeräumt würde.

In langen Gesprächen für und wider machten mich Freunde auf die Gefahr von Abhängigkeit aufmerksam. Die sehe ich auch. Die Gefahr ist überall da, wo einer stärker ist, überlegen ist oder weniger liebt. Ich glaube nicht, daß seelische Abhängigkeit, Unterlegenheit, Ausgeliefertsein, Mißbrauchtwerden etwas mit dem Alter zu tun hat. Aber vielleicht haben ja doch die recht, die meinen, daß die Gefahr für Kinder größer ist als für Erwachsene.

»Der Schrei aus der Stille« ist kein Phantasieprodukt. Er basiert auf einem authentischen Fall, den die Autorin-Regisseurin selber miterlebt hat. Es ist der Fall einer Frau, die, obwohl sie zu Hause alle erdenkliche Hilfe hatte, jede Art psychischer und emotioneller Stütze, die geliebt wurde von ihrem Mann und von liebevollen Freunden und Freundinnen — im Selbstmord endet. Es wird gezeigt, wie die Frau sich das Leben nimmt. Es gibt sicherlich allerlei robuste Frauen, Gott sei Dank, die weiterleben, die weiter ihrem Beruf nachgehen können. Sicher auch viele, die nach einer Vergewaltigung noch in der Lage sind zu lieben. Aber es gibt sicher sehr viel mehr Frauen, in denen die Liebesfähigkeit durch so ein Erlebnis auf immer getötet wird. Denen die Lustbereitschaft abhanden kommt. Die nach einer Vergewaltigung auch in dem eigenen Mann nur noch den Vergewaltiger sehen können, weil jede Umarmung sie wieder an die Gewaltsituation erinnert. In die Verlegenheit kam die im Film gezeigte Frau nicht, da so ein riesiger Unterschied zwi-

schen ihrem Mann und der Brutalität der Vergewaltigungs-
stunden bestand. Trotzdem konnte sie weder ihn weiterlie-
ben noch weiterleben. Wie es im Film heißt: Sie starb schon
im Lastwagen.

Was man tun kann, um Frauen zu schützen, weiß ich
nicht. Ich weiß nur, daß dafür genauso viel getan werden
muß, wie dafür, uns vor legalen Übergriffen an Arbeitsplätzen, von Vermietern, von Polizei, von Justiz, von Regierun-
gen, von idiotischen Bestimmungen, von Bevormundungen,
von krimineller Ausbeutung und Gewalt auf allen Gebieten
zu schützen.

Gefolterte sind nie mehr dieselben. Vergewaltigte auch
nicht.

Februar 1980

Zeitungsmeldung vom 15. 2. 1983 — Stockholm: In
Schweden soll der Beischlaf zwischen über achtzehn Jahre
alten Verwandten (Geschwistern, Vater, Tochter, Mutter,
Sohn) nicht mehr bestraft werden. Geplante Reform des Se-
xualstrafrechts.

Porno

*P*orno ist Sex für Arme. Schlechter Ersatz. Attrappe. Hat so viel mit Liebe zu tun wie die eklig rosa Plastik- und Gummi-Prothesen der Madame Uhse and family. Alle paar Jahre habe ich auch Lust, einen Porno-Tag einzulegen. Die ersten ein, zwei Filmchen amüsieren mich meistens noch. Alles, was danach kommt, ist für mich der totale Appetit-Zügler. Diese Inflation durch Multiplikation. Die nicht endenwollende Aneinanderreihung von Schwänzen, Titten, Mösen.

Ein Gesabber und Geschlabber, ein Rubbeln und Wienern, Samen, der wie weiße Kotze aus Frauenmündern quillt, ohne daß dadurch Leben in die Gesichter kommt. Mit Erotik hat das bonbonfarbene Gerammel und trostlose Geacker fleißiger Lieschen und Strich-Männchen so wenig gemeinsam wie Akkord an Maschinen und Fließband.

Ich möchte aber den Porno nicht abschaffen, solange er Sexual-Krüppeln als Krücke dient.

September 1982

Treue

*d*er letzte Mann, den ich liebte, kündigte mir fristlos, weil ich die Dinge nicht locker genug sah. Damals, in seiner Kanzlei, würgte ich noch hervor: »Wäre ich deine Sekretärin, könnte ich mich jetzt ans Arbeitsgericht wenden.« So wurde mein Rausschmiß aus dem relativen Paradies nicht mal begründet.

Als er mich zu Beginn unserer Beziehung ängstlich fragte, ob ich verheiratet bin, verlobt, mit jemandem zusammenlebe oder einen festen Freund habe, war ich glücklich, ihn beruhigen zu können: »Ich hab niemanden, es gibt nur dich.« Hätte ich doch nur irgendeinen Mann erfunden. Was ich für seine Beruhigung hielt, war für ihn sehr bedrohlich.

Ich lernte auch seine Wohngemeinschaft kennen. Mit den Frauen hatte er jeweils ein Jahr in der Vergangenheit zusammengelebt. Auch die Frauen lebten mit anderen ehemaligen festen Liebhabern in Freundschaft. Wenn größere Essen veranstaltet wurden, kamen noch mehr ehemalige und akute Lebensgefährten und -gefährtinnen dazu.

Für mich war es unbegreiflich, daß alles ganz ohne Dramen abzulaufen schien. Alles gutaussehende, junge, gebildete, erfolgreiche Leute. Akademikerinnen, die wie Models aussahen. Akademiker mit Playboy-Touch. Ich wär so gern wie sie gewesen und kam mir vor wie ein Wesen von einem anderen Stern.

Nachts lag ich wach, von Ängsten gejagt, neben dem glücklich schlafenden Geliebten, dem ich die Schuld daran gab, daß er mich von meinem Grauen, meinen Erinnerungen und meiner Angst nicht befreite. Daß er mir trotz Liebe und Leidenschaft die Einsamkeit nicht nahm. Jeden Morgen das gleiche Kontrastprogramm: Der strahlende, glückliche, gutdurchblutete junge Mann von 1,92 Meter, und das kleine, graugesichtige, ausgehöhlte Wrack an seiner Seite. In einer Woche nahm ich zehn Pfund ab. Vampirismus.

Dies war mein erster Versuch, mit einem vermeintlich ebenbürtigen Mann zu leben. Erwachsen, intelligent, witzig, sinnlich, erfolgreich, musisch, lebenslustig, charmant. Als die Leute seiner Wohngemeinschaft »Sexualität Konkret I« neben seinem Bett fanden mit meiner Kolumne drin, dachten sie, ich hätte über uns beide geschrieben.

Diese Kolumne (s. Ich bin Peggy Parnass) mit all ihren Bestandsaufnahmen und Quintessenzen, mit Einblicken und Aussichten, mit Warnungen, Deutlichkeiten und Vorsätzen, die eigentlich als Gebrauchsanweisung für künftiges Verhalten gedacht war, hat als Rezept nichts getaugt. Jedenfalls nicht für uns beide.

Es hat ja auch nichts genützt, daß er mir deutlich genug klarmachte, wie sehr er eigene und anderer Abhängigkeit haßt. Als ich ihm einmal am Telefon sagte: »Ich hab Besuch, wir haben gerade miteinander geschlafen«, preßte er hervor: »Das fühlt sich an wie ne Faust im Magen. Schmeiß ihn raus, bevor er sich bei dir festsetzt.« Doch da wußte ich schon, daß ihm eine Faust im Magen lieber ist als Verantwortung für das Wohl und die Gefühle einer Frau.

Treue, was ist das? Für jeden was anderes. Genau wie Liebe. Treue — trauen — Vertrauen — Mißtrauen... Meine Ansprüche sind so, daß ich damit keinen Fuß an Land krieg. Keine Lügen, keine Halbwahrheiten, kein Geschummel, kein Drumrum. Wenn ich die Zeit zurückdrehen könnte: erste Liebe — letzte Liebe — einzige Liebe.

Treue ist wirklich für jeden was anderes. Zum Beispiel: »Ich teile meine Einkünfte und den Zugewinn ausschließlich mit meiner Frau. Mit der Kleinen schlafe ich doch nur mal so.« »Du weißt doch, daß wir uns lieben. Es ist doch keine Untreue, wenn ich unterwegs mal für Geld mit ner andern schlafe.«

»Wir sind einander absolut treu. Wir schlafen natürlich auch mit andern, aber wir sagen uns alles.« »Alles?« »Ja, das heißt, wenn ich meine, daß es ihn doch nur aufregt, dann manchmal lieber nicht.«

»Wieso Untreue? Wir haben sexuell gar nichts miteinander.« Oder: »Was heißt da Untreue? Das ist doch nur fürs Bett.«

»Aber Liebling, mit ihr/ihm bin ich doch nur verheiratet. Wir haben doch schon lange nichts mehr miteinander.«

Zur Frau: »Das ist doch nur ein Fickverhältnis.« Zur Freundin: »Liebling, ich gehör dir ganz und gar. Hier, sieh ihn dir an. Er gehört nur dir.« »Liebling, nun wein doch nicht. Glaub mir, wenn ich mit ihr schlafe, denk ich nur an dich.«

Ich seh immer wieder Leute, die jemandem den Partner ausreden wollen, um ihn sich dann selber zu greifen. Ja, und immer wieder das »er muß doch selber wissen, was er tut...« und »du kannst ihn doch nicht bevormunden...«, wenn sie einen labilen Labberheini verführen. Und das ist ja nun wirklich nicht schwer.

Ich find nicht, daß Leute treu sind, wenn sie nur aus Kalkül mit keinem andern schlafen. Aus Angst um den guten Ruf, um Erbschaft, vor Auseinandersetzungen etc. Eine angebliche Feministin sagte mir neulich: »Natürlich fühle ich mich als Frau mit ihr total solidarisch. Aber warum soll ich nicht mit ihrem Mann schlafen? Was kann ich denn dafür, daß sie ihn nicht halten kann?«

Oder all die Schweinepriester, die glauben, ihren Partnern was Gutes zu tun, wenn sie sagen: »Appetit hol ich mir draußen, aber gegessen wird zu Hause.« Oder die, die sich für treu halten, wenn sie mit ner fremden Stimme im Ohr am Telefon wichsen, weil sie dabei ja nur sich selbst anfassen. Oder die vielen, die während der Umarmung — Augen zu — an jemand anderes denken.

Trotzdem, alle, die so flott tun, krümmen sich auch vor

Angst, wenn sie glauben, daß es keiner sieht. Weil ich weiß, wie weh es tut, werte ich mich immer so lange ab, bis sicher ist, daß zumindest ich keine Konkurrenz bin. Verärgere auch oft Leute, wenn ich versuch, einen Zugriff zu verhindern. Wenn ich sag: »Du, der oder die hat schon jemanden zu Hause.« Weil charmante Junggesellen sehr gern ohne ihre Partnerinnen zu Feten und Essen als Füllsel eingeladen werden. Krieg pikierte Antworten, wie »Er ist doch erwachsen, muß doch selber wissen, was er tut. Wenn ich es nicht wäre, ...« oder »Was nehm ich ihr/ihm denn schon?« Ja, nix Besonderes. Desto leichter müßte es doch sein, auf das bißchen zu verzichten. Für die oder den, deren einzig Lamm das ist, das man sich gegriffen hat, ist es eben keine Bagatelle.

Keine Untreue ist auch, gemeinsam Dritte und Vierte hinzuzuziehen. Doch auch da, wo Sexualität so gehandhabt wird, gibt es den Begriff Untreue. Mit einem andern allein lachen, reden, Kaffee trinken gehen, können da Trennungsgründe sein. Wie es mir auch ein Loddel mal erklärt hat: »Meine Alte ist doch nich so ne Sau, daß sie mit'm Kerl für nen labbrigen Hunderter aus'm Puff raus essen geht.«

In Liedern kommt Treue immer wieder vor. Wegen der Untreue. »Du kannst nicht treu sein — nein, nein, das kannst du nicht — wenn auch vor Liiebe-dir-das-Herze-zerbricht.« Und das Absurde: »Bella, bella, bella Marie — bleib mir treu, ich komm zurück morgen früh!«

Ab und zu denk ich, es geht wirklich anders. Da lieben sich zwei. Nichts als Glück und Harmonie. Werde wütend, wenn dann trotzdem einer an dem anderen zweifelt. Krieg dann doch meistens hinterfotzigen Schweinkram mit. So ganz heimlich: Streicheln beim Helfen in den Mantel, verlängerter Händedruck, Geraune am Telefon und Tonwechsel, wenn jemand reinkommt. Alles verlogen. Genauso verlogen wie das Animieren von Freundinnen zu Liebesverhältnissen mit ihren Männern.

Im ersten Fall war es eine Mischung aus Intelligenz und Hilflosigkeit. Lisa dachte sicher, daß die Verliebtheit ihres Freundes in mich nachlassen würde, wenn sie mich zu einem Eingehen auf ihn überreden könnte. Da ich nur ihretwegen immer nein sagte, ließ ich mich gern von ihr überzeugen. Warum sollte nicht wahr sein, daß sie nicht nur weniger kleinlich ist als ich, sondern sich sogar mit ihm freut? Sie brach zusammen, weil es natürlich nicht nur bei einmal blieb.

Da ich Lisa sehr lieb hab, war mir das ne Lehre. Wurde danach vorsichtiger. Partner von Freunden und Freundinnen — tabu. Erst zehn Jahre später ließ ich mich noch mal von einer Freundin überreden. Die brauchte allerdings nicht nur einen Tag, sondern mehrere Wochen, bis ich ihr glaubte. Ich hab alles aufgezählt, was dagegen spricht. Daß sie nichts kriegt, sondern wenigstens die Hälfte abgibt. Daß sich Liebe nicht steuern läßt. Sie lachte alle meine Bedenken weg: »Glaub mir doch Peggy, du siehst die Dinge zu eng. Ich schlafe doch auch mit anderen Männern. Es gibt wirklich noch andere Möglichkeiten zu leben als deine. Was soll mir denn daran wehtun? Das ist doch auch für mich ein Gewinn, so gern, wie ich dich hab.« Da sie mir nicht jemanden aufschwatzen wollte, der mir nicht gefiel, sondern den schönen jungen Mann, in den wir beide verliebt waren, kostete mich meine wochenlange Abwehr ziemlich viel Kraft.

Die Zeit mit den beiden wurde wunderschön. Ich dachte, jetzt hätte ich wirklich einen modus vivendi für mich gefunden. Eine Möglichkeit, zu lieben ohne zu leiden. Meine vielen Bedürfnisse besser verteilt, besser abgedeckt. Von mir aus hätte es ewig so weitergehen können. Doch die Frau, die uns mit so viel Energie zusammengebracht hat, beendete das Verhältnis mit genauso viel Energie. Weil ihr die Steuerung entglitt. Als sie merkte, daß ihr wirklich etwas verlorenging, weil sich seine Gefühle verselbständigten.

In beiden Fällen fühlte ich mich restlos betrogen. Grade,

weil man meine Einwände, mein Wissen, meine Intuition beiseite wischte. — Im Moment finde ich es besser, mich ausschließlich an Freunde zu halten, als mich von Liebhabern wie von Salzsäure zerfressen zu lassen.

Ich fühl mich immer denen unterlegen, die mir von ihrer Großzügigkeit in Liebesdingen erzählen. Ich bin kleinlich. Hab immer Angst, verlassen zu werden. Es ist gewagt, so was laut auszusprechen, da es »in« ist, solche Ängste mit Geiz, Besitzdenken, Machtgelüsten und anderen Etiketten zu belegen. In einer Zeit, in der zum Beispiel der Lebenshilfe gebende Pastor Sommerauer in der »Bild«-Zeitung kommentiert:

»Absolute Treue ist eine Illusion. Wir sollten lieber von Vertrauen durch Vergeben sprechen. Das ist realistischer — und praktisch steigert die Vergebung das Vertrauen und umgekehrt. Beides zusammen steigert die Liebe.«

Was stell ich mir unter Treue vor? Witwenverbrennung, zum Beispiel. Es gibt Leute, die sagen, daß die Witwen sich das nicht ausgesucht haben. Das versteh ich nicht. Es muß ja nicht grad Feuer sein. Man kann sich ja auch mit ner Giftkapsel im Mund ins Grab stürzen. Oder überhaupt gemeinsam Selbstmord begehen, wenn der andere unwiderruflich kränkelt. Ich krieg nen Brechreiz, wenn ich seh, wie Witwen oder Witwer oft schon auf dem Friedhof erfolgreich getätschelt werden.

Treue ist was für immer und immer und immer. Meine Mutter war genauso. Die hat sich freiwillig umbringen lassen. War gar nicht mit verhaftet, hat sich aber drum gedrängelt, auch verhaftet zu werden, um bei ihm bleiben zu können. Das ist für mich Treue.

Frühjahr 1981

Ein bißchen Liebe hätte mir nicht wehgetan

*W*ie wird man, was man ist? In Schweden aufgewachsen, schlug ich mich auf die Seite der Jungen. Um nicht verlacht, mißbraucht, niedergemacht zu werden. Mußte manchmal, wenn ich mit ihnen über die dümmlich dreckigen Witze, die sie machten, pro forma lachte, husten, bis ich keine Luft mehr kriegte. Die Belohnung für mein Verhalten: Ich war tabu.

Und das zu einer Zeit, als Mädchen und Frauen »selbst schuld waren«, wenn sie es wagten, durch einen Park zu gehen.

Erster Kuß? Ich erinnere mich an zwei erste Küsse — einen unwichtigen und einen wichtigen.

Im Sommer auf dem Land: Moos und Grün und Wald. Die betäubenden schwedischen Düfte, nach denen ich jetzt noch Heimweh hab. Wir Kinder lagen alle in einer Reihe nebeneinander und ruhten uns vom Rumtoben aus.

Da beugte sich einer aus der Stadt, frech und erfahren, sicher schon fast 14, über das Mädchen neben mir und drückte seinen klebrigen Mund auf meinen. Der Bonbon, an dem er lutschte, rutschte zu mir rüber. Eklig, eklig.

Den wichtigen bekam ich von Gunnar, einem sehr umschwärmten Jungen meiner Schule in Stockholm. Ein wirklich Erwachsener. Schon 14, blondgelockt, schlank, geschmeidig, zwei Köpfe größer als ich. Eines Abends begleitete mich Gunnar vom Park nach Hause, zog mich durchs Haus auf den Hinterhof. Es goß in Strömen. Lange Unterhosen und Laken hingen triefend an den Wäscheleinen.

Dazwischen waren wir ganz alleine. Es war Wahnsinn. Er küßte mich, wie ich mir noch heute wünsche, geküßt zu werden. Ich war so aufgeregt, daß ich dachte, jetzt sterbe

ich, mich losriß und, ohne Luft zu holen, in den vierten
Stock rannte. Seitdem weiß ich, daß eine Umgebung genauso romantisch ist, wie man sich gerade fühlt. Wie schade,
wir küßten uns nie wieder. Weil eine andere Zwölfjährige
aus meiner Klasse, auch erfahren, von da an mit ihm schlief.

Die nächsten Stationen waren ein paar Verführungs- und
ein paar Vergewaltigungsversuche. Beides fruchtlos. Ver-
führbar bin ich nicht, vergewaltigen ließ ich mich nicht.
Von Sexualität kriegte ich trotzdem eine Übermenge mit. Innerhalb von sechs Jahren lebte ich bei zwölf verschiedenen
Pflegeeltern-Familien. So kriegte ich auf relativ engem
Raum, zwölfmal multipliziert mit deren jeweiligen Verwandten und engen Freunden, Liebesvarianten mit.

Die eine Pflegemutter kassierte immer Geld von ihrem
Mann für Schläge auf den Arsch. Der anderen mußte beim
Vögeln der Bauch angehoben werden, wie der Herr Gatte
erzählte und mir dann lachend vorführte. Es gab eine Menge
zu sehen, viel zu hören und reichlich Anlaß zum Weggucken. Nur, weggucken konnte ich nie.

Eine Pflegemutter zog mich, zum Gaudi ihrer Gäste, an
meinen ersten paar Schamhaaren in der Badewanne hoch.
Mein Ummichschlagen und mein Weinen haben ihr Gelächter nicht eingedämmt.

Bei der nächsten Pflegefamilie hatte ich schon so etwas
wie Brustansatz, zumindest war die Brustwarze sichtbarer
geworden. Da kassierte meine Pflegeschwester von ihrem
Bruder Geld dafür, daß sie ihn ins Bad ließ, wenn ich drin
war.

Ich weiß nicht, warum mir jetzt noch heiß und übel vor
Wut und Scham wird, wenn ich an diese Vorfälle denk. Damals hab ich nachts immer wachgelegen und überlegt, wie
ich meine jeweilige Familie am besten umbringen könnte.

Kein Wunder, daß sie mich nicht mochten. Ich hab sie ja
auch gehaßt. Wäre jemand wirklich freundlich gewesen,
richtig lieb, hätte ich sie vielleicht doch ein bißchen gemocht.

Turnunterricht. Die drei mit ihren ewig blauen Flecken innen an den Schenkeln. Ich ließ mir immer alles erzählen. Spielte die Dumme. Sagte: »Da soll ein großer Schwanz reingehen? Glaub ich nicht. Beweis mal.« »Wie?« »Stell dich auf den Kopf, dann steck ich einen Bleistift in dich rein.« Das ging.

Als ich 14 war, sagte ein Mädchen: »Willst du mal fühlen, wie das ist, wenn man mit nem Mann fickt?«, legte sich auf mich, rieb sich an mir, rubbelte zwischen meinen Beinen rum.

Leider eine, die ich nicht mochte, weil die auch immer dreckig lachte. Darum blieb es bei dem einen Mal mit ihr.

Die gruselige Frau meines Vormunds machte einen einzigen Aufklärungsversuch: »Solltest du schwanger werden, bild dir ja nicht ein, daß du mit der Brut hierher kommen kannst!«

Nun brauchte ich ihre Aufklärung wirklich nicht, denn mir war wenigstens in der Theorie nichts Menschliches fremd. Aber ein bißchen Liebe hätte mir schon nicht wehgetan.

London. Jüdisches Mädchen-Waisenhaus. Verliebte mich. Sie war 17. Wilde Kohleaugen, schwarze Ringellocken. Eine Taille! Alles biegsam, alles schlank. Eine schmale Carmen. In der Badewanne der schneeweiße Rücken. Die Halbdrehung zu mir hin, die an der Tür stand. Dieser freche Blick! Die weißen Zähne im lächelnden Rot. Die hochsitzenden, weit auseinanderstehenden spitzen, kleinen Brüste. Rannte weg wie bei Gunnars Kuß, statt auszuleben. »Ich will nicht, daß du mit der bummeln gehst«, sagte die Heimleiterin. Dachte jahrelang, bummeln bedeutet huren.

Mit meiner Entjungferung wartete ich ganz bewußt meinen 18. Geburtstag ab. Ich wollte nicht anfangen, bevor die Verantwortung ganz bei mir lag. Wir, mein Bruder und ich, lebten also in London. Endlich zusammen, nachdem wir in Schweden immer getrennt untergebracht waren. Wir liebten einander und sonst keinen. Wir vertrauten einander und sonst keinem.

Ich ging viel tanzen und traf viele gute Tänzer. Musik und Tanz sind für mich Erotik, heben Erschöpfung auf, lassen vergessen, lassen leben. Wie Sonne, wie Wasser, wie Feuer.

Schon bevor ich 18 wurde, stellte ich eine Liste von Aspiranten zusammen. Bedingung: Er sollte mich lieben, er sollte hübsch und appetitlich sein und kein Grobian, der mir wehtut.

Er sollte eine schöne Stimme haben und, ganz wichtig, er sollte Reinheit austrahlen, nicht abgegrapscht und vergammelt sein. All diese Ansprüche erfüllte nur ein hellblonder, norwegisch-englischer Medizinstudent. Ich dachte, weil er Medizin studierte, müßte er besonders gut entjungfern können.

Seit einem halben Jahr war er schon hinter mir her und einmal drang er sogar bis zum Gummiband meiner Unterhose vor. Ich kündigte mich an, seine Mutter war verreist, alles bestens.

Der Tisch war wunderschön gedeckt, Essen duftete. Ich sagte: »Wieso Essen, ich denk, du willst mit mir schlafen? Beeil dich, zieh dich aus, oder ich hau wieder ab«, und riß mir meine Klamotten vom Leib: Jungshose, Männerhemd, Krawatte, Fußballstrümpfe, Bübchens Unterhosen. So schnell, wie ich immer Dinge tue, wenn ich Angst hab: Der arme Per, total überrumpelt, zu Tode erschreckt, wollte sich trotz allem die Gelegenheit nicht aus der Nase gehen lassen. Ich muß grauenhaft gewesen sein. Als es wehtat, sprang ich aus dem Bett, zückte meinen Notizblock und machte Notizen über das soeben Erlebte.

Ich besuchte ihn noch einige Male, bis die Entjungferungsoperation endlich klappte, und machte manchmal meine Notizen sogar zwischen den Küssen im Bett. Als es gerade anfing, ein klein bißchen schön zu werden, und ich mich vielleicht sogar in ihn verliebt hätte, sagte er verträumt:

»Weißt du, die wievielte du bist, die ich entjungfert hab? Rat mal? Die Siebenundzwanzigste! Du bist Nummer 27.«

Da wußte ich, daß weizenblond und rein nicht identisch sein müssen und ging nie wieder hin.

Ach, hätte ich doch mit Bübchen, meinem Bruder, geschlafen, statt mit irgendeinem Fremden! Wir liebten uns doch! Damals war er zu klein, und ich wollte ihn nicht verderben. Wie dumm von mir. Sicher wär aus uns beiden was ganz Tolles geworden. Sicher hätten wir uns gemeinsam weiterentwickelt und immer zusammengehalten.

So wie es ist, wurden wir wieder getrennt, und als wir erwachsen waren, war er nicht mehr mein Typ. Aber auch er erinnert sich noch daran, daß wir einander den Rücken kitzelten, bis runter zum Po, und daß es sehr schön war. Jetzt ist es zu spät, wir sind uns nicht mehr ähnlich.

Er ist mir fremd und jeder andere auch.

Als Bübchen und ich nicht mehr im gleichen Land lebten, hatten bei mir durch das riesige Liebesdefizit, das dadurch entstand, andere endlich eine Chance. Ich war immer heißhungrig, brauchte immer Wärme und kam mir in jedem »Liebesverhältnis« vor wie ein Gastarbeiter, weil mein Temperament und meine Spontaneität so anders waren als die meiner Partner. Ach, was heißt da Partner, das ist es ja gerade, ein Partner war nie dabei.

Es wäre wohl dumm, von Schuld zu sprechen. Unfähigkeit ist wohl präziser. Meine Unfähigkeit, geduldig, zurückhaltend und liebevoll etwas aufzubauen.

Ich brauchte Abruptes, Verblüffendes, Ungeplantes: Liebe, die meine Phantasie in Gang setzt. Plötzliche Gier, die durch eine Stimme, durch einen Blick, durch einen Gang, durch einen Zug um die Lippen, die durch eine flüchtige Berührung der Hand ausgelöst wird.

Wenn ich in Brand stehe, brauche ich den andern nicht unbedingt im gleichen Raum. Ich muß nur Tag und Nacht, ohne Zweifel, sein Verlangen fühlen. Alle meine Sinne müssen überzeugt sein. Einem war ich mehr als ein Jahr treu, ein Jahr, in dem er mich fast ausschließlich am Telefon in Bann hielt.

Es geht auch per Post, es geht per Tonband. Magnetismus muß da sein. Ein phantasieloser Dummkopf kann kein Öl für mein Feuer sein. Ob all das etwas mit Liebe zu tun hat, weiß ich nicht. Sucht ist wohl richtiger.

Also ist es mindestens so sehr Haß wie Liebe, denn wer entgleitet sich selbst schon gern? Wer läßt sich schon gern fallen ohne Netz?

Ich bin letzte Woche drei Tage und Nächte auf dem Kiez versackt. Mit Frauen aus der Herbertstraße und ihrem Umgang. Ich kriegte ne Menge mit. Dinge, die ich schon wußte und Dinge, die ich nur ahnte. Es bestärkte sich mein Eindruck, daß das Zahlen die Frau für den Mann erst zum Wertgegenstand macht. Daß die Sehnsucht nach Liebe und das Betteln darum entwerten. Auch eine Star-Prostituierte, die sich in einen festen Freier verliebt, ist ihn los.

Und über mich lernte ich, was ich gern wieder verlernen würde: Daß nur ein Job im Puff mich reizen würde: Stiefelfrau. Männer reinholen und sie so lange verprügeln, bis ich endlich einen Teil meiner Wut los bin. Als ich hörte, daß meine Wut die Männer nur aufgeilen würde, kriegte ich noch mehr Lust, sie zu verhauen. Ohne sie zu berühren, geschweige denn, von ihnen berührt zu werden. Weiß Gott, nicht um sie scharf zu machen.

Nicht ausgeklügeltes Piesacken. Nicht die Eier als Nadelkissen benutzen, in Ketten schlagen oder sonstige Folterscheiße.

Nur so verprügeln, wie sie es verdienen. Für das, was sie getan haben, und für das, was sie zu tun versäumt haben.

Ach, ich bin schon weniger wütend. Richtig mal ausweinen, wär vielleicht auch nicht schlecht.

Was ist bloß aus meiner Sehnsucht nach Liebe geworden? Ich glaub, ich hab das Thema verfehlt. Also, was wünsche ich mir? Eine entzückende, kuschelige, dunkle, kleine Großstadtwohnung in einer Villa am Meer. Ganz intim, mit viel Platz für alle Freunde. Ewige Dämmerung, aber sonnenhell. Ein offenes Feuer, ohne Holz hacken zu müssen. Immer frische Milch, Eier, Butter, Beeren, Obst und Gemüse, ohne daß es nach Stall oder Dünger stinkt.

Sahne, die sich selber schlägt.

Das bißchen erwarte ich auch von einem Liebesverhältnis. Englischen Humor, latein-amerikanische Hüften, schwarze Locken, die in der Sonne weißblond sind. Körperkraft ohne Muskelpakete, sehr erfahren, aber rein wie Schnee, blutjung, alles begreifend. Schnell im Kopf, tausend Interessen, großer Freundeskreis, politisch aktiv, kreativ, musisch. Und immer Zeit für mich und die Liebe. Einen praktischen, lebenstüchtigen Romantiker.

Einen Mann, der auch Frau oder eine Frau, die auch Mann ist. Mütterlichkeit und Männlichkeit.

Schöne, gesunde Augen, die weder meine Falten noch andere Frauen sehen.

Ich bin nicht zerbrechlich, bloß weil ich klein bin. Ich hasse Getatsche und Gegrapsche. Ich möchte richtig angefaßt werden oder gar nicht... Sonst kommt es mir vor, als wenn eine Spinne auf mir rumkrabbelt. Ich brauche eine Menge, um wirklich zu fühlen, daß jemand anders mir nah ist.

ICH WILL DIE TOTALE LEIDENSCHAFT, EINE AMOUR FOU! LEBEN UND TOD IN DER LIEBE. RAVELS BOLERO OHNE ENDE.

Es gibt auch für mich greifbarere Aphrodisiaka: Vollmond, Sternenhimmel, Sonne auf nackter Haut, Farbkombinationen, warme Stimmen, neue Blätter an eigenen Pflanzen, weiche Kissen.

Alles, was keine Kanten hat.

Kann man auch Kochen, Backen, Skat und Doppelkopf zur Erotik zählen? Wenn ja, habe ich ein ausschweifendes Liebesleben.

Leute sagen mir am Telefon und auch von Angesicht zu Angesicht ständig: »Wie aggressiv du bist! Es macht gar keinen Spaß. Dauernd hört man Ansprüche raus!« Wenn die nur wüßten, wie sehr ich mich bremse.

Oktober 1981

»Ich muß mal jemandem davon erzählen«

Zum ersten Mal lese ich im Abendblatt die Rubrik »Verschiedenes«. Und dann gleich das: »Der Herr, dessen Töchterchen im Festzelt des Harksheider Kinderdorfes von einer alten Dame erschreckt wurde, wird von dieser um Verzeihung gebeten und zugleich um telefonischen Anruf, um diese Angelegenheit aus der Welt zu schaffen.« Und die Telefonnummer...

Ich rufe sofort an, weil mich die Anzeige so rührt. Die Stimme am Telefon ist jung, äußerst sympathisch und etwas scheu. Wir haben ein sehr schönes Gespräch. Tante Toni, so wird sie genannt, ist schon 87 Jahre alt, wach, interessiert und informiert. Nur im Moment wegen des Vorfalls verstört.

Am 5. Juni 1982 fährt sie alleine, sehr mühselig, sich verfahrend und verlaufend, von Blankenese nach Harksheide raus, um beim Fest des zwanzigjährigen Jubiläums dabeizusein: »Ich war ja vor zwanzig Jahren auch dabei, als das Kinderdorf eingeweiht wurde.«

Sie bekommt nur einen Platz ganz weit hinten und kann kaum was sehen. Als das Kind vor ihr gelangweilt mit einer Zeitung spielt, mal neben dem Kopf, mal drüber, und auch noch das letzte bißchen Darbietung verdeckt, nimmt Tante Toni ihr irgendwann die Sichtblende weg. Das Kind erschrickt und heult. Der Vater tröstet, Tante Toni versucht zu erklären. Jetzt, Tage später, mag sie immer noch weder schlafen noch essen, so sehr belastet es sie, daß sie ein Kind zum Weinen brachte.

Sie selbst hat vier Kinder geboren — zwei in Deutschland, zwei in Argentinien, wo sie fast zwanzig Jahre, bis 1946, lebte. Sie sagt, »ein Hamburger wandert nicht aus — er fährt nur weg, um wiederzukommen. Süddeutsche wandern aus. Ich hab mich schon als Kind gefragt, wie irgend jemand in einer Stadt ohne Wasser leben kann.«

Heute haben wir wieder telefoniert. Ich wollte wissen, ob der Vater sich bei ihr gemeldet hat. »Nein, er hat die Anzeige wohl nicht gelesen.«

Dann fragt Tante Toni mich, ob ich ihr Werner Höfers Adresse vielleicht geben könnte. Sie möchte ihm schreiben, warum sie Großbritanniens Anspruch auf die besetzten Falkland-Inseln für »so wahnsinnig frech« hält. Sie möchte ihm Nachhilfe-Unterricht in argentinischer Geschichte erteilen, weil sie den Eindruck hatte, daß bei aller Neutralität die Waage der Sympathie sich im Frühschoppen zur falschen Seite neigte.

Wie dem auch sei, ich trag den Ausschnitt schon zwei Wochen mit mir rum und muß mal jemandem davon erzählen.

Juni 1982

Wenn ich mir was wünschen dürfte

*L*eben heißt: lieben, in der Sonne liegen, Musik hören, tanzen, auf ner Insel leben. Ja, sinnlich leben! Den Kopf ausschalten, die Sinne einschalten.

Ich bin früher immer auf Inseln abgehauen. Und dann werd ich immer kugelrund, nehm so dreißig Pfund zu, also breit wie lang. Und wenn ich dann gesund bin, dann setzt der Kopf wieder ein, dann seh ich auch auf einer Insel, was los ist. Kannst ja nicht mal mehr auf eine einsame Insel gehen! Du kannst ja nicht total ausweichen. Und: Denk dir mal den »sonnigen Süden«, nach dem du weißt, wo die Diktaturen sind zur Zeit. Seit ich weiß, daß die Lateinamerikaner nicht nur herrlich aufregend tanzen können, sondern auch phantasiereich zu foltern verstehen, fällt auch das weg als Reiseziel.

Ich glaub, jemand der nur denkt, den würd ich nicht als meinen Fürkämpfer haben wollen. Ja, das stört mich auch bei so vielen, daß die Sinnlichkeit weg ist. Das ist das, was ich auch vorher meinte, diese Fähigkeit zu lachen. Wenn das nicht da ist, dann weiß ich nicht, was erkämpft werden soll. Verstehst du, wenn das dann eine Welt wird, ohne Liebe, ohne Gelächter, ja, eben ohne Sinnlichkeit, möchtest du in der Welt leben?

Es ist sehr, sehr schwer, warm zu bleiben. Es ist ja nicht alles Griesgram.

Skat spielen, Doppelkopf, flippern, tanzen, wahnsinnig gerne fernsehen, gezielt, also nicht unentwegt, aber es läuft genug, ich pick mir raus, und da läuft jede Woche ne Menge. Ich versteh nicht die Leute, die Fernsehen »Glotze« nennen, ist ne tolle Erfindung... Gäste haben, Freunde, in der Sonne liegen... Du, ich hab über vier Jahre nicht einen einzigen Tag frei gehabt. Ich brauch eigentlich so ne Mutter und Oma, jemanden, der mir die Füße massiert und jemand anderen, der mir den Kopf massiert, jemand der Griesbrei kocht und keine Gespräche. Das wäre nicht schlecht...

Verlieben wär was. Ja, und da schaff ichs ja auch nicht, genau wie in der Arbeit, die Ebene der Leichtigkeit zu halten, das artet in Dramen aus. Das ist also auch keine Erholung. Die ersten zwei Tage, von da an... ist auch nicht besser, als ins Gericht zu gehen.

Februar 1980

Guten Morgen, Ihr schönen Bäckersfrauen! oder Was alles Liebe ist

Oh, Anna, du willst wissen, was mir zu »Liebe« einfällt — ganz spontan. Und das mitten in einer Depression.

Schönheit ist für mich Liebe. Und was ist Schönheit? Stärkung z. B., stärker machen. Wert geben, Anerkennung. Sich gegenseitig abstützen. Wir sind doch alle Blinde, Lahme... Liebe ist Wärme, sich in die Arme nehmen. Nicht zwei Leute in Zeltform — Arsch raus, Kopf ran —, sondern sich wirklich festhalten. Keine Pseudoküsse in die Luft. Tägliche Begegnungen:

»Guten Morgen, Ihr schönen Bäckersfrauen«... und plötzlich sind sie alle schön. Oder sie zu mir: »Du bist aber blaß heute, komm in die Küche auf'n Kaffee und Kognak und iß'n Stück Kuchen.«

Die alte Frau auf der Straße, die zu mir sagte: »Mein Kind, was bist du schön!« und ich war wochenlang glücklich. Die Blumenfrau: »Du kannst samstags immer Rosen mitnehmen, die werf ich sonst weg!«

Herbie, Inhaber meiner Stammkneipe »Dorf«: »Für Peggy zahlt keiner, die ist immer unser Gast!« Die Rentnerinnen, die in der Flipperhalle Aufsicht führen: »Nimm dir ruhig eine Handvoll Bontsches, min Deern.«

Türkenkinder, die mir von ihren Süßigkeiten abgeben und meine Tasche tragen helfen.

Hilfe bei der Arbeit: Waschen, Treppe, den Wust von Briefen, Dokumenten, Zeitungsausschnitten aus Ecken, Körben, unterm Bett zusammensuchen und sortieren.

Zettel an der Tür »Gib nicht auf!« Telegramm »Wir brauchen dich!« Hausbesetzer im Nachbarhof: bei jedem komischen Geräusch besorgt ans Fenster laufen und fragen: »Ist alles in Ordnung?«

All dies sind Liebesbeweise.

Idiotisch zu meinen, daß Geben und Nehmen Frau oder Mann kleiner machen.

Jemand Fremdem den Koffer tragen, ohne daß der gleich denkt, er wird beklaut. Unabhängig vom Geschlecht Tür aufhalten, in Mäntel raus- und reinhelfen, sich nicht gegenseitig aus der Straßenbahn stoßen, Sitzplätze anbieten. Für Erleichterungen sorgen hat nichts mit Frau oder Mann zu tun, sondern mit stärker und schwächer.

Unter »liebevoll« verstehe ich nicht, Zigaretten oder Feuer anbieten, als Vorwand für einen Flirt. Vielleicht bin ich auch nur eifersüchtig, weil ich Nichtraucher bin und nicht mithalten kann.

Kinderkriegen hat nichts mit Kinderliebe zu tun. Oft mit Liebe zum Partner, immer mit Liebe zu sich selbst. Was nicht heißt, daß das Kind nicht wirklich geliebt wird, wenn es da ist. Ich halte auch nicht die Menschen für tierlieb, die in Stadtwohnungen und Autos Hunde aufheben.

Ich bin überhaupt nicht tierlieb. Hab mich aber mal heftig in Mäuse verliebt, die in meiner Wohnung mitlebten. In die vielen Vögel auf dem Nachbardach habe ich mich auch verliebt. Auch in die, die Ratten der Luft genannt werden. Spatzen sowieso. Und in Eichhörnchen. Raubtiere reizen mich.

Liebe ist für mich auch, jeden Tag zu schauen, ob neue Blätter kommen, Spaß am Blumenfüttern zu haben. Schnittblumen verschenk ich nicht mehr. Schon nach zwei Tagen ist es doch so, als hätte man den Tod verschenkt. Obwohl ich Blumen liebe... nein, wohl weil ich Blumen liebe. Nicht die steifen, eleganten, duftlosen. Scheußlich!

Farben liebe ich, nicht die unmißverständlichen, sondern die Zwischentöne. Meine Wohnung ist wie eine Mooslichtung im Wald, grün von Kopf bis Fuß. Bis auf Küche und Bad; da ist Holz rundum, an dem ich mich nicht sattsehen kann.

St. Georg. Lange Reihe. Burow, der Tabakwarenhändler mit den Papageien im kleinsten Laden der Welt, der mich stundenlang in Zeitschriften nach für mich Wichtigem suchen läßt.

Wohlers, eine der schönsten Buchhandlungen Hamburgs, in der ich schmökern kann und wirklich beraten werde.

Opa, der Holländer mit der Schiffermütze, der seinen Geschenkestand auf der Straße vorm Laden seiner Kinder hat und mir immer schon von weitem entgegenlacht. »Hallo Opa!«

Der Geflügelladen. Knusperduft, und ich krieg plötzlich Putenfilet geschenkt: »Damit du dir auch mal was kochst.«

Die Helms, das zweiundachtzigjährige Liebespaar eins tiefer, das mir köstliche Suppe oder selbstgebackenen Kuchen raufbringt.

Ich habs schon gut! Und all diese Leute, die so lieb sind, lieb ich.

In der Langen Reihe ist auch ein Laden, in dem alte Möbel aufgearbeitet werden — ganz sorgfältig. Da geh ich oft rein. Nur um einzuatmen. Genau wie zum Bäcker, wie in den Blumenladen. Wie in den Tee- und Gewürzkeller. Überall tanke ich Sinnlichkeit in tiefen Atemzügen durch die Nase.

Mein Stadtteil St. Georg ist alt, modrig, lebendig, direkt am Hauptbahnhof. Arbeiter, Ausländer, Rentner, Autostrich, Studenten. Künstler jeder Art, schreibende, malende, fotografierende, schauspielernde, inszenierende. So eine Zusammenstellung, so eine Vielfalt ist auch sehr erotisch.

Noch viel erotischer war es, in Schweden auf Wiesen zu liegen, im Wald, auf Klippen. Das waren vielleicht Düfte! Wilde Erdbeeren, Himbeeren, Maiglöckchen, Flieder, Birken, das Meer, Tannenzapfen, Moos, Gras — zum Verrücktwerden schön! Das möchte ich wiedererleben! Aber vielleicht stehen jetzt auch in Schweden Hochhäuser im Wald, schwappen auch dort Scheiße, Öl, Teer und Fischleichen den Menschen ins Gesicht. Also konzentriere ich mich

doch lieber auf meine Hinterhofidylle und lieb sie als Natur-
ersatz. Die riesige, üppige Rotbuche, von allen bestaunt,
macht es relativ leicht. Der Himmel fehlt. Doch in meinem
Hof ist ein Wunder geschehen: Rosen sind am Busch gewachsen, auf dem Balkon. Ohne Sonne. Und, man glaubt es
kaum, Tomaten! Anke pflanzte sie, als ich auf Kreta war.
Fünfzehn kleine, glutrote Tomaten habe ich schon geerntet
und wie Konfekt gegessen. Ich hatte ganz vergessen, daß
Tomaten eigentlich so schmecken müssen — würzig, saftig,
duftend.

All dies sind Liebeswonnen, wie ich sie mit keinem Mann
gehabt hab. Alles Liebeserlebnisse, die nichts mit Haß zu
tun haben, die frei von Zwiespalt sind, die nicht wehtun.

Ach! Und zusammen kochen, Kuchen backen und essen!
Liebesakte ohne Angst, ohne Eifersucht, ohne Machtkämp-
fe. Das heißt, vielleicht nicht in allen Haushalten. Auch in
manchen Küchen sollen ja Kämpfe ausgetragen werden.
Beim Kochen ist es natürlich wichtig, nichts zu kochen, was
die/der andere nicht mag...

Meine Inseln. Südfrankreich, Isle Ste. Marguerite, die Eu-
kalyptusallee. Die Höhle in der ich wohnte. Ile Du Levant.
Mein einsames Zelt. Meine eigene Bucht Savage au Pays
basque. Sylt. Und überall die klaren Sterne und der volle
Mond in jedem Winkel.

Der Duft meiner Oma mit ihren Frühstücksbrötchen —
von dem Duft meiner Mutter ganz zu schweigen...

Der Duft in getragenen Pullovern, wenn man die Leute
liebt, die drin gesteckt haben. Der Duft der Tomatenpflan-
ze.

Klingt so, als wäre ich Nasenfetischistin. Dabei gibt es
viele Gerüche, die ich als Gestank empfinde: Gesichtswas-
ser, Schminke, Haarschmiermittel für Männer und Sprays
für Frauen, Krankenhaushygienemittel. Zigaretten hasse ich
wie die Pest, Autoabgase, Olivenöl, Käse, rohe Zwiebeln
und rohen Knoblauch...

Stimmen. Lust an Worten. Ich kann kein Griechisch und plötzlich gelang mir »Arapi mu, Agrapi mu« — geliebter Mann, schwarzer Mann. Es gibt Sprachen, die ich liebe wie Musik, die romanischen vor allem. Das portugiesische »Meo inesquesible amor« — meine unvergeßliche Liebe! »Na Süße!« klingt da wohl anders. Es gibt Sprachen, in denen »Gib mir bitte das Salz« wie eine Liebeserklärung klingt. Als ein Grieche auf Kreta zum erstenmal »Kallinischda« mir ins Ohr raunte, hielt ich es für eine Liebeserklärung. Am nächsten Tag erfuhr ich, daß es »Gute Nacht« heißt.

Tanzen liebe ich, zum Klang kommt die Bewegung. Musik, Tanz. Wichtiges Requisit und mehr als das.

Kopfmassage, und Fuß kraulen. Jeder, der Menschen liebt, kann auch Menschen massieren; wer nicht kann, will nicht.

... Glücksgefühl auf friedlichen, liebevollen Demonstrationen. Die allertollste war in Tel Aviv, am 1. Mai 1980. 250 000 Leute. Die Freude zu wissen, daß es nicht die Amis, die Israelis, die Deutschen usw. gibt. Unabhängig von der jeweiligen Regierung, in allen Ländern gibt es Leute, die für die gleichen Ziele und gegen den gleichen Druck kämpfen. Wir müssen aufhören, die Menschen über einen Kamm zu scheren: nicht alle Amis wählen Reagan, nicht alle Israelis lieben Begin, nicht alle Russen lieben Stalin.

Den meisten Leuten fällt es leichter, einander ab- als aufzuwerten. Kränkende Dinge zu sagen, oft getarnt als Spaß. So machen sie sich selber ärmer.

Bei der beruflichen Arbeit zum Beispiel: Die Angst davor, die Qualitäten einer Kollegin, eines Kollegen anzuerkennen. So eine Dummheit! ... Weißt du, Anna, was mir auffällt: Wenn ich an Liebe denke, fällt mir Sexualität nicht ein. Jedenfalls nicht meine eigene. Sonderbar vielleicht, aber es stört mich nicht. Meine Leidenschaften und Süchte sind offenbar was anderes als meine Lieben.

1982

Quellenverzeichnis

Kindheit, aus: Kindheitsgeschichten, Autoren Edition im Athenäum-Verlag, München 1979

Dialog von Erika Runge und Peggy Parnass, Hessischer Rundfunk II, 3. Januar 1981

Im Namen des Volkes, aus: Konkret, Mai 1972

Das Ungeheuerliche ist kein Thema, aus: Konkret, September 1976

Der Brunnenvergifter, aus: Konkret, November 1978

Berufsverbot, Presseinformation vom 4. Februar 1982

Unzucht mit Abhängigen, aus: Konkret, Februar 1979

Meine Tante Flora, aus: Konkret, März 1979

Fahndung, Literatur-Telefon 11510 vom 14.—21. Februar 1983

Bell-Alliance, aus: Konkret, Juni 1979

Prozesse gegen Bürgerpflicht, aus: Konkret, Juli 1979

Die neue Freiheit des Fritz Teufel, aus: Der Abend, 14. Oktober 1980

Im Westen nichts Neues, aus: Kinoland, Juni 1980

Nein sagen und beim Nein bleiben, aus: taz, 6. März 1981

Majdanek, aus: Konkret, August 1981

Ostermarsch, aus: Hamburger Rundschau, 15. April 1982

Liebe Thea, aus: Hamburger Rundschau, 10. Juni 1982

Tapfere Schneiderin, aus: Konkret, Dezember 1982

Versuchen wirs, aus: taz, 10. Dezember 1980, und Hamburger Rundschau, 24. September 1981

Bücherverbrennung, aus: Deutsche Volkszeitung, 6. Mai 1982

§ 218, aus: Konkret, Juni 1971

Steter Tropfen höhlt den Stein, aus: Konkret, März 1973

Maja, die schreibende Putzfrau, aus: Spontan, April 1973

Höhere Politik, aus: Konkret, Februar 1975

Satanei der Ungleichheit, aus: Männer, Konkret, Mai 1972; Damenwahl, Das da, Nr. 3, November 1973; Gleichberechtigung 1978, Vorwärts, 28. September 1978

»Für uns sind Sie Herr W.«, aus: Konkret, Dezember 1978

Josef und ich, aus: Konkret, Nr. 2, 1974

Ich bin Peggy Parnass, aus: Sexualität Konkret, Frühjahr 1979

Angriff auf die Seele, aus: Tip, Februar 1980

Porno, aus: Kino, September 1980

Treue, aus: Sexualität Konkret, Frühjahr 1981

Ein bißchen Liebe hätte mir nicht wehgetan, aus: Courage, Sonderheft Nr. 5, Sexualität, Oktober 1981

»Ich muß mal jemandem davon erzählen«, aus: Hamburger Rundschau, 24. Juni 1982

Wenn ich mir was wünschen dürfte, aus: Stadtblatt Frankfurt, Februar 1980

Inhalt